JN432053

국가 브랜드 세계화

이론과 실제

HY COLLECTION 004

GLOBALIZING BRAND KOREA: Theory And Practice

국가 브랜드 세계화

이론과 실제

한충민 지음

한양대학교 출판부

국가 브랜드 사업 체계

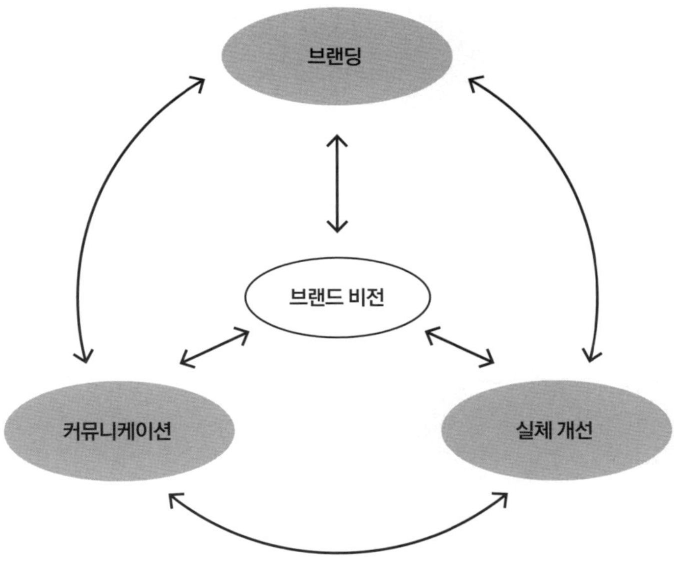

머리말

지난 이명박 정부이후 우리나라에서 국가브랜드와 도시브랜드 사업에 관한 사회적 관심이 매우 높아지고 있다. 이는 우리나라에 국한된 관심이 아니다. 이미 세계적으로 많은 국가와 도시들이 지역브랜드 사업에 대규모로 정책적 노력을 전개하여 왔고, 이러한 추세는 확대되어 가고 있다. 오히려 우리나라가 세계적 추세에 뒤진 느낌을 주고 있다.

① 국가와 도시브랜드 사업이 왜 필요한가?
② 국가나 도시도 브랜드화 가능한가?
③ 지역브랜드 사업을 효율적으로 추진하기 위해서는 어떠한 전략과 노력이 필요한가?

국가브랜드 사업이 왜 필요한가? 이는 글로벌리제이션에 따른 국가 간 그리고 도시 간 자원 유치가 치열하였기 때문이다. 특히 기업유치, 자국 제품의 해외 판매와 함께 우수 인력, 부유층 인구와 은퇴인구를 유치하기 위한 국가 간, 도시 간 경쟁이 치열하게 된 것이다.

이제 국가와 도시는 다국적 기업과 자본 그리고 바람직한 인력의 유치를 위한 공격적 마케팅을 필요로 한다. 국가 브랜딩과 도시 브랜딩은 이러한 마케팅을 효율적으로 전개하기 위해 필수적인 수단이다. 기업들이 제품 브랜딩을 하듯이, 국가와 도시도 브랜딩을 통해 효율적인 지역 마케팅과 지역 개발을 달성할 수 있는 것이다. 구체적으로 국가와 도시 브랜드 사업은 다음과 같은 경우에 효과적으로 적용될 수 있다.

- 실체의 가치를 인정받지 못하고 있는 경우, 즉 디스카운트가 발생하고 있는 경우
- 국가 발전이나 새로운 지역 개발 사업으로 실체 개선이 발생하여, 이를 알릴 필요가 있을 때
- 다양한 사업들을 정리하고 좀 더 고객 지향적인 서비스를 개발하고자 할 때
- 전반적인 국가와 도시 개발 비전을 설정하고 구성원의 적극적인 참여를 통한 종합적인 개발을 추진하고자 할 때

동시에 국가 브랜드 사업은 다양한 목적으로 활용될 수 있다. 자국 제품의 국내외 판매, 외국인 투자 유치, 관광객 유치, 매력적 거주지 이미지 구축, 그리고 우수 인력의 유치 등의 목적에 효과적으로 적용될 수 있다.

그러면 국가나 도시를 어떠한 방식으로 브랜딩을 할 수 있는가? 제품 브랜딩 방식을 지역에도 적용할 수 있는가? 어떠한 점에 유의해야 하는가?

기업과 달리 국가나 도시의 경우에는 정체성이나 가치를 확립하기가 용이하지 않다. 특히 국가의 경우, 브랜드 정체성이나 가치를 변화시키기 위해서는 헌법이나 국시(國是) 그리고 정치 제도의 구조적인 변화가 수반되어야 한다.

동시에 브랜드 정체성을 확립하기 위해서 다양한 이해관계 집단들과의 협의와 동의가 선행되어야 하는데, 이해의 조정에는 상당한 시간과 노력이 투입되어야 가능하다. 브랜드 정체성 확립이 어려운 또 다른 이유는 기업과 달리 국가에는 여러 가지 연상이나 가치가 혼재되어 있기 때문이다.

이와 같이 지역 브랜딩에 있어서는 제품 브랜딩과 다른 점이 여러 가지가 있을 수 있다. 이러한 점을 중심으로 국가 브랜딩 그리고 도시 브랜딩도 함께, 브랜드 사업에 중요한 개념과 이론적 배경을 이 책에서 종합적으로 소개하고자 하였다.

둘째, 본 책에서는 한국의 대외 이미지 즉 브랜드 코리아의 위상을 종합적으로 정리하고자 하였다. 우선, 한국의 국가 이미지를 살펴보고, 지역별로 어떻게 다른지를 살펴보았다. 그리고 한국 제품의 대외 이미지 그리고 한류에 대한 외국인의 인식도 살펴보았다. 이와 관련하여 그동안 필자가 다양한 학술지, 세미나, 그리고 프로젝트를 통해 발표하고, 수집한 자료를 개략적으로 소개한다. 특히 브랜드 코리아 형성에 영향을 미치는 요인들을 분석하고, 한국 – 한국 제품 – 한류와의 연계 관계도 살펴보았다.

세 번째 주제로서, 국가 브랜드 사업을 기획하고, 효율적으로 추진하기 위해 필요한 전략에 대해 논의한다. 국가브랜드 사업은 어떠한 방식으로 기획되고 추진되어야 하는가? 주요 사업 영역은 무엇인가? 국가브랜딩은 어떠한 절차를 통해 전개되어야 하는가? 이와 함께, 지역 브랜드 사업을 추진함에 있어 실무 현장에서 부딪치는 다양한 주제들을 다루었다. 구체적으로 다음의 주제들이 논의되었다.

- 대한민국 국가브랜드 사업의 평가
- 국가브랜드 사업에 다루어져야 할 주요 과제
- 국가브랜드 사업 기획에 필요한 가이드 라인
- 국가브랜드 사업의 추진에 있어 주요 쟁점 사항

또한, 다양한 학문 분야에서의 다루는 내용을 국가 브랜드 사업과 연계하여 설명하고자 하였다. 구체적으로 국제경영학, 마케팅, 경제지리학, 도시계획학, 문화인류학 그리고 관광학에서 다루는 주요 개념과 이론들을 소개하였다. 비록 다양한 이론적인 내용이 다루어지는 것은 사실이지만, 가급적이면 비전문가나 실무자를 겨냥하여 쉽게 설명하고자 노력하였다. 특히 국가와 도시브랜드 사업에서 다루는 실무적 주제와 연계하여 현실적인 대안들을 제시하고 평가하고자 하였다.

따라서 이 책은 다음의 기관 그리고 국가브랜딩이나 도시브랜딩에 관심이 있는 실무자나 학생 및 학자들에게 도움이 될 수 있다고 믿는다.

- 국가브랜드 사업을 추진하는 기관
- 도시브랜드 사업을 추진하는 지방자치단체
- 브랜드 컨설팅 업체
- 수출 진흥, 외국인 기업/투자 유치와 관련된 공공 기관, 금융 기관 및 민간 단체
- 관광업체 및 관광 진흥 기관

마지막으로 이 책이 나오기까지는 여러분의 도움이 있었다. 우선, 한양대학교 출판부 직원에게 깊은 감사를 드리고, 자료 정리에 큰 도움을 준 박사과정 김경애 조교에게도 고마움을 표한다.

2016년 8월

저자

목차

목차

1부
국가브랜드 이론적 배경

I. 국가브랜드의 이론적 개론

II. 국가브랜드 사업 영역

부록: 글로벌리제이션과 국가마케팅

제1부 국가브랜드 이론적 배경

글로벌 국가 경쟁 시대에서 경쟁적인 국가브랜드 사업을 기획하고 집행하기 위해서는 국가브랜드의 이론적 배경에 대한 이해가 선행되어야 할 것이다. 특히 국가브랜드는 무엇이며, 어떠한 역할을 하는지, 그리고 왜 국가브랜드가 필요한지에 관한 일반적인 이론과 개념을 숙지할 필요할 필요가 있다.

충분한 이론적 이해를 바탕으로 국가브랜드 사업이 기획될 때에, 합당한 사업 영역이 도출되고 경쟁적인 프로그램 기획과 추진 과제가 마련될 수 있을 것이다. 뒤에서 잘 못된 이해를 바탕으로 기획된 국가브랜드 사업과 그에 따른 문제점에 관한 논의가 자세히 이루어질 것이다. 제1부에서는 국가브랜드의 일반적 개론과 사업 영역 도출에 필요한 이론적 배경을 살펴본다.

I. 국가브랜드의 이론적 개론

국가브랜드는 국가이미지가 국가 서비스 고객에 대해 브랜드와 같은 역할을 할 수 있다는 인식에서 도입된 개념이다. 즉, 고객이 해당 국가의 제품과 서비스(해당 국가에의 투자, 제품 수입, 방문, 이주 등)를 평가하거나 구매 결정시에 국가 이미지가 브랜드와 같이 영향을 미친다는 것이다. 즉 독일 자동차는 독일이라는 이미지 때문에 소비자에 좋은 평가를 받고, 프랑스는 문화 · 예술로서의 이미지로 수많은 관광객에게 로망과 같은 지역이 되고 있다. 동시에 기업이 제품 마케팅 수단으로 브랜드를 개발하는 것과 마찬가지로 국가도 국가 또는 특정 지역을 대상으로 효율적인 마케팅을 전개하기 위한 국가브랜드를 개발 · 육성할 수 있다.

본 장에서는 국가브랜드의 이론적 근거를 개략적으로 살펴볼 필요가 있다. 구체적으로 국가이미지가 왜 중요한가, 국가브랜드가 왜 필요한가, 그리고 국가브랜드는 어떻게 형성되고, 어떠한 효과가 발생하는지도 논의될 필요가 있다. 특히, 해외에서 한국의 이미지가 어떻게 형성될 수 있고, 우리에게 이러한 이미지가 어떠한 영향을 미칠 수 있는지를 살펴본다.

1. 국가브랜드의 개념과 역할

국가브랜드의 개념

국가 브랜드는 특정 국가의 대외 이미지에 마케팅적 특성을 적용한 개념이다. 우선 국가이미지는 특정 국가에 대한 외국인의 인식으로 인지적인 측면과 함께 감성적인 요인도 포함되어 있다. 예를 들면, 외국인이 한국이 어떠한 특성을 가진 국가이며, 한국 관련 제품이나 서비스가 자신에게 어떠한 가치가 있음을 의미한다. 가치는 기능적, 감성적 그리고 상징적 가치를 포함한다. 물론, 외국인이 국가에 대한 인식이 전혀 없을 수도 있다. 인식이 있는 경우에는 그 인식이 긍정적인가 부정적인가에 따라 국가이미지의 가치가 달라질 것이다.

국가브랜드는 국가이미지가 국가 서비스 고객에 대해 브랜드와 같은 역할을 할 수 있다는 인식에서 도입된 개념이다. 즉, 고객이 해당 국가의 제품과 서비스를 평가하거나 구매 결정시에 국가 이미지가 브랜드와 같은 역할을 한다는 의미이다. 동시에 기업이 제품 마케팅 수단으로 브랜드를 개발하는 것과 마찬가지로 국가도 국가 또는 특정 지역을 대상으로 효율적인 마케팅을 전개하기 위한 국가브랜드를 개발 · 육성할 수 있다.

실제로 다양한 중앙 정부 및 지방 정부에서는 개별 국가 및 도시의 매력도를 높이기 위해 다양한 국가 마케팅 활동을 전개하고 있으며, 국가 마케팅 일환으로 국가브랜드를 활용하고 있다. 국가마케팅과 국가브랜드의 필요성에 관한 내용은 뒤에서 상세히 언급될 것이다. 본 서적에서 국가브랜드 개념을 중심으로 국가마케팅 전략을 살펴보지만, 이 개념은 지방 브랜드에도 적용될 수 있다. 실제, 학술적으로는 국가브랜드 보다는 지역브랜드 (place brands)이라는 개념이 널리 사용되고 있으며, 대상에 따라 국가 브랜드, 도시 브랜드 그리고 지방 브랜드를 포함한 개념으로 사용된다.

다양한 국가/지방 정부는 지역 마케팅 활동의 일환으로 브랜드 작업에 매진하고 있다. 우리나라도 예외가 아니다. 우리나라는 2009년에 대통령실 산하에 국가브랜드위원회를 설립하고 장관급

위원장하에 본격적으로 국가브랜드 작업을 시작한바가 있다. 또한 서울을 비롯한 주요 도시들이 창조도시 개념을 도입하여 도시 브랜딩을 적극적으로 추진하고 있다.

국가브랜드는 제품 브랜드에 비해 표적 고객이 훨씬 다양하게 구성되어 있다. 우선 해외 소비자, 투자가, 기업, 핵심 인력, 정책 입안자, 일반 대중 및 관광객 등이 표적 고객이 될 수 있다. 국가 브랜드는 이들 표적 고객의 국가 제품과 서비스 평가에 영향을 미치는 것으로, 구체적 역할은 고객과 평가 대상에 따라 달라진다. 구체적으로 살펴보자.

국가브랜드의 역할

그러면 국가브랜드는 어떠한 역할을 하는 것인가? 국가브랜드는 기업이 제품 마케팅 수단으로 브랜드를 개발하는 것과 마찬가지로 표적 고객을 대상으로 효율적인 마케팅을 전개하기 위함이다.

우선 국가브랜드는 우선 해당 국가의 수출품의 이미지에 영향을 미칠 수 있다. 소위 원산지 효과로 소비자들이 해당 국가의 제품을 평가할 때에 제품의 속성보다는 원산지에 의거하여 평가하는 경향이 있기 때문이다 (한충민 1993, 2009).[1] 여기서 원산지는 제조 국가에만 국한되지 않는다. 기업의 모국에 대한 이미지도 제품 평가에 영향을 미칠 수 있다. 예를 들면 많은 소비자들이 나이키가 미국에서 생산되지 않지만, 여전히 미국 제품으로 생각하는 경향이 있다.[2] 마찬가지로 해외 소비자들이 삼성 제품을 평가할 때 삼성이 한국 기

---

1) 한충민, 『한국의 대외 이미지 현황과 경제적 파급 효과』, 한양대학교 경제연구소, 1993; ______, 『브랜드 세계화의 성공 조건: 전략적 마케팅과 조직 역량』, 한양대학교 출판부, 2009.

2) Jaffe, Eugene D. and I. D. Nebenzahl, National Image & Competitive Advantage, Copenhagen Business School Press, 2nd edition, 2006.

업이라는 점이 크게 영향을 미칠 수 있다. 이는 삼성이 국내에서 생산하지 않은 제품에도 해당한다. 이러한 원산지는 국가뿐만 아니라 특정 지역이나 도시의 특산품에도 발생한다.

동시에 국가브랜드는 투자가의 입장에서 해당 국가 또는 지역 그리고 해당 국가의 기업의 신용도에도 영향을 미칠 수 있다. 투자가들이 신용도 평가함에 있어 객관적 지표와 더불어 주관적 판단에 의존해야 한다. 주관적 판단에는 평가자가 인식하고 있는 기존 지역 이미지가 영향을 미칠 수 있는 것이다. 한충민 · 서완석 (2003)는 재무적 위험, 수익성 그리고 국제경쟁력으로 측정한 기업 이미지가 기업과의 친숙도 및 지식을 통제하고도 국가 이미지와 밀접한 관계가 있는 것으로 보고하고 있다.[3]

재무적 측면에서 외국 자본 및 기업 유치에도 국가 이미지가 영향을 미칠 수 있다 (Han 2009).[4] 투자가들이 비록 객관적 지표에 의해 입지 평가를 하지만 여전히 주관적 판단에 의존할 수밖에 없다. 그 이유는 투자가들이 여러 입지 대안에 관한 완벽한 정보를 수집할 수 없기 때문이다. 특히 국가 위험도 및 정치적 위험에 대한 평가가 기존에 형성된 국가이미지에 의해 이루어질 수 있는 것이다. 국가이미지는 특정 국가의 대외 통상 및 외교 관계에도 영향을 미칠 수 있다 (한충민 1994). 특히 정치적 그리고 경제적 위협 정도 또는 협력 관계에 관한 국가주의적 인식이 외국 정책 입안자나 일반 대중의 국가에 대한 인식에 영향을 미칠 수 있다.

마지막으로 특정 국가/지역의 문화적 그리고 자연적 매력도에 대한 인식도 외국인의 거주 또는 관광지 선택에 영향을 미치는 것으

---

3) 한충민 · 서완석, "주한 외국인의 한국 기업에 대한 이미지 결정 요인에 대한 실증적 연구," 『국제통상연구』, 제8권, 제1호, 53–68, 2003.

4) Han, C. Min, "Brand Korea: Its Economic Implicationss and Branding Challenges," paper presented at Jeju Peace Forum, August 2009.

로 알려져 있다 (Florida 2002; Storper and Manville 2006).[5] 실제 상당수의 국가의 국가브랜드 작업은 관광객 유치 및 부동산 판매에 초점을 맞춰 집행되어 왔다. 최근 들어, 관광객을 넘어서 은퇴 계층 유치 그리고 우수 인력 유치에도 국가 브랜드 사업이 사용되고 있다. 대표적인 예로 싱가포르를 지적할 수 있다. 탤런트 캐피털 (Talent Capitial) 싱가포르 사업도 그 일환으로 싱가포르 노동부에 주관하여 추진하고 있다.

TALENT CAPITAL singapore

우수 인력 유치를 위한 싱가포르 브랜드 사업

2. 국가브랜드의 이론적 근거

국가브랜드 즉 국가 이미지가 국가 서비스의 소비자 평가에 미치는 영향이 발생하는 이유는 무엇인가? 이와 관련하여 국가 이미지가 후광 (halo) 또는 요약지표 (summary construct)의 역할을 한다는 것이 경영학/마케팅 이론 학자의 주장이다 (Han 1989, 1990; Jaffe and Nebenzahl 2006).[6]

---

5) Florida (2002), Storper and Manville (2006), op. cit.

6) Han, C. Min, "Country Image: Halo or Summary Construct," Journal of Marketing Research, 26, May, 1989, pp. 222–9; ______, "Testing the Role of Country Image in Consumer Choice Behaviour", European Journal of Marketing, 24, 1990, pp. 24–40; Jaffe and Nebenzahl, op. cit, 2006.

우선 후광 효과에 관련하여 논의하면 소비자가 특정 국가로 부터의 사물에 친숙하지 않을 때에는 소비자가 그 사물을 평가함에 있어 기존에 형성된 이미지에 의존할 수밖에 없다는 것이다. 그 이미지는 해당 사물과 관련이 없는 해당 국가의 타 사물로부터 형성된 인식이다. 따라서 이 경우에는 국가이미지가 후광적 역할을 수행하는 것이다. 예를 들면, 한국 전자제품에 친숙하지 않는 소비자가 한국 전자제품을 평가할 때에는 기존 형성되어 있는 한국 전자 제품에 대한 자신의 평가를 사용할 수가 없다. 따라서 이 경우에는 한국의 다른 제품이나 한국에 관한 전반적 인식이 전자 제품의 속성 평가에 사용될 수밖에 없을 것이다.

한편, 소비자가 해당 사물에 대한 친숙도가 높아지고 해당 사물에 대한 경험이 축적되는 경우에는 해당 국가로부터 유사한 사물을 접하는 경우에는 해당 사물에 대한 기존에 형성된 지식이 새로운 사물을 평가에 바로 적용될 수 있다는 것이다. 이 경우에는 국가이미지가 요약 지표의 역할을 수행하는 것이다. 예를 들면, 한국 전자 제품에 관하여 친숙한 소비자는 새로운 한국 전자 제품을 접할 때 이미 축적된 한국 전자 제품에 관한 경험에 의존하여 평가하게 된다는 것이다. 즉 한국이 브랜드의 역할을 한다는 것이다.

국가 이미지의 후광 효과와 요약지표 효과는 그림에서 대비되어 나타나 있다.

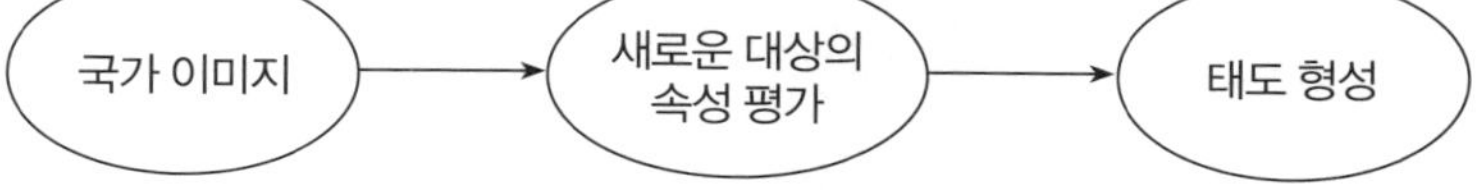

〈Halo 모형: 친숙하지 않은 대상 평가시〉

〈Summary Construct 모형: 친숙한 대상 평가시〉

우리나라의 경우에는 대체로 해외 인지도가 낮기 때문에 위에서 언급한 국가이미지 효과 중에서 후광 효과에 의해 불이익이 크게 발생할 것으로 예상된다. 왜냐 하면, 한국의 IT 제품을 직접 경험한 외국인은 한국에 대한 인식이 상대적으로 좋은 경향이 있기 때문이다. 즉 요약 지표에 의한 불이익은 상대적으로 낮다고 평가될 수 있다. 물론, 과거 우리나라에 대해 비호의적인 경험을 가진 외국인의 경우에는 요약 지표에 의한 불이익이 존재할 수 있다.

후광 효과에 의한 불이익은 우리나라 지방 도시의 경우에 높을 가능성이 높다. 외국인의 우리나라 지방 도시에 관한 인지도는 매우 낮기 때문이다. 2010년 부산발전연구원의 조사에 의하면[7], 중국인과 일본인을 대상으로 한 온라인 조사에서 측정한 최초 상기와 비보조 인지를 포함한 인지도가 서울은 96%인데 반해, 부산은 61%, 제주도 19%, 인천 17%이고, 나머지 도시는 거의 인지도가 형성되어 있지 않은 것으로 조사된 바가 있다. 이 조사는 중국인과 일본인을 대상으로 나타난 결과이다. 따라서 다른 지역의 외국인의 경우에는 서울을 제외하고는 인지도가 상당 낮을 것으로 추정된다.

---

7) 오재환 · 김형균 · 김율성, 부산시 도시브랜드 및 마케팅 활성화를 위한 기초 조사, 『정책연구』, 2010–05, 2010. 7.

〈 해외거주 외국인의 우리나라 주요도시 인지도 (%) 〉

해외거주 외국인		서울	부산	제주	인천	대구	광주	수원	경주
전체 (최초 상기+비보조 인지, %)		96.3	61.0	18.8	16.5	4.8	1.8	1.8	1.3
국적별	중국인 (N=200)	98.5	54.0	24.5	24.0	5.0	2.0	0.5	0.0
	일본인 (N=200)	94.0	68.0	13.0	9.0	4.5	1.5	3.0	2.5

자료: 오재환 외(2010), 부산발전연구원.

국가 이미지가 외국인의 평가에 영향을 미치는 이유는?

우리나라의 국가 또는 도시 이미지가 외국인의 우리나라의 사물에 대한 평가에 있어 2가지 방향에서 영향을 미칠 수 있다. ① 속성의 평균 수준과 ② 수준에 대한 신뢰에 모두 영향을 미칠 수 있다.

우선 소비자가 해당 지역의 사물에 친숙하지 않을 때 즉 인지도가 형성되어 있지 않은 경우에는 우선 주관적 판단에 의존해야 한다. 이 경우에는 소비자들은 불확실성에 대한 불안 때문에 해당 사물을 낮게 평가하는 경향이 있다. 또한 소비자들은 앞에서 지적한 후광효과에 의해 기존에 형성되어 있는 해당 지역의 이미지에 의존하여 평가하게 될 것이다. 우리나라의 경우에는 우리나라의 해당 사물에 친숙하지 않은 소비자들이 상대적으로 많아, 불확실성에 대한 디스카운트와 기존 형성된 비호의적인 이미지 때문에 우리나라의 사물을 낮게 평가하는 경향이 높을 수밖에 없을 것이다.

또한 해당 지역에 대하여 기존에 형성되어 있는 신뢰성 또는 리스크에 관한 이미지도 해당 지역의 사물 평가에 영향을 미칠 수 있다. 우리나라의 경우에는 리스크가 높은 지역으로 인식되는 경향이 있다. 반면에, 일본은 리스크가 낮고, 일본 엔화는 안전 통화로 인식되고 있다.

골드만삭스에 따르면 주식 시장에서의 코리아 디스카운트는 통상적으로 상당한 규모로 평가되고 있는데, 5 – 6 년 전에는 약 25%에 달한 적이 있었다.[8] 우리나라는 전쟁 위험이 있고, 사회적으로 경제적으로 안정되어 있지 않은 국가로 인식되고 있는 것이다. 이는 전형적인 이머징(emerging) 국가에 대한 인식이다. 이로 인해 소비자 측면에서 보면 해당 사물의 속성 수준이 가변적이라고 인식할 수 있다. 예를 들면, 우리나라에 투자를 고려하는 기업에서 보면 우리나라가 현재는 우호적 투자 환경을 제공하겠지만, 정부의 정책이나 규제가 언젠가 변할 가능성이 높다는 인식 때문에 투자를 꺼려할 수 있다.

3. 국가마케팅의 필요성

세계 경제 및 사회의 글로벌리제이션

전 세계는 경제적인 측면뿐만 아니라 사회 · 문화적으로도 빠른 속도로 글로벌화가 급속하게 진행되고 있다. 이 추세는 당분간 지속될 것으로 예상되고 있다. 글로벌리제이션은 기업과 자본과 더불어 사람을 철새처럼 움직이게 하는 힘이 있다. 국가라는 의미는 점점 퇴색하고 있다. 사람들은 자신의 삶의 질을 극대화하기 위해서 자신이 거주하는 지역을 스스로 선택하는 것이다. 더 좋은 생활 여건을 위해서, 더 좋은 교육 여건을 찾아서, 더 좋은 직장을 얻기 위해서,

8) 골드만삭스 권구훈 전무는 코리아 디스카운트가 대략 25%가량으로 추정되고, 이 수치는 향후 줄어들 가능성이 높다고 언급한 바가 있음 (조선일보, 2010. 12. 8.). 최근에는 10 – 15%으로 줄어들었다고 전해지고 있다.

낮은 비용으로 삶의 즐거움을 향유하기 위해서, 때로는 내가 원하는 삶의 방식을 찾아서 사람들은 이동하는 것이다. 전형적인 글로벌 유목인 (global nomad)의 모습이다.

이와 같은 글로벌리제이션 현상이 발생하게 되는 요인은 여러 가지가 있다. 그 중에 가장 영향력이 큰 동인은 기술의 발전일 것이다. 특히 정보기술의 발전으로 인해 일반 대중들이 해외 여러 지역에 관한 정보를 적은 비용으로 확보할 수 있고, 운송 수단의 발달로 인구의 이동이 큰 어려움이 없이 가능해졌다. 운송 수단중 항공기 기술의 발전은 글로벌리제이션을 가속시키는 요인으로 지적되고 있다. 최근에는 사우스웨스트항공, 라이언항공, 이지제트 그리고 아시아 지역에서는 에어아시아와 같은 저가 항공사의 출현으로 인구의 대규모 이동이 그 어느 때보다 손쉽게 이루어질 수 있게 되었다. 동시에 기업의 글로벌화에 따라 인력의 이동도 크게 확대된 것도 또 다른 이유로 지적될 수 있다.

어떤 사람이 어느 지역으로 이동하고 있는가?

인구의 대규모 이동으로 인해 과거에는 접근이 어려운 지역이 부각되기 시작하였다. 유럽에서는 70년대와 80년대에 남부 프랑스가 본격적으로 개발하기 시작하였고, 북부 유럽에 거주하였던 부유층과 은퇴 인력들이 대규모로 이 지역으로 이주하기 시작하였다. 90년대 이후에는 스페인 지역이 본격적으로 개발되기 시작하였고, 이는 스페인의 부동산 거품으로 연결되었다. 이 거품은 결국 글로벌 금융위기로 붕괴되었던 것이다. 스페인 부동산 개발은 마요르카 지역의 독일인 이주에서 잘 나타나 있다. 2014년 통계에 따르면 70만명 인구의 마요르카에 연간 1000만명의 관광객이 방문하고, 방문객의 약 40%가 독일인으로 독일의 17번째 연방주이라고 일컬릴 정도로 방문하고 상주하는 독일인이 많은 특징을 보이고 있다. 한때는 독일인이 마요르카 휴양 주택의 60%를 소유하는 것으로 알려져 있다.

특히 부유층 또는 사회 지도층의 이동은 일반 대중보다 더욱 더 활발하다. 많은 나라 또는 지역에서는 부유층의 인구를 유치하기 위해서 각종 조세은신처 편익을 제공하고 있다. 대표적인 지역이 모나코, 룩셈부르크, 그리고 스위스와 같은 곳이다. 유명 배우, 록 스타 그리고 스포츠 스타들이 자국에서 높은 소득세를 부담하기 보다는 여름에는 모나코, 그리고 겨울에는 스위스에서 스키를 즐기면서 그리고 세금도 적게 내는 곳에 소득을 신고하는 관행들은 어제, 오늘 일이 아니다. 상속세도 마찬가지다. 자국에 높은 상속세를 부담하는 것보다 상속세가 없는 국가로 이주하는 경우도 크게 늘어나고 있다.

최근에는 부유층뿐만 아니라 글로벌 우수 인력의 유치에도 많은 정부가 적극적이다. 우수 인력은 상당수의 국가 또는 도시에서 추진하는 창조도시 (creative city)로의 발전에 핵심적인 역할을 수행하는 구성 요소이다. 창조도시이란 과학, 엔지니어링, 교육, 문화, 예술 등 창조 산업의 클러스터를 의미하는 것으로, 창조 도시의 주요 구성원은 창조 계층 (creative class)이라고 지칭되고 있다. 창조 계층은 첨단 기술 전문가, 예술가 및 창작가 등을 포함한다.[9] 이런 우수 인력들은 아래의 표에서 보듯이 개방성이 높고, 창조 문화 및 산업 인프라가 구축되어 있는 스위스, 덴마크, 네덜란드나 싱가포르 그리고 우수한 과학 및 산업 인프라가 구비된 독일과 북미 지역을 선호하는 경향이 있는 듯하다.

9) Florida, Richard., The Rise of The Creative Class, New York, Basis Books, 2002.

고급인력이 선호하는 국가

	2015	2014	2013	2012
스위스	1	1	1	1
덴마크	2	2	2	2
네덜란드	5	7	5	7
핀란드	6	4	4	4
독일	7	3	6	10
캐나다	8	8	8	5
싱가포르	10	16	17	9
스웨덴	11	9	3	3
홍콩	12	21	19	13
미국	14	12	12	16
대만	23	27	23	19
일본	26	28	35	41
한국	31	40	39	33

자료: IMD

아시아 지역도 예외가 아니다. 예를 들면, 태국의 촌부리 지역에서는 대규모 외국인 거주 지역을 쉽게 발견할 수 있다. 촌부리 지역의 가장 큰 도시인 파타야의 경우에는 공식 인구 10만 명인데 불구하고 비공식 인구가 10만 명을 상회하는 것으로 알려져 있다. 연간 관광객이 2014년에 670만이며[10], 상당수의 외국인이 현지에 상주하는 것으로 추정되고 있다. 태국호텔협회에 따르면 촌부리 지역의 중심지인 파타야에 모두 136,000 호텔 객실이 있는 것으로 집계되고 있다.

싱가포르나 홍콩 같은 곳도 부유층의 인구를 유치하기 위해 적극적이다. 소득세도 일괄적으로 낮으며, 누진적이지도 않다. 상속세는 거의 없다. 물론 부유층들이 대체로 기업인으로 현지에서 법인을 설립하는 것도 까다롭지도 않으며, 법인세도 싱가포르 17% 그리고 홍

10) 태국 관광청, 2014년 기준

콩 16.5%로 대부분 나라와 비교하여 낮다.

우리나라도 예외가 아니다. 비록 선진국에 비해 우리 국민의 해외 이동은 늦게 출발하였지만, 최근 세계 추세에 빠른 속도로 동조하는 추세를 보이고 있다. 물론 과거 해외 취업과 교육 여건을 위해 선진국 지역으로의 이주가 60년대부터 시작된 것은 사실이나, 최근 개도국 중심으로 인구 이동이 늘어나고 있다. 해외 사업 및 취업 기회를 위해 중국 및 동남아 국가로의 인구 이동이 늘어나고 있고, 특히 은퇴 인력의 동남아 이주도 크게 늘어나고 있다.

필리핀에로의 이주가 최근 크게 늘어나고 있는 추세이다. 주필리핀 한국대사관이 2010년 현지 한인회와 상사 등을 통해 파악하고 있는 필리핀 체류 한국인 규모는 11만 5000명으로 달한다. 이는 관광 목적이나 단기 체류자 제외한 수치이다. 이제는 마닐라 지역, 클락, 세부 그리고 바기오 지역에서의 한국인 집단 지역을 쉽게 발견할 수 있다.

이러한 현상은 전 세계적으로 이루어지고 있는데, 이는 앞에서 언급한 기술의 발전과 더불어 선진국 인구의 노령화와 신흥성장국가의 중산층의 확대로 인해 가속되는 경향이 있는 것으로 지적되고 있다.[11] 이로 인해 새로운 도시의 탄생, 관광객의 급증과 함께 메디컬 관광 등과 같은 새로운 산업이 출현하기 시작한 것이다. 인구 이동의 구체적 유형과 이에 따른 경제 지형의 변화에 대해서 뒤에서 구체적으로 언급된다.

이러한 인구의 이동에 따라 전통적인 국가주의가 퇴색하고 있는 추세이다. 초국적 시민은 이제는 보다 나은 삶의 질을 찾아 모국을 떠나 새로운 나라를 찾는 것이다. 즉 이들은 운명적인 국가의식에서 벗어나 스스로 국가를 선택하는 글로벌 유목인인 것이다. 인구의 이

---

11) Future Brand, Country Brand Index 2009.

동과 같이 기업도 기업 가치를 극대화시킬 수 있는 지역으로 생산 시설, 연구 기능, 마케팅과 고객 지원 기능을 이전하고, 자본도 높은 수익률을 쫓아서 해외로 이동하는 추세가 글로벌리제이션에 따라 나타나는 큰 그림이다.

세금 망명?

프랑스 정부의 '부자 증세' 정책을 피해 국적을 포기를 선언하고 러시아 국적을 취득한 배우 제라드 드파르디외가 푸틴 러시아 대통령으로부터 러시아 여권을 건네 …

나르 아르노 루이비통모에헤네릅(LVMH) 회장도 벨기에 시민 신청 … 벨기에 상속세 (3%)

국가마케팅 활동의 확대

이상과 같은 기업, 자본 그리고 인구 이동에 대비하기 위해 여러 정부에서 새로운 개혁 및 지역 마케팅 노력을 경주하기 시작하였다. 국가 간의 이동에 걸림돌이 되었던 각종 규제가 완화되고, 앞에서 언급한 같이 이동에 필요한 정보에의 접근이 가능하고 이동에 따른 비용도 낮아짐에 따라, 국가 간의 경쟁이 치열해지고 있다. 국가나 도시도 적극적인 마케팅을 전개하지 않으면, 과거와 달리 기업, 자본 및 우수 인력을 보존하고 유치하기가 용이하지 않게 되었다.

독일의 경우가 새로운 개혁을 추진하는 대표적인 예로 지적될 수 있다. 독일은 전통적으로 사회주의적 특성이 강했던 사회로서 기업의 이탈로 어려움을 겪어 왔던 대표적인 국가이다. 이로 인한 실업 증가, 정부 재정 수입 감소 등의 문제를 해결하기 위해 메르켈이 대규모 개혁에 착수한 바가 있다. 개혁의 핵심은 기업 투자의 활성화와 노등 시장의 유연성 확보에 있다. 독일을 포함한 여러 유럽 정부에서 추진하고 있는 개혁과제는 아래의 표에 정리되어 있다.

주요 유럽 정부의 개혁 과제

◉ **친기업 투자 활성화**
• 법인세율 인하
• 기업설비투자 세액 공제 확대
◉ **노동시장 유연화**
• 노조의 경영참여 축소
• 신규 채용자 자유해고 기간 연장
◉ **공공지출 축소 세제 확보**
• 공무원 인원 감축
• 부가가치세(VAT) 인상
• 연금지급 연령 상향 조정

동시에 여러 국가들도 기업과 투자 유치를 위해 법인세를 경쟁적으로 낮추고 있다. 특히 홍콩, 대만 그리고 싱가포르 등 아시아의 주요 경쟁국들이 최근 법인세 인하를 통해 우리나라 보다 우호적인 투자 환경을 조성하고 있다. 미국과 일본도 최근 법인세 인하에 관한 논의가 활발하게 이루어지고 있는 것이 사실이다. 우리나라 정부도 이러한 추세에 대응하기 위해 이명박 정부에서 법인세 인하를 추진한 바가 있다.

〈 주요 국가 법인세율 〉

국가	2015
아일랜드	12.5%
홍콩	16.5%
싱가포르	17%
대만	17%
한국	24.2%
말레이시아	25%
영국	20%
호주	30%
미국	40%
일본	33.6%

주: 미국의 법인세는 35% 연방세에 평균 지방세를 포함한 평균 세율임. 일본은 동경 거주 기업을 기준한 법인세이며, 2016년에는 32.26%로 인하될 예정임.
자료: KPMG

이상과 같이 각 국가의 법인세 인하 및 우호적 투자 환경 조성에 따라 다국적기업들의 법인 이전 사례가 늘어나고 있다. 2015년에 스타벅스 유럽 법인은 조세 거주지를 네덜란드에서 법인세가 낮은 영국으로 이전하고 있다. 영국으로의 법인 이전 사례는 늘어나고 있다. 물론, 최근의 브렉시트로 인하에 따라, 반대의 움직임 즉 탈(脫)영국이 예상되고 있다.

〈 법인세 낮은 국가로의 법인 이전 사례 〉

회사명(업종)	내용	이전 방향
스타벅스 (식음료)	유럽 본사 이전	네덜란드 → 영국
맥도널드 식음료)	유럽 본사 이전	영국 → 스위스
코카콜라 (식음료)	유럽 본사 통합	독일·스페인 → 영국
시드릴 (석유 시추)	사업본부 이전 추전	노르웨이 → 영국
월그린 (의약품 판매)	본사 이전 추진	미국 → 스위스
화이자 (제약)	본사 이전 추진	미국 → 영국

자료: 전국경제인연합회, 조선경제 2015. 11. 18 전제.

지방 정부나 도시들도 마찬가지다. 조세나 노동법 개정과 같은 행정 수단은 없는 경우에는, 기업에 다양한 편의 서비스와 인센티브를 제공하는 지역들이 늘어나고 있다. 동시에 상당수의 지역들이 지역 마케팅 전담팀을 신설하고, 해외 사무소를 설치하는 동시에 적극적인 지방 브랜드 사업을 전개하는 등의 지역 마케팅 노력을 경주하고 있다.

이상과 같은 각국 정부 및 도시들의 적극적인 지역 마케팅 노력에 의해 기업과 자본이 유치되고, 그 결과 기업인과 자본가 그리고 기업과 관련된 인력의 이동이 이루어지는 것이다.

4. 국가마케팅과 브랜드

브랜드의 목적

브랜드란 일반적으로 기업이 상품이나 서비스를 경쟁자들로부터 차별화하기 위하여 사용하는 독특한 이름이나 상징물(로고, 등록 상표, 포장 디자인 등)을 의미한다. 국가브랜드의 경우에는 작명이나 개명이 가능하지 않기 때문에 슬로건 (예: Incredible India)이나 태그라인(tagline)이 이를 대신한다. 기본적으로 브랜드는 소비자에게 제품 생산자를 알려줌으로써 유사 제품을 공급하려는 경쟁자들로부터 소비자와 생산자를 보호한다.

고대에도 벽돌과 같은 제품에 이름을 표시하여 제조자를 나타내고자 한 증거가 있다. 중세 유럽의 상인조합(guild)도 고객들에게 제품에 대한 확신을 주고 생산자를 법적으로 보호하기 위해 브랜드를 사용하였다. 16세기 초의 위스키 제조업자들은 불에 달군 쇠로 위스키 나무통 위에 제조자의 이름을 찍어 출하함으로써 소비자들에게 제조자가 누구인지를 알리고 가격이 낮은 다른 제품으로 대체되는 것을 방지하였다. 1835년 'Old Smuggler'라는 스카치 브랜드가 출시되었는데, 이는 특수 증류처리 기술을 사용하는 밀주업자들이 쌓아 온 품질에 대한 명성을 이용하기 위한 것이었다.

한편 브랜드는 오래 전부터 시장에서 역할을 해 왔지만, 실제로 브랜드가 중요한 요소로 인식되기 시작한 때는 20세기부터라고 할 수 있다. 사실 차별화된 브랜드를 만들기 위한 노력은 현대 마케팅의 한 중요한 특성이다. 국가브랜드도 차별화 수단으로 사용하는 것이 가장 큰 목적이라고 할 수 있다. 앞서 언급하였듯이, 국가 간의 경쟁이 치열해지고, 국가 간의 상호 모방도 활발하게 이루어짐에 따라, 국가의 특 · 장점을 부각하기가 어려지고 있는 것이 사실이다.

영향력 있는 브랜드를 구축하는 데에는 엄청난 비용과 어려움이 뒤따른다. 따라서 기업들은 막대한 비용을 들여서라도 좋은 브랜드를 사려고 하는 경우가 많다. 유명 브랜드의 가치가 높은 것은 근래에 와서 브랜드를 구축하는 일이 매우 어렵기 때문으로도 볼 수 있다. 첫째로, 과거에 비해 광고와 유통 비용이 훨씬 높다. 브랜드를 알리기 위해 흔히 사용하는 텔레비전 광고는 너무 비싸서, 중소기업의 경우에는 엄두가 나지 않는 경우가 많다. 둘째로, 수많은 브랜드가 새로 출현하는 것을 들 수 있는데, 미국 시장에는 어림잡아 매년 3,000개 이상의 새로운 브랜드가 시장에 쏟아져 나오고 있다고 한다. 이러한 브랜드 수의 증가는 소비자의 마음을 사로잡고 유통 채널을 확보하기 위한 경쟁을 심화시켰으며, 이로 인해 이미지가 약한 브랜드들은 살아남기 어렵게 되어 가고 있다.

이는 국가브랜드에도 마찬가지일 것이다. 수많은 국가들이 자국 관광업을 홍보하고, 외국인투자를 유치하기 위해서 공격적인 홍보활동을 전개하고 있다. 따라서 성공적인 국가브랜드를 구축하기 위해서 장기적인 투자와 노력이 수반되어야 할 것이다.

브랜드의 가치

그러면 브랜드가 우선 기업에게 주는 구체적인 가치는, 소위 브랜드자산의 가치는 어떻게 결정되는가? 브랜드 자산이란 특정 브랜드와 그 브랜드의 이름 및 상징에 관련된 기업의 무형 자산인데, 이것은 제품이나 서비스가 기업과 그 기업의 고객에게 제공하는 가치를 증가시키거나 감소시키는 역할을 한다. 브랜드 자산을 구성하는 요인은 크게 5가지로 나눠 볼 수 있다(Aaker 2011).[12]

① 브랜드 충성도
② 브랜드 이름 인지도
③ 소비자가 인식하는 제품의 질
④ 브랜드 연상 이미지
⑤ 기타 독점적 브랜드 자산

---

12 David A. Aaker(2011), Brand Relevclnce: Making Competitors Irrelevant, Jossey-Bass.

일반적으로 브랜드는 소비자에게 상당한 가치를 줄 수 있다. 브랜드는 소비자가 제품과 브랜드에 대한 막대한 양의 정보를 해석하고 처리하고 저장하는 데 도움을 준다. 더욱이 소비자가 인식한 제품의 질이나 브랜드 연상 이미지는 사용에 따른 만족도를 높여 줄 수 있다. 스마트폰의 브랜드가 아이폰이라는 것을 알게 되면 그것을 사용하는 경험이 달라질 수 있다. 사용자는 실제로 다르게 느낄 수 있다.

이와 함께 브랜드는 기업에도 매우 중요한 가치를 제공하는 자산이 될 수 있다. 첫째로, 브랜드 자산은 새로운 고객을 확보하거나 혹은 기존 고객의 재구매에도 유리하다. 이는 브랜드가 소비자에 신뢰감을 주는 동시에, 신뢰감 때문에 고객 유치가 상대적으로 적은 비용으로 가능하기 때문이다.

둘째로, 브랜드는 브랜드 충성도를 증대시켜 주는 효과가 있다. 브랜드 충성도는 마케팅 비용과 직결되는 것으로, 현재 제품을 사용하고 있는 고객에게 판매하는 비용이 제품 구매 경험이 없는 소비자에게 판매하는 비용보다 훨씬 적게 들 것이다. 따라서, 브랜드를 활용하는 마케팅이 장기적으로 저렴한 수단이 될 수 있다.

셋째로, 브랜드 자산은 가격 할증을 가능케 한다. 일반적으로 소비자들은 유명 브랜드 제품에 대해 높은 가격을 지불할 의향이 있는 것이다.

넷째로, 브랜드는 브랜드 확장을 통한 성장 발판이 되기도 한다. 애플사는 아이(i) 브랜드를 확장하여 다양한 시장에 진출했는데, 만일 아이폰이라는 브랜드가 없었더라면 시장 진입에 훨씬 더 많은 비용이 들었을 것이다.

다섯째로, 브랜드는 유통에 대한 영향력을 높여 준다. 소비자와 마찬가지로 유통상과 거래할 때 더 확신을 갖게 한다. 이미지가 좋은 브랜드를 가지고 있으면 매장의 진열 등 유통상으로 부터 여러 가지 협조를 얻는데 유리할 것이다.

마지막으로 브랜드 자산은 경쟁자들에게 실제로 보호 장벽이 되는 경쟁적 우위를 제공한다. 일본 자동차 브랜드 경우와 같이 소비자의 마음속에 좋은 품질로 강하게 자리 잡은 경우, 소비자들에게 다른 브랜드의 품질이 보다 좋다고 (그것이 사실일지라도) 믿게 만들기는 쉽지 않을 것이다.

국가브랜드의 가치

마찬가지로 국가브랜드도 국가에 유사한 가치를 제공할 것으로 예상된다. 우선 국가브랜드를 통해 효율적인 마케팅이 가능하고, 브랜드 충성도 확보에도 유리하다. 예를 들면, 프랑스이라는 국가브랜드는 프랑스가 가지고 있는 상징적 그리고 감성적 가치를 바탕으로 효율적인 마케팅이 가능할 뿐만 아니라, 프랑코필 (Francophile)이라는 충성도가 높은 고객 기반을 확보할 수 있었던 것이다.

동시에 국가브랜드의 가치 때문에 고객들이 추가적인 비용을 지불할 의향이 생길 수 있다. 예를 들면, 미국이나 영국과 같은 나라의 부동산은 안전한 투자이라는 인식과 함께, 상징적인 의미가 높아, 엄청난 가격에도 불구하고 재산가들이 투자를 꺼리지 않는 강점을 보이고 있다.

파워 국가브랜드는 브랜드 확장에도 유리하다. 프랑스는 관광 및 문화적 강점을 바탕으로 디자인 · 패션 산업의 인력과 투자를 유치할 수 있다. 유사하게, 독일은 독일이라는 기술적 우수성 및 신뢰성을 바탕으로 자국의 강점 산업인 자동차 및 기계 산업을 벗어나, 다양한 산업에서 독일의 정체성을 활용할 수 있다.

마지막으로 국가브랜드는 기업 브랜드와 같이 유사한 국가 서비스를 제공하는 경쟁 국가로부터 보호받을 수 있는 강력한 이미지를 구축할 수 있다. 몰디브이라는 관광국 브랜드는 신혼여행의 성지로 경쟁 관광지로부터 차별적 우위를 확보하게 해준다.

브랜드와 기업 가치

브랜드는 기업에게 어떠한 도움을 주는가? 일반적으로 브랜드는 기업의 매출에 긍정적인 영향을 주는 것으로 알려져 있다. 그러나 브랜드가 이러한 효과를 가지지 위해서는 브랜드 개발, 육성 및 유지에 상당한 비용이 수반되기 마련이다. 결국, 브랜드의 투자 수익성(ROI)은 어떠한가에 대한 평가가 이루어지기 전에는 기업들은 브랜드 투자를 결정할 수가 없을 것이다. 결론적으로 말하면, 브랜드의 ROI는 매우 긍정적이라고 평가될 수 있다.

브랜드는 매출 신장, 시장 점유율 확대, 수익성 제고 및 주가 상승에 도움이 될 수 있다. 미국의 마케팅 학자 Gregory는 포춘(Fortuen) 100대 기업의 수익과 주가를 7년간 평가한 결과, 브랜드 광고에 적극적인 기업은 수익성도 좋고, 주가 상승률도 매우 높은 것으로 나타났다.[13] 이는 브랜드가 기업의 가치를 높이는 효과가 있다는 것을 시사해주고 있다. 이와 더불어, 브랜드는 마케팅 비용의 절감으로 이어진다. 브랜드를 통한 마케팅은 엄청난 영업비용을 절감시킬 수 있고, 충성도가 높은 고객이 확보되면 신규 고객 유치를 위한 막대한 비용이 절약되어 마케팅 비용이 줄어들게 된다.

---

13) J. R Gregory (1997), Leveraging the Corporate Brand, NTC Business Books; D. Aaker(2011), op.cit

〈그림〉 브랜드와 기업 가치

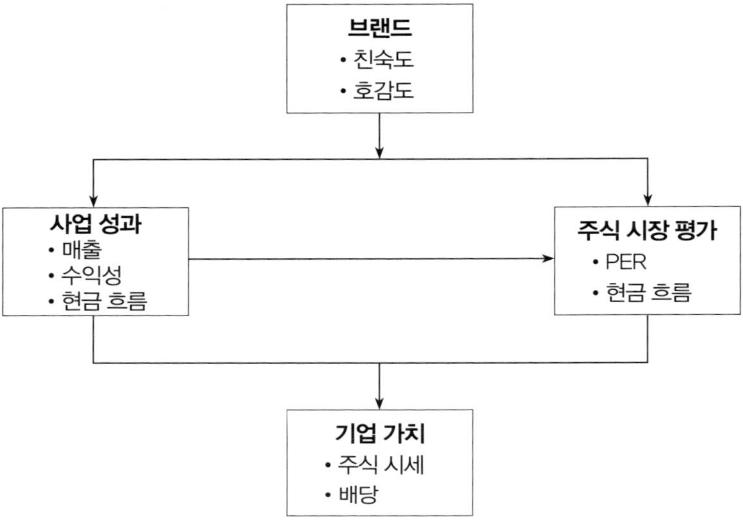

일반적으로 기업의 가치는 40%정도는 현금 흐름, 수익성 등 객관적인 지표에 의해, 20%는 경영진의 능력, 그리고 나머지 40%는 기업과 업종의 미래에 대한 투자가의 인식에 의해서 결정되는 경향이 있다.[14] 이는 객관적인 지표와 함께 기업에 대한 이미지가 기업의 가치 결정에 큰 영향이 있음을 나타내는 것이다.

결국, 브랜드와 기업의 이미지는 기업 가치의 상승으로 이어지는 것으로 보인다. 그 효과는 크게 두 가지 흐름에 의해 이루어진다(〈그림〉 참조). 첫째는 브랜드 → 사업 성과의 개선 → 주식 시세 반영 → 기업 가치 상승으로 이루어지고, 둘째는 단순히 브랜드와 기업이미지가 투자가의 인식에 영향을 미치는 것으로, 브랜드 → 주식 시세 상승 → 기업 가치 상승으로 이루어진다. 여기서 브랜드는 제품 브랜드뿐만 아니라 기업 브랜드를 포함하는 개념이다. 즉 삼성전자의

14) 한충민, 전게서, 2009.

메모리칩은 타사 제품에 비해 브랜드 가치가 높기 때문에, 높은 가격에 팔릴 수 있는 것이다.

브랜드와 국가 가치

브랜드도 국가 가치를 높일 수 있다. 브랜드가 기업 가치를 상승하는 효과와 같이, 우선 국가마케팅 사업의 성과 제고에 긍정적으로 작용할 수 있다. 그림에서 보듯이 국가브랜드가 국가서비스 마케팅을 원활하게 함으로써, 관광수입이 늘어나고, 투자 유치이 원활하며, 자국 수출품의 판매 및 판매 가격에 유리하게 작용하는 등의 성과가 좋아질 수 있다. 동시에 국가브랜드를 통한 국가마케팅을 상대적으로 홍보 및 마케팅 비용이 적게 들뿐만 아니라, 사업성과 확대에 따른 규모의 경제에 따라 단위 사업비용이 줄어들 수 있다. 사업성과 제고 및 사업비용 절감으로 인해 국가의 경쟁력이 높아질 수 있다.

〈그림〉 브랜드와 국가 가치

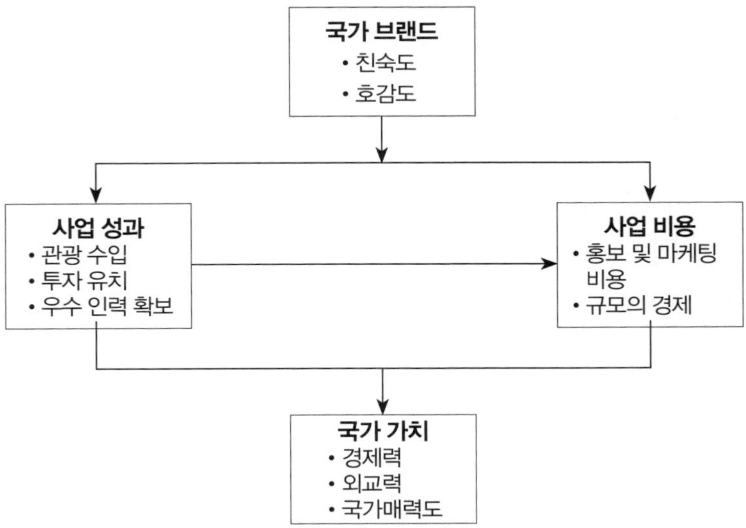

5. 국가브랜드 구성 요소와 결정 요인

특정 국가 또는 지역의 이미지는 여러 가지로 정의될 수 있다. 예를 들면, 제품 관련 이미지, 정치 · 외교적 이미지, 유학지로서의 이미지 등 연구자의 목적에 따라 지역 이미지의 정의가 크게 달라질 수 있다. 우선 포괄적인 특성을 가진 국가 이미지와 관련된 정의를 살펴볼 필요가 있다.

국가 이미지의 구성 요소

특정 국가의 이미지는 여러 가지 이미지가 상호 밀접하게 관련되어 있다. 우선, 국가 이미지는 우선 두 가지의 큰 이미지가 포함될 수 있다. Clark (1990) 교수는 국가이미지에 있어 가장 핵심적 요소를 2가지를 소개하고 있다.[15] 즉, 해당 국가의 사회, 경제, 문화 등 제도에 관련된 이미지와 해당 국가의 국민에 관련된 이미지가 그것이다.

그 외 해당 국가가 평가 국가에서 인식되고 있는 경제적, 정치적 위협 정도 및 협력의 필요 정도도 해당 국가의 전반적인 이미지에 큰 영향을 미칠 수 있다. 특정 국가는 우호적인 국가이라고 인식하는 반면에 특정 국가는 위협적이라고 느낄 수 있다. 뒤에서 언급할 BBC Poll에서는 특정 국가가 세계에 미치는 영향이 얼마나 긍정적인지, 부정적인지에 관한 조사 결과를 발표하고 있다. 이러한 이미지가 지역서비스 고객 (예; 관광객, 투자가, 소비자 등)의 구매 행위에 영향을 미칠 수 있다. 구체적으로, 그 영향은 고객의 국가에 대한 호감도 뿐만 아니라 지역서비스의 품질에 관한 위험 인식에도 나

15) Clark, Terry, "International Marketing and National Character: A Review and Proposal for an Integrative Theory," Journal of Marketing, October, 1990, pp. 66-79.; 한충민 · 원성빈 · 김상묵, 2014.

타날 수 있다.

또 다른 국가 이미지의 구성 요인은 물리적 환경에 관한 이미지이다. 특정 국가의 자연적 환경 (예: 네팔의 산악국 이미지, 하와이의 태평양 이미지, 몰디브의 산호국 이미지 등)와 함께 기후에 관한 이미지도 특정 국가의 전반적인 이미지 형성에 상당한 영향을 미칠 것으로 보인다. 이러한 물리적 환경에 관한 이미지도 관광객의 여행지 선정 그리고 투자가의 입지 결정 (예: 용수가 필요한 산업에는 수자원이 풍부한 입지가 유리)에 영향을 미칠 수 있다.

마지막으로 원산지 이미지를 지적할 수 있다. 원산지 이미지에는 특정 국가의 지역 특산물이나 제품에 관한 이미지가 포함될 수 있고, 해당 국가의 기업의 이미지도 큰 부분을 차지할 것이다. 이러한 산업/제품 이미지와 기업 이미지는 상호 밀접한 관계를 가지고 있는 것으로 보인다. Han (1991)의 연구에 따르면 특정 국가의 특정 산업의 이미지가 타 산업의 이미지에 영향을 미치는 동시에 특정 국가 제품의 전반적인 이미지에도 영향을 미치는 것으로 조사되었다.[16]

원산지 이미지에는 관광산업의 이미지도 포함되어 있을 수 있다. 여기서 관광산업의 이미지이란 관광지로서의 여러 가지 편의 시설 및 관광 서비스의 품질에 관한 이미지를 의미한다. 여기서는 자연환경, 문화적 매력도 등의 관광지로서의 이미지와 다른 개념으로 사용하였다.

---

16) Han, C. Min, "Testing the Role of Country Image in Consumer Choice Behavior," European Journal of Marketing, 24, 6, 1991, pp. 24–40.

〈 국가이미지의 구성 〉

- 국가 이미지
  - 제도 이미지
    - 경제적 이미지
    - 문화적 이미지
    - 정치적 이미지
    - 사회적 이미지
    - :
  - 국민 이미지
    - 근면성
    - 친절성
    - 정직함
    - :
  - 협력국가 이미지
    - 경제적 협력
    - 정치적 협력
  - 물리적 이미지
    - 자연환경
    - 기후
    - :
  - 원산지 이미지
    - 자동차 이미지
    - :
    - 삼성 이미지
    - :
    - 관광산업 이미지

국가 이미지를 결정하는 요인

특정 국가 또는 지역의 대외이미지, 특히 호감도는 여러 가지 요인에 의해 결정될 수 있다. 기존의 원산지 이미지 관련 연구에 의하면 다음과 같은 요인들이 지적되고 있다.

① 해당 국가의 제도에 관한 이미지
② 해당 국가의 국민에 관한 이미지
③ 해당 국가에 관한 친숙도 및 지식
④ 해당 국가의 제도에 관한 유사성 인식 정도
⑤ 해당 국가에 대하여 느끼는 위협정도 또는 협력관계 개발의 필

요성 정도

위의 ①과 ②요인은 위에서 지적한 바와 같이 특정 국가의 대외이미지를 구성하는 주요 요인들이다. 따라서 이들 요인이 한국의 대외이미지를 결정하는 주요 요인이 될 수 있다.

위의 ③요인은 대외이미지에 두 가지 방향으로 영향을 미칠 수 있다. 첫 번째는 심리학의 단순노출이론(mere exposure theory)[17]에 의거한 것으로 특정 사물에 대하여 친숙한 사람이 대체로 그 사물에 대해 호감도를 느낀다는 것이다. 따라서 한국에 대해 친숙한 사람은 한국에 대해 소위 "정"을 느낀다는 것이다.

두 번째는 특정 국가의 실상이 알려지는 경우 외국인이 가지고 있는 기존 편견이 변하게 된다는 것이다. Papadopoulous and Heslop (1986)[18]의 연구에 의하면, 해당 국가로의 여행 경험이 있는 소비자들은 경험이 없는 소비자와 다른 국가이미지를 가지고 있는 것으로 나타났다. 이러한 경우, 대체로 기존 편견이 실상으로 근접하는 것으로 효과의 방향은 명시되지 않는다. 그러나 우리나라의 경우에는 우리의 대외이미지가 실상보다 대체로 나쁜 것으로 추정되기 때문에 우리나라에 관한 지식이 많은 사람들은 우리나라에 대해 긍정적인 이미지를 가질 것으로 기대된다.

④의 요인은 외국의 가치체계와 사회제도가 자국과 유사하다고 인식하는 정도를 나타내는 것으로, 유사하다고 인식하는 사람은 대체로 그 국가에 대해 호의적인 이미지를 가지고 있다는 것을 의미한

17) Zajonc, Robert B., "Attitudinal Effects of Mere Exposure," Journal of Personality and Social Psychology Monograph, 9, 2, Pt. 2, 1968.

18) Papadopoulous, N. and Louise A. Heslop, "Travel as a Correlate of Product and Country Image," in T. E. Muller (ed.), Marketing, vol. 7. Administrative Sciences Association of Canada, 1986, pp. 191-200.

다. 이러한 가설은 여러 학자에 의해 실증적으로 지지된 바 있다.[19]

마지막으로 ⑤의 요인은 특정 국가가 자국에 경제적 · 정치적으로 위협이 된다고 느끼는 사람들은 그 국가에 대해 나쁜 이미지를 가지고 있다는 것이다. 반대로, 그 국가와의 경제적 · 정치적 필요성이 크다고 인식하는 사람은 그 국가에 대해 호의적인 이미지를 가지고 있다는 것이다. 이러한 주장에 근간이 되는 연구에 따르면, 위협(threat) 인식 정도가 소비자의 구매결정에도 영향을 미치는 것으로 발견되었다. 이러한 영향을 흔히 소비자의 자민족주의(ethnocentrism)[20] 또는 소비자의 애국심[21]에 의한 효과로 지칭되고 있다.

---

19) Wang, Chih-Kang and Charles W. Lamb, Jr., "The Impact of Selected Environmental Forces Upon Consumers' Willingness to Buy Foreign Products," Journal of the Academy of Marketing Science, 11, 2, 1983 (Winter), pp. 71-84.

20) Shimp, Terence A. and Subuash Sharma, "Consumer Ethnocentrism: Construction and Validation of the CETSCALE," Journal of Marketing Research, August 1987, 24, pp. 280-9.; Cleveland et al. 2009

21) 한충민, 전게서, 2009.

Ⅱ. 국가브랜드 사업 영역과 관련 이론

국가브랜드 사업은 다양한 영역에서 이루어질 수 있다. 결국 사업의 목적은 국가 서비스를 효과적으로 효율적으로 마케팅하기 위한 것이다. 구체적으로 다음의 목적으로 국가브랜드 사업은 추진될 수 있다.

〈국가브랜드 사업 효과〉

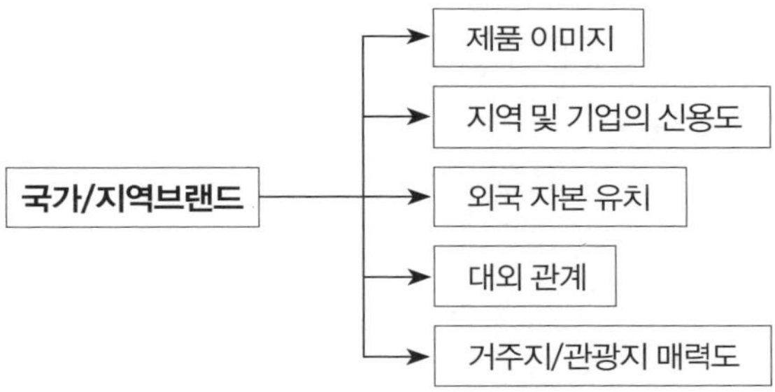

1. 수출 제품의 판매

국가와 지역브랜드 사업이 오랜 동안 활용되어 분야는 지역 제품의 판매이다. 여러 정부에서 자국 제품의 해외 수출을 확대시키기 위해서 활용되어 왔다. 특히 자국 산업의 강점을 알리고 프리미엄 이미지를 구축하기 위해 다양한 캠페인을 전개한 바가 있다. 독일의 엔지니어링 제품, 콜롬비아 커피, 이태리 패션 등의 수많은 사례를 찾을 수 있다. 우리나라도 해외 시장에서의 우리나라 제품의 디스카운트 문제를 해소하기 위해 다양한 노력을 경주하여 왔다.

이러한 사업은 지역 특산물의 판매를 위해서 지방 도시 차원에서도 활발하게 이루어져 왔다. 플로리다 오렌지, 보로도 와인, 나파 밸리 와인, 밀라노 패션 제품 등과 지역적 특수성이 중요한 농산물이나 문화 상품의 해외 홍보 및 판매에 지역 브랜드 사업이 활용되어 왔다.

지역 이미지, 특히 국가 이미지가 소비자의 제품 평가에 미치는 효과 즉 원산지 효과는 국제마케팅 문헌에서 비교적 활발하게 연구되어 왔다 (Han 1989; Jaffe and Nebenzahl 2006). 위에서 언급한 바와 같이 소비자의 특정 지역 제품에 관한 이미지 형성에 지역 이미지가 후광적인 효과 또는 요약 지표의 역할로 영향을 미치는 것으로 보고되고 있다.

부연하면, 소비자들이 특정 지역에서 생산된 제품을 평가할 때 그 지역에 관한 이미지가 영향을 미치는 것이다. 특히 특정 지역 제품에 관하여 호의적인 이미지가 형성되어 있으면 그 이미지가 소비자의 구매에 영향을 미칠 수 있다. 예를 들면, 독일이면 엔지니어링 이미지가 일반 대중에 강력하게 각인되어 있고, 이에 따라 독일 제품의 기술성이 높이 평가되는 경향이 있는 것이다.

원산지 효과는 소위 제조국가 즉 어디에서 생산되느냐에 한정되지 않는다. 원산지 효과는 기업이나 브랜드를 통해 영향을 미칠 수 있다. 일본 소니의 말레이시아에서 생산되는 제품에 대해서도 상당수의 소비자들은 여전히 소니 제품 그리고 일본 브랜드라고 인식하는 경향이 있다. 실제로 나이키 제품이 미국에서 제품을 생산되지 않지만, 여전히 소비자들은 나이키 제품을 미국 브랜드라고 인식하고 있다는 연구 결과가 보고되고 있다.[22] 따라서 원산지 효과는 그림에서 보듯이 소비자의 제품 평가에 직접 영향을 미치는 동시에 제품을 판매하는 기업 또는 기업의 브랜드를 통해서도 간접적으로 영향

22) Jaffe and Nebenzhal, op. cit., 2006

을 미친다.

〈 원산지 효과 〉

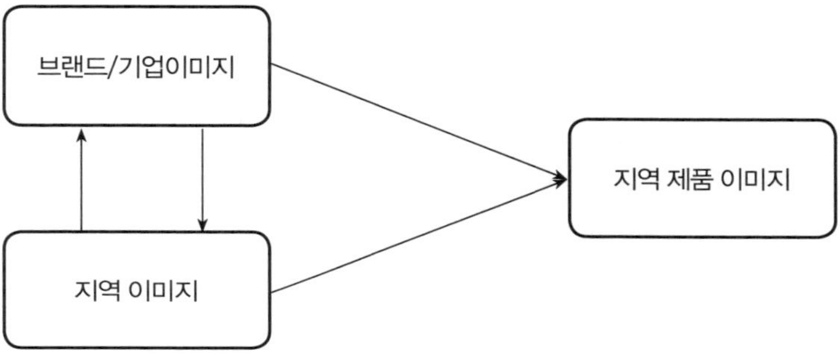

국가나 지방 정부가 국가나 도시 이미지를 지역 제품에 활용하기 위해서는 제품 또는 제품 관련 속성 (예: 원료, 기술 등)에 관한 정통성 (authenticity) 및 문화적 정체성을 확보할 수 있어야 한다. 콜롬비아 커피, 아프카니스탄 카페트, 밀라노 패션 제품, 프랑스 그라스 향수, 보로도 와인, 플로리다 오렌지 등이 해당 지역의 정통성을 인정을 받고 있는 대표적인 사례이다. 우리나라의 경우에도 여러 가지 사례가 있다. 특히 한국인삼공사의 정관장은 “인삼이면 한국이다”는 정통성을 적절하게 활용한 사례이다.

독일 엔지니어링을 강조하는 촉진물

고려삼의 정통성을 강조하는 정관장
– 중국 판매 제품의 포장

정관장과 같은 제품과 달리, 상당수의 우리나라 제품은 비록 기술력을 확보하고 있지만 그 기술력을 인정받지 못하는 경우가 많다. 왜냐 하면 해당 제품이나 기술과 관련된 정통성을 확보하지 못하고 있기 때문이다. 특히 선진국 시장에서 우리나라와 우리 제품들이 개도국 그리고 개도국 제품의 인식에서 벗어나지 못하고 있는 것이 우리의 현실이다.[23] 이러한 불이익을 극복하기 위해서는 정통성 또는 기술력을 인정받기 위한 체계적인 국가브랜드 작업이 필요할 수 있다. 이와 관련하여 뒤에서 구체적으로 논의할 예정이다.

2. 외국인 투자 유치

다양한 국가나 도시가 지역 브랜드 사업을 추진하는 목적중 하나는 외국인 투자 유치이다. 지역 브랜딩을 통해 지역의 특 · 장점을 알리고, 투자가의 신뢰를 확보하고자 하는 것이다. 지역 브랜딩을 통해 성공적인 외국인 투자 유치를 달성한 대표적인 국가가 아일랜드로 평가되고 있다.

아일랜드는 60년대 외국인 투자 유치 목적으로 새논(Shannon) 국제 공항을 새로 건설하고 그 주변 지역을 산업화하기 위한 작업에 마케팅 기법을 적극적으로 적용하여 성공한 바가 있다. 그 이후 외국인투자를 체계적으로 유치하

아일랜드의 새논 공항 지역에의
외국인투자 유치를 위한 국가 브랜딩

23) 한충민, 전게서, 2009.

기 위해 IDA Ireland 기구를 설립하였다. IDA는 여러 국가에서 벤치마킹되어 유사한 기구가 설립되기도 했다.

투자 유치를 목적으로 한 최근 도시 브랜드 사업 중에서 성공적으로 평가받고 있는 사업으로 피츠버그 사례를 들 수 있다. 철강 도시의 피츠버그는 1980년대 철강 산업이 대부분 철수한 후 심각한 경제적 어려움을 겪었다. 피츠버그 시는 과거 철강 도시의 이미지에서 벗어나 새로운 산업 도시의 정체성을 확보하기 위해 도시 브랜딩에 착수하였다. "Pittsburgh – imagine what you do here"와 곧 이어 "Imagine your opportunity"의 슬로건으로 생명과학 및 정보통신 등의 첨단 산업 도시로의 변신을 기획한 것이었다.

피츠버그 투자 유치를 위한 도시 브랜딩

지역 브랜딩을 통해 성공적인 투자 유치에 성공한 또 다른 예는 덴마크-스웨덴 외레순 지역 사례를 들 수 있다. 이 사례는 단일 국가가 아니고 국제적인 공동 브랜드 작업으로 이루어진 사업이다. 사업의 목적은 외레순 지역에 IT 산업 클러스터인 「클러스터 55」를 구축하는 데에 있었다.

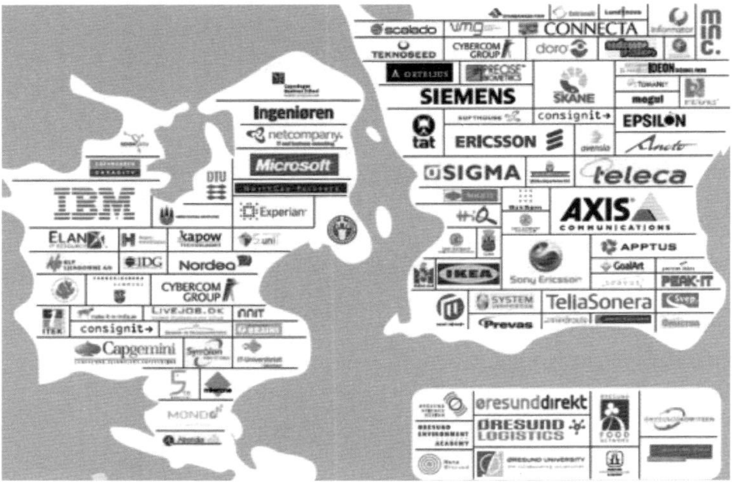

외레순(Øresund) IT 클러스터, 「클러스터 55」

외국인투자 유치는 여러 국가가 적극적인 유치에 나섬에 따라 투자 유치 경쟁이 치열해지고 있다. 우리나라도 인천이나 부산-진해 경제 특구와 함께 여러 지방 도시들도 적극적인 유치 노력을 전개하고 있다. 경쟁이 격화될수록 체계적인 마케팅과 브랜드 작업이 필요할 것이다. 장기적인 글로벌 투자 환경이 우리에게 우호적이지는 않다. 글로벌 투자 환경을 좀 더 구체적으로 살펴볼 필요가 있다.

글로벌 투자 환경 – 장기적 추세

자본과 기업의 글로벌 이동은 90년대 걸프 전쟁의 미국 승리 그리고 1993년 WTO 출범으로 급속하게 이루어져 왔다. 특히 각국 정부의 신자유주의 정책에 따라 국제 금융 거래와 자본 이동의 장벽이 대폭 축소되었고, 정보기술의 발달에 따라 글로벌 상품 및 금융 거래가 훨씬 용이하게 되었다. 정보기술의 발전은 기업의 글로벌 경영의 효율성에도 크게 기여한 것으로 평가되고 있다. ERP (enterprise resource planning), SCM (supply chain management) 및 CRM (customer relations management) 등의 정보화에 의해 기업의 글로벌 네트워크 경영이 가능하게 된 것이다.

이상과 같은 기업과 자본의 글로벌리제이션은 90년대 아시아 금융 위기에도 불구하고 급속한 속도로 확산되었으나, 2008년 이후 선진국의 금융 위기이후 크게 위축되기도 하였다. 그러나, 최근 글로벌 투자 환경은 상당한 변화를 겪고 있다. 크게 4가지의 장기적인 추세로 요약될 수 있는 듯하다.

① 투자에 대한 초과 수요
② 투자가의 위험 자산 심리 (risk appetite) 위축
③ 투자의 탈(脫) 개도국 현상
④ 기업 글로벌화 비용 증대

글로벌 투자 환경에서의 가장 주목받는 장기적인 추세중의 하나는 투자 수요가 공급을 초과하고 있다는 점일 것이다. 최근 여러 개도국 정부의 야심적인 경제 개발 계획에 따라 엄청난 자금 수요가 발생하고 있다. 동시에 브릭스 국가의 성공에 영향을 받아 기타 제3세계 국가들도 유사한 경제 개발 계획을 수립하고 공격적인 외국인투자 유치에 노력하고 있다.

외국인 투자에 대한 공급 측면에서 보면 투자가의 위험 자산에 대한 투자 심리가 위축되어 있다는 점이다. 이는 상당 부분 선진국에서의 경기 둔화 및 경제에 대한 불확실성 심리가 확산되는 이유와 함께 금융 기관의 건전성이 크게 나빠짐에 따른 것으로 보인다. 특히 2010년 이후 바젤III 협약에 의해 금융 기관의 자본 규제와 유동성

규제가 강화되는 점도 위험 자산에 대한 투자 심리를 위축시키는 요인으로 해석된다. 최근에는 중국 등 개도국의 경기 하락으로 인해 풍부한 유동성에도 불구하고 투자 안정처를 선호하는 경향 (flight to quality)이 확산되고 있다.

위험 기피 심리는 장기적인 특성을 가진 실물 부문에서의 외국인 투자 유치에 영향을 미칠 수밖에 없다. 우리나라도 기본적으로 이머징 (emerging) 국가로 위험 자산으로 분류되고 있어 위험 기피 심리가 확산에 따라 어려움을 겪을 가능성이 높다. 앞에서 언급하였듯이, 골드만삭스에 따르면 우리나라의 주식시장에서의 코리아 디스카운트는 2000년대 후반기에는 25% 수준에 달한 바가 있다.

우리나라에게 불리한 또 다른 추세는 최근 미국 경기가 회복되기 시작했고, 미국 통화의 강세가 예상됨에 따라 2008년 글로벌 금융위기 이후 크게 확대되었던 개도국 투자가 브릭스 국가 중심으로 이탈 조짐이 있다는 것이다. 미국 연방은행의 이자율 인상이 본격화되고, 유럽 경기가 회복되는 경우에는 이러한 추세는 확대될 수도 있다.

마지막으로 외국인 투자기업의 글로벌화 비용이 최근 크게 증가하고 있다는 점도 지적될 수 있다. 우선 글로벌 경영에 필요한 자원의 이동에 장벽이 커졌다. 인력의 이동이 과거와 달리 절차나 자격면에서 까다로워 졌다. 이는 테러 가능성에 대비하기 위한 점과 선진국에서의 높은 실업률에 크게 연유하는 듯하다. 최근 브렉시트 등 유럽과 북미 지역에서 글로벌리제이션에 대한 대중의 반감이 정치세력화되는 추세를 보이고 있다. 이에 따라, 외국인 투자가 위축될 수 있고, 외국인 기업의 현지 경영의 비용이 높아질 수 있다.

자본의 이동도 과거와 달리 자금의 합법성 및 조세 문제로 감사가 늘어났고, 물품 이동도 통관 및 검역이 까다로워 졌다. 최근에는 다소 반세계화 정서와 보호주의적 정서가 확대되고 있어, 자원의 이동에 여러 가지 제한이 부과될 가능성이 커졌다. 글로벌화 비용과 관련된 또 다른 요인은 보안 비용의 증대를 들 수 있다. 보안 비용의 증대는 테러 가능성 및 반세계화 정서의 확대에 따른 것으로 보인다.

이상의 글로벌 투자환경은 우리나라에게 외국인투자 유치가 과거와 달리 순탄하지 않고, 상당한 노력이 필요함을 시사해준다. 최근 우리나라에 단기성 외국 자본이 늘어나고 있는 것은 사실이나, 장기성이 띤 외국인 직접투자는 아직 장기적인 성장 추세를 보인다고 확언하기 어렵다.

우리나라가 외국인투자를 유치한다고 해도 여러 가지 사회기반시설이 우수하고 인력 유치가 용이한 수도권에 한정될 가능성이 높다. 부산발전연구원의 도시브랜드 조사에서 국내외 거주 외국인들의 투자 의향이 서울이 56.0%인 반면에, 부산의 34.0%를 제외하고는 타 지역에서의 투자 의향은 매우 낮은 것으로 조사된 바가 있다.[24] 지방으로의 외국인투자 유치에는 특별한 노력이 요청될 것으로 보인다.

투자 유치를 위한 문화 친화적인 브랜딩

투자 유치와 관련한 브랜드 작업에서 경제적인 요인 즉 입지 요인이나 정책 및 규제 요인이 중요한 것은 사실이나, 경제적인 요인만으로는 불충분한 경우가 많다. 최근에는 기업 친화적인 요인과 함께 문화 친화적인 요인을 강조하는 사례가 늘어나고 있다. 그 이유는 기업들이 기본적으로 지나치게 국수주의적인 문화보다는 다양성, 개방적이고 관용적인 문화가 보장되는 지역을 선호하기 때문이다. 또한 현지 투자를 인해 파견되어야 하는 본사 인력과 그 가족도 문화 친화적인 지역을 원하기 때문이다.

---

24) 2010년 7월 발표 자료

투자 유치를 위해 문화 친화적인 이미지를 강조하는 브랜딩 사례는 여러 도시에서 발견되고 있다. 대표적인 사례로 캐나다의 토론토 도시 브랜드 사례를 들 수 있다. 토론토는 'Toronto Unlimited' 브랜드로 문화의 다양성과 다문화주의를 강조하여 왔다. 특히 문화적으로 다양한 고급 인력이 풍부한 도시의 이미지를 강조하였다. 토론토 시정부는 토론토의 브랜드를 다음과 같이 정의한 바가 있다.[25]

The Toronto Story: Our Promise
"What is a city, but the people; true the people are the city."
– 세익스피어 (작품 코리올라누스, 1608)

문화 친화적 이미지를
강조하는 토론토의 브랜딩

토론토는 다문화적 브랜드를 구현하기 위해 창의적인 건축물들, 극장가, 수백 개의 외국 음식 레스트랑, 박물관, 외국인 마을, 공원, 호수 등을 정비하는 등의 투자를 집행하는 의욕을 보였다. 토론토 브랜드 사업은 의욕적임에도 불구하고 다양한 사업들이 통합적으로 이루어지지 못했다는 평가를 받고 있는 것도 사실이다. 이러한 평가에도 불구하고 싱가포르의 'YourSingapore' 사업과 함께 창조도시 건설을 통한 투자 유치를 기획하는 최

25) www.torontounlimited.ca

근의 추세로 지적될 수 있다. 이와 함께 두바이의 르블 박물관과 빌바오의 구겐하임 미술관 건설도 이러한 목적에 해당된다.

3. 관광산업 육성

국가 브랜딩이 가장 활발히 활용되는 분야가 관광객 유치 사업일 것이다. 아시아권의 대부분의 국가들이 관광객 유치를 위한 브랜드 작업을 한다고 봐도 무방할 것이다. 최근 비교적 성공적으로 평가받고 있는 사례가 인도의 'Incredibile India'와 태국의 'Aamzing Thailand'로 지적되고 있다. 이들 브랜드들은 지역 경험 (place experience)에 초점을 둔 점에 주목할 필요가 있다. 관광산업에서의 지역 경험의 중요성과 관련한 내용은 아래에서 다시 언급된다.

태국의 관광 브랜딩

인도의 관광 브랜딩

관광 브랜딩 작업은 국가 단위뿐만 아니라 도시 또는 지방자치 단위 차원에서도 활발하게 이루어져 왔다. 최근 가장 성공적인 사례로 지적되고 있는 것이 라스베가스 브랜딩이다. 라스베가스는 2000년대 초반에 '자유로움'을 핵심 브랜드 개념으로 'What happens in

Vegas, Stays in Vegas'으로 브랜딩 작업을 한 바가 있다. 기본적으로 라스베가스는, 관광객이 라스베가스를 방문하는 이유 즉 자유스러움과 일상으로 부터의 탈출 욕구를 좀 더 명확하게 정립하고 이를 촉진하고자 한 것이다.

라스베가스 브랜딩의 특이점은 다른 도시와 달리 새로운 것을 만드는 것보다 라스베가스가 실제 고객에게 제공하는 가치를 명확하게 전달하였다는 점이다. 이를 통해 도시의 차별성과 정통성을 확보할 수 있던 것이다. 도시 브랜딩에는 도시 여건을 개선하고 새로운 시설에 투자하는 실체 개선 노력이 필요한 것은 사실이나, 실체 개선이 지나칠 때는 오히려 사업의 지속성이 위협받을 수 있다. 라스베가스 성공 사례는 도시가 고객에게 제공하는 가치가 무엇인지에 관해 명확하게 정의하고, 지나친 실체 개선보다는 고객에게 전달하는 핵심 가치 중심으로 브랜드 작업을 하는 것이 중요함을 시사해주고 있다.

유사한 사례로 샌프란시스코 사례를 지적할 수 있다. 샌프란시스코도 유사한 방법으로, 'Only in San Francisco'과 'The City That Knows How' 슬로건으로 도시의 특수성을 확보하고자 하였다. 샌프란시스코는 기존에 사용하고 있던 다양한 슬로건을 위의 2개로 통합하여 통합적인 관광 마케팅을 전개한 것이다.

라스베가스 도시 브랜딩

샌프란시스코 도시 브랜딩

관광지 이미지를 결정하는 요인

관광객의 관광지 이미지에 영향을 미치는 요인은 여러 가지로 지적되고 있다. 기존 문헌이나 사례를 정리하면 다음과 같이 정리할 수 있다.

① 시각적 이미지

관광지 이미지에 영향을 미치는 요인으로 시각적 이미지가 흔히 지적되고 있다. John Urry (1990, 2002) 교수는 관광객은 기본적으로 평소에 접하기 어려운 시각적 경험을 찾고자 한다고 주장하고 있다.[26] 뉴욕을 방문하는 관광객은 자유의 여신상, 월스트리트, 엠파이어스테이트 빌딩 등 우선 보고자 한다는 것이다. 관광객이 방문하는 장소는 현지 주민이 찾는 장소와 다를 수밖에 없다. 「백조의 성」의 아름다운 사진이 관광객의 관심을 끌 수 있고, 사진에서 보았던 시각적 경험을 접하기 위해 수많은 관광객들이 방문하게 되는 것이다. 실제로 대부분의 관광객들이 방문지에서 사진을 찍으며, 기념엽서를 구입하는 것도 시각적 경험을 기억하기 위해서일 것이다. 실제로 관광산업의 발전은 사진 기술의 발달과 밀접한 관련성이 있다.[27]

Urry (1990, 2002) 교수는 시각적 이미지는 다양한 매체에 의해 만들어질 수 있다고 주장한다. 여행안내서, 신문 기사, 잡지 사진 및 특집기사, 홍보 책자, TV 다큐멘터리, 기념엽서, 웹사이트, 블로그 등에 의해 이미지가 형성될 수 있다는 것이다. 예를 들면, 파리 거리에서 남녀가 키스하는 장면을 목격하면, 관광객은 역시 파리는 낭만

---

26) Urry, John, The Tourist Gaze: Leisure and Travel in Contemporary Societies, Sage, London, 1990; 2nd Edition, 2002.

27) Hospers, op. cit., 2011

적인 도시라고 경험하게 될 수 있다. 이는 관광지의 이미지는 마케팅 노력에 따라 달라질 수 있음을 시사한다.

② 명소화 (名所化, sacralization)

마케팅 노력에 의해 특정 지역이나 장소를 명소화를 시킬 수 있고, 명소화가 되면 관광객이 찾게 된다는 것이다. 별 이름이 없는 교회를 멋진 사진 작업을 하면 그 교회는 명소가 될 수 있다. 관광객들은 기도를 하기 위해 그 교회를 가는 것이 아니고, 사진을 찍기 위해 가는 경우가 발생하는 것이다.[28]

대표적인 예로 벨기에 브뤼셀에 있는 오줌싸개 동상 (Manneken Pis)를 들 수 있다. 조각적인 관점에서 우수하고 역사적 가치를 지닌 동상으로 여러 홍보물에서 소개됨에 따라 브뤼셀의 명소가 되었고, 이 명소를 확인하기기 위해 방문하는 관광객이 많다. 상당수의 관광객들이 다른 유명한 조각상과 비교하여 실망하지만, 관광객들이 지속적으로 방문하는 명소가 되었다. 관광 당국은 이러한 명소화 효과를 기대하고 유사 명소를 건설하는 경우가 많다. 민속촌이나 전통 문화 체험관 등이 이에 해당될 수 있다.

오줌싸개 동장 – 브뤼셀

명소화는 정통성을 부여하는 것으로 해석할 수 있다. 일반적으로 관광객은 정통성을 경험하기 위해 방문한다는 주장되기도 한다.[29] 그러나 대중화로 인

28) MacCannell, D., The Tourist: A New Theory of the Leisure Class, University of California Press, Berkeley, 1999.; Hospers, op.cit., 2011.

29) Cohen, E., "Authenticity and Commoditization in Tourism," Annals of Tourism Research, 15, 3, 1988, 00. 371–386.; Urry, op.cit., 2002.

해 정통성이 상실될 수도 있다. 인사동은 지나치게 대중화 즉 외국인 관광객이 늘어남에 따라 한국적 가치를 상실할 수도 있다. 예를 들면, 인사동에 관광객을 겨냥한 화장품 가게가 늘어나면, 전통 한국 거리의 이미지가 희석될 수 있다. 따라서 관광 브랜딩에 있어 항상 정통성과 대중성 사이에 균형을 맞추는 것이 매우 중요한 과제중의 하나이다. 그러나 정통성은 항상 정해진 것이 아니라 사회적으로 새롭게 창출되고 합의될 수도 있는 점도 명심할 필요가 있다.

③ 물리적 요소

관광지 이미지에 영향을 미치는 물리적 요소들이 다양하게 존재한다. Lynch (1960)는 다음의 다섯 가지의 물리적 요소를 제시하고 있다.[30]

- 길: 거리, 철도길, 탐색로 등 – 샹제리제 거리, 하이델베르그 철학자의 길, 스위스 알프산 산악철도
- 경계선 – 땅끝 마을, 휴전선
- 지역 – 런던 소호, 뉴욕 그리니치빌리지, 샌프란시스코의 차이나타운
- 만남의 장소: 광장, 철도역 – 뉴욕 워싱톤 광장, 피카델리 서커스
- 랜드마크 – 빌바오 구겐하임 박물관, 에펠탑

④ 대표 행사

지역을 대표하는 행사들도 지역 그리고 국가 이미지에 미치는 영향이 매우 큰 것으로 평가되고 있다. 예를 들면, 칸느 영화제, 리오 카니발, 삿포로 눈 축제, 뉴올리언스 사육제, 함평 나비 축제 등이

30) Lynch, K., The Image of the City, The MIT Press, Cambridge, 1960.

지역의 이미지에 영향이 큰 축제로 지적될 수 있다. 지역 축제는 지역 정체성을 촉진하고 규합하는 역할을 하는 경향이 있다. 특정 가치와 이념을 주민들 사이에 각인시키고 확산시키는 역할을 한다는 것이다. 지역 축제는 대중화 작업을 통해 관광 자원으로서의 가치도 높다고 평가되고 있다.[31]

정기적인 지역 행사는 아니지만 세계적인 행사를 유치함으로써 지역 이미지를 제고시키는 사례가 흔히 발견되고 있다. 대표적인 행사로 올림픽 게임을 들 수 있다. 1988년 서울 올림픽이 우리나라의 대외 이미지에 미친 영향이 상당히 큰 것으로 평가받고 있는데, 최근 자국 이미지에 큰 영향을 미친 사례로 북경 올림픽이 지적되고 있다.

중국은 북경 올림픽을 위해 31개 새로운 경기장 건설했는데, 그 중 가장 인상적인 경기장으로 새 둥지 모양의 메인 스타디움인 국가체육장과 물방울 무늬가 인상적인 국가수영센터이 지적되고 있다. 이들 시설은 외국 유명 디자이너와 건축가의 도움으로 완성되었다. 그리고 중국은 북경시내에 중국 CCTV 방송 건물, 서도우 공항 제3 터미널, 국가대극장 등 세계 유명 건축가의 건축 작품들을 완공시키고, 도시 교통망도 현대 도시에 걸맞게 정비하는 등 엄청난 투자를 한 것으로 알려져 있다.

북경 올림픽 메인스타디움 – 새둥지

북경 올림픽의 성공적 개최와 TV 중계로 비추어진 북경의 모습으로 북경은 현대적이고 글로벌한 도시이라는 이미지를 얻을 수 있었던 것으

31) Jeong, S. and C. Almeida Santos, "Cultural Politics and Contested Place Identity," Annals of Tourism Research, 31, 3, 2004, pp. 640–56.

로 평가되고 있다. 비록 그러한 투자가 얼마나 경제적이었느냐에 관한 논란은 있을 수 있으나[32], 세계에 비추어진 중국과 북경의 이미지에는 상당한 변화가 있었다는 것은 부인할 수 없을 것이다.

⑤ 유명 지역 인물

유명 지역 인물도 지역 이미지에 미치는 영향이 상당한 것으로 평가받고 있다. 상당수의 지역에서 유명 지역 인물을 지역 대표 이미지로 활용하는 사례도 흔히 발견할 수 있다. 가장 대표적인 성공 사례가 바르셀로나 올림픽 당시의 도시 브랜딩 사례이다.

가우디 작품을 도시 대표 이미지로 활용한
바르셀로나 블랜딩

바르셀로나는 1992년 바르셀로나 올림픽을 도시를 알리는 계기로 브랜드 작업을 시작하였는데, 대표 이미지로 바르셀로나 출신 건축가 가우디를 적극적으로 활용한 바가 있다. 바르셀로나는 이를 위

32) 대규모의 지역 행사의 경제성이 대체로 과대 평가되는 경향이 있다는 주장이 OECD (2005) 보고서에서 지적되고 있음. OECD, Culture and Local Development, Paris, 2005

해 가우디 건축물을 보수하는 동시에, 유명 건축가의 새로운 작품을 건설하여 이를 도시의 대표 이미지로 활용하였다. Ashworth (2009)는 이러한 전략을 '가우디 책략 (Gaudi gambit)'이라고 명칭하기도 했다.[33] 유사한 사례들로 리버풀의 비틀즈, 암스테르담의 안나플랑크, 아를레의 고호, 짤스부르그의 모차르트 등이 있을 수 있다.

국가 브랜드 사업에서도 대표 인물을 적극 활용하고 있다. 예를 들면, 노르웨이에서 최근 큰 인기를 끌고 있는 몽크 작품과 몽크 미술관 건립을 통해 문화 국가이미지를 구축하는 동시에 관광객 유치에 나서고 있다. 우리나라도 김연아를 국가브랜딩에, 그리고 지방에서는 지방 유명 인물을 지역브랜딩에 활용하는 방안도 이에 해당된다.

몽크 미술관

⑥ 정보 매체

다양한 정보 매체가 관광지 이미지에 미치는 영향이 상당한 것으로 추정된다. 특히 정보기술의 발전으로 인해 일반 대중들이 해외 여러 지역에 관한 정보를 적은 비용으로 확보할 수 있게 되었다. 전 세계 어느 지역이든 온라인으로 그 지역 정보를 쉽게 확보할 수 있으며, 해당 지역에 대한 사용 후기도 접근할 수 있다.

33 Ashworth, , G. "The Instruments of Place Branding: How is it done?," European Spatial Research and Policy, 16, 1, 2009, pp. 9–22.

특히 TripAdvisor, Lonely Planet, WAYNE 등과 같은 여행 또는 지역 블로그가 관광 이미지에 미치는 효과는 매우 큰 것으로 보인다. Futurebuzz.com에 따르면, 전 세계적으로 하루에 90만개의 블로그가 인터넷에 게시되며, 인터넷 사용자의 77%가 블로그를 읽어본다고 한다. 그 외 오프라인 매체로서 TV 매체에서 보도되는 뉴스, 특집 그리고 인쇄 매체에서 소개되는 시각적인 정보나 특집도 이미지 형성에 중요한 역할을 하는 것으로 지적되고 있다. 동시에 관광 당국 및 산업에서 추진하고 있는 각종 촉진 등 상업적인 커뮤니케이션도 영향이 있을 것으로 추정된다.

상업적과 비상업적의 커뮤니케이션 효과와 관련하여 Grovers, Go, and Kumar (2007)는 흥미로운 연구 결과를 소개하고 있다. 전 세계 1,100명의 응답자를 대상으로 한 7개 관광지 이미지 조사에서 상업적인 커뮤니케이션 보다 비상업적인 커뮤니케이션이 이미지 형성에 더 큰 영향을 미치는 것으로 나타났다.[34] 이 연구에서 시사해주는 바와 같이, 상업적인 커뮤니케이션이외 다양한 매체가 관광지 이미지 형성에 큰 영향을 미칠 수 있으므로 관광 당국이나 도시 마케팅 부서에는 다양한 정보 매체의 커뮤니케이션 효과에 유의할 필요가 있는 듯하다. 특히 온라인 매체에서의 블로그 관리에 노력할 필요가 있다.

34) Grovers, R., F. M. Go, and K. Kumar, "Promoting Tourism Destination Image," Journal of Travel Research, August 2007, 46, 1, pp. 15–23.

4. 매력적인 거주지 이미지 구축

매력적인 거주 환경을 건설하는 것도 중요하지만, 이를 "어떻게 브랜드화를 하는가?"도 또 다른 문제이다. 특히 매력적인 국가나 도시로서의 이미지를 확보하기 위해서는 효과적인 브랜딩이 필요한 경우가 많다. 최근 비교적 활발하게 추진되고 있는 사업으로 말레이시아의 MM2H (Malaysia My Second Home) 사업을 들 수 있다. 말레이시아는 최근 은퇴 이민이 늘어나고 있는 동남아 지역에서 차별적 우위를 점하기 위해 이 사업을 전개한 바가 있다. 말레이시아는 은퇴 이민을 촉진하기 위해 다양한 제도적 개선과 함께, 해외 소득을 비과세하는 등의 혜택을 제공하고 있다.

말레이시아의 은퇴 이민자 유치하기 위한 국가 브랜딩

매력적인 거주 환경을 건설하기 위해서는 다양한 거주 기능을 우선 개선해야 할 것이다. 일반적으로 거주지의 매력도를 결정하는 기능적 속성은 교육, 쾌적 시설, 도시 경관, 문화, 교통, 생활 기반 시설 및 일자리로 지적되고 있다.

〈 거주지 이미지의 주요 기능적 속성 〉

주요 속성	이전 방향
교육	질 높은 교육을 받을 수 있는 것
거주지 환경	거주지 환경이 쾌적한 것
도시 경관 디자인	도시 경관(건축물, 도로 등)이 아름답게 디자인 된 것
문화	다양한 문화생활을 누릴 수 있는 것
교통	교통이 편리한 것
생활 기반 시설	의료/복지 등 생활기반시설이 우수한 것
일자리	일자리를 구하기 쉬운 것

자료: 오재환 외(2010), 부산발전연구원.

세계 주요 도시 및 국가들은 이러한 거주 기능 중에서 창조도시적 환경을 구축하고자 노력하고 있다. 앞에서 언급된 바와 같이 창조도시는 문화 친화적 그리고 기술 지향적 도시를 지향하는 개념이다. 이와 동시에 최근에는 친환경적 거주 환경 구축에도 노력하고 있다. 우리나라의 청계천도 친환경적으로 평가받고 있다.

거주 환경의 평가 지수

세계 주요 도시의 거주 환경을 평가하는 기관들이 다수 있다. 대표적인 기관으로 Mercer, 이코노미스트 그리고 Monocle에서 도시 매력도 지수를 발표하고 있다. 이들 기관들은 다양한 기준으로 세계 도시들을 평가하는데, 주요 평가 요인들은 기관마다 다소 상이하나 대체로 치안, 교육, 위생, 문화, 친환경성, 정치 · 경제 안정성 및 기반 시설이 주요 평가 항목이다. 자세한 내용은 아래의 〈표〉와 같다.

〈 세계 주요 도시의 거주환경을 평가하는 지수 〉

지수	주요 특성	주요 평가 요인
Mercer 지수	Quality of life 221개 도시, 39개 기준	안전, 교육, 위생, 의료, 문화, 환경, 레저, 정치·경제 안정, 대중교통
EIU 지수*	Livability 140개 도시, 30개 기준	안정, 의료, 문화, 환경, 교육, 기반시설
Monocle 지수	Livability 톱 25개 도시 발표	안전, 글로벌화, 기후, 건축, 대중교통, 관용성, 환경, 도시미관, 친기업성, 정부, 의료

* Economist Intelligence Unit

도시 매력도를 평가하는 기관의 평가에 따르면 Monocle과 Mercer 지수는 대체로 유럽 도시들이 높게 나타나며, EIU 지수는 영어권 도시가 높게 평가된다는 비판도 제기되기도 한다. 아시아 도시는 도쿄를 제외하고는 순위에 포함되지 못하고 있다. 이들 지수는 대체로 서구 기업의 글로벌 경영의 기초 자료로 활용되기 때문에 상대적으로 문화적으로 유사하거나, 영어 소통이 가능한 지역이 높은 순위를 받을 수밖에 없다.

〈 Monocle의 세계 도시 매력도 순위 – 2015 〉

순위	도시	국가	2014년도 순위
1	도쿄	일본	2
2	빈	오스트리아	6
3	베를린	독일	14
4	멜버른	호주	3
5	시드니	호주	11
6	스톡홀름	스웨덴	4
7	벤쿠버	캐나다	15
8	헬싱키	핀란드	5
9	뮌헨	독일	8
10	취리히	스위스	7
10	코펜하겐	덴마크	1

〈 EIU의 세계 도시 매력도 순위 – 2015 〉

순위	도시	국가	매력도 점수	2014년도 순위
1	멜버른	호주	97.5	1
2	빈	오스트리아	97.4	2
3	벤쿠버	캐나다	97.3	3
4	토론토	캐나다	97.2	4
5	애들레이드	호주	96.6	5
	캘거리	캐나다	96.6	5
7	시드니	호주	96.1	7
8	퍼스	호주	95.9	9
9	오클랜드	뉴질랜드	95.7	10
10	헬싱키	핀란드	95.6	8
	취리히	스위스	95.6	11

〈 Mercer의 세계 도시 매력도 순위 – 2015 〉

순위	도시	국가	2014년 순위
1	빈	오스트리아	1
2	취리히	스위스	2
3	오클랜드	뉴질랜드	3
4	뮌헨	독일	4
5	벤쿠버	캐나다	5
6	뒤셀도르프	독일	6
7	프랑크푸르트	독일	7
8	제네바	스위스	8
9	코펜하겐	덴마크	9
10	시드니	호주	10

우리나라도 실제 거주 환경이 지나치게 나쁘지 않는 것으로 평가되고 있다. UNDP (UN Development Program)에서 세계 각국의 삶의 질을 나타내는 인간개발지수 (HDI: human development index)를 발표하고 있다. HDI 지수에는 기본적으로 의료, 교육, 소득, 사회 불평등, 빈곤, 여성 지위, 지속성 그리고 인권 등이 평가된다. 앞의 도시 매력도 평가 지수에 비해 문화 관련 요인들이 평가에 포함되지 않은 반면에 사회 불평등 및 여성 등의 사회적 요인이 고려되는 차이를 보인다.

HDI 지수에 따르면 우리나라는 2014년에 188개국 중 17위를 차지하였다. 우리나라의 HDI는 지난 1980년 이후 지속적으로 향상되고 있는 추세를 보이고 있다. 1980년에는 0.622에 그쳤던 HDI 지수가 1990년에는 0.731, 2000년에는 0.821, 그리고 2010년에는 0.891로 높아졌다. 이 수치는 세계 평균과 아시아태평양 국가의 평균보다 월등히 높은 수치이다.

HDI 지수를 근거로 볼 때, 우리나라를 포함한 아시아 지역이 실제 거주 환경에 비해 제대로 평가받지 못하는 것으로 보인다. 물론 HDI와 도시 매력도 지수들 간의 평가 방법의 차이가 있는 것은 사실이다. 이러한 저평가는 물론 문화적인 다양성과 글로벌성이 유럽 및 서구 지역에 비해 떨어지는 요인도 있지만, 지역 이미지가 어느 정도 영향을 미친 것으로 해석할 수 있다.

〈 우리나라 인간개발지수(HDI) 추이 〉

연도	한국	아시아태평양 평균	세계 평균
1980	0.622	0.457	0.559
1990	0.731	0.516	0.597
2000	0.821	0.593	0.641
2005	0.858	0.641	0.667
2010	0.886	0.686	0.697
2011	0.891	0.693	0.703
2012	0.893	0.702	0.707
2013	0.895	0.707	0.709
2014	0.898	0.710	0.711

자료: UNDP.
주: 2015년 통계는 2016년말에 발표될 예정이며, 2014년 기준으로 싱가포르 11위, 홍콩 12위, 일본 20위 그리고 중국은 90위로 집계되었음.

구성원을 위한 브랜드 사업

매력적인 거주 환경을 개발하고 브랜드 사업을 추진함에 있어 간혹 국민과 주민에 대한 고려가 미흡할 수도 있다. 지나치게 외부에 비추어지는 이미지에 중점을 두는 사업을 추진하다보면 구성원의 의견이 제대로 반영되지 않을 수 있다. 구성원이 중요한 것은 지역 브랜딩 사업 추진에 있어 구성원의 적극적인 참여가 필요한 동시에 외부 홍보의 주요한 역할을 담당하기 때문이다. 구성원의 브랜딩 과정에서의 참여와 관련하여 뒤에서 자세히 논의할 예정이다.

기본적으로 구성원의 이해와 외부에 투영되는 매력 도시와 국가 건설에는 갈등이 있을 수 있는 점을 이해할 필요가 있다. 이러한 문제는 도시 브랜드 사업에서 두드러진다. 구성원을 위해서는 거주지로서의 기본 기능이 필요한 것이 사실이다. 그러다 보면 도시들이 차별성이 상실된 모두가 유사한 도시 즉 복제 도시 (clone town)가 될 수 있는 가능성이 있다.[35] 모든 지역의 미술관의 시설이나 작품이 모두 유사할 수 있다. 다른 도시에서 발견될 수 있는 쇼핑센터나 문화 시설로는 도시로서의 차별성 그리고 다양성이 부각되기가 어려울 수 있다. 성공적인 매력 도시 브랜딩을 위해서는 도시의 개성, 인물, 라이프스타일, 사람 이야기가 담겨져 있는 차별적인 정체성이 확보되어야 한다.

친환경적 지역 이미지

친환경적 지역 이미지를 확보하기 위해서는 무엇이 필요한가? 우선 친환경화 시킬 수 있는 공간을 우선 파악해야 할 것이다. 녹색 공간을 많이 확보하고 있는 지역은 글로벌 기업 유치나 우수 인력 확보에 상대적으로 유리할 것이다. 홍콩의 경우에 지난 10년간 대기 정화를 위해 막대한 투자하여 왔다. 홍콩은 외국인 투자와 고급 인력의 이탈을 방지하기 위할 뿐만 아니라 의료비 절감 및 노동 생산성 향상을 위해 친환경 사업이 필수적이라 판단한 것이다. 싱가포르도 도시 숲 건설을 통해 친환경 도시 건설과 홍보에 적극적이다.

---

35) Insch, op. cit., 2011.

그린 홍콩 캠페인

서울도 친환경 사업에 호의적인 평가를 받고 있다. 청계천 복원 사업, 친환경 전기 버스 도입 그리고 '서울의 숲'이 친환경 도시 이미지 확보에 도움이 된 것으로 알려졌다. 친환경 사업은 친환경 기술을 기반으로 하는 새로운 산업을 창출시킬 수 있는 장점도 있다.

친환경화 가능 공간과 관련하여 Braiterman (2011)는 다음을 제시하고 있다.[36]

- 에코 거리 조성 – 아스팔트로 포장된 길과 주차장을 친환경적으로 변화시킬 수 있음. 이 공간은 가장 활용도가 떨어지나 친환경화가 가능함.
- 건물 옥상과 벽을 활용
- 하천과 만 재개발 – 동경에서의 하천과 운하, 청계천 등
- 개방적 공원 – 벽이나 경계가 없는 공원
- 공공 건물의 그린 빌딩 시범화
- 지역 주민의 그린 사업을 지원 – 민간의 상업적인 목적으로 추진하는 그린 사업을 지원하는 방안도 있음.

36) Braiterman, Jared, "City Branding Through New Green Spaces," Ch. 9, in Dinnie, op. cit., 2011.

이상의 친환경화 가능 공간이외도 세계 주요 도시들은 도시숲 사업에도 노력하고 있다. 도시숲 사업으로 가장 유명한 곳은 런던의 하이드파크, 뉴욕의 센트럴파크, 베를린의 티어가르텐 그리고 뮌헨의 잉글리시파크 등을 지적할 수 있다. 도시숲은 치유 · 교육 · 휴양 등 다양한 용도로 활용할 수 있는 장점이 있는 것으로 평가되고 있다. 아시아 지역에서는 싱가포르가 매우 적극적이다. 싱가포르도 Clean & Green Singapore 캠페인을 통해 도시 숲 건설 등 친환경 도시 건설과 홍보에 노력하고 있다.

싱가포르의 Gardens by the Bay

5. 고급 인력 유치

국가와 도시 브랜드 사업의 주요 목적중의 하나는 고급 인력 유치에 있다는 점은 앞에서 언급된 바가 있다. 세계 각국들이 우수 외국인 인력이 국익에 도움이 된다고 판단하고, 이들을 적극적으로 유치하고자 노력하고 있다. 최근 미국도 외국 전문 인력의 유치를 통한 경기 활성화를 위해 영주권 취득 요건을 완화한 바가 있다. 이에 전문 기술 분야를 중심으로 미국에서 석사 이상 학위를 취득한 외국인은 원칙적으로 소위 그린 카드 즉 미국내 취업 승인이 없이도 영주권 신청이 가능해졌다.

우수 인력은 상당수의 국가 또는 도시에서 추진하는 창조도시(creative city)로의 발전에 핵심적인 역할을 수행하는 구성 요소이다. 창조도시이란 과학, 엔지니어링, 교육, 문화, 예술 등 창조 산업의 클러스터를 의미하는 것으로, 창조 도시의 주요 구성원은 창조계층 (creative class)이라고 지칭되고 있다.[37] 창조 계층은 첨단 기술 전문가, 예술가 및 창작가 등을 포함한다. 이런 우수 인력들은 아래의 표에서 보듯이 개방성이 높고, 창조 문화 및 산업 인프라가 구축되어 있는 스위스와 덴마크 등의 북유럽 국가나 싱가포르 그리고 우수한 과학 및 산업 인프라가 구비된 독일과 북미 지역을 선호하는 경향이 있는 듯하다.

37) Florida, Richard., The Rise of The Creative Class, New York, Basis Books, 2002.; Dinnie, op.cit, 2011.

〈 고급인력이 선호하는 국가 〉

	2015	2014	2013	2012
스위스	1	1	1	1
덴마크	2	2	2	2
네덜란드	5	7	5	7
핀란드	6	4	4	4
독일	7	3	6	10
캐나다	8	8	8	5
싱가포르	10	16	17	9
스웨덴	11	9	3	3
홍콩	12	21	19	13
미국	14	12	12	16
대만	23	27	23	19
일본	26	28	35	41
한국	31	40	39	33

자료: IMD

우리나라에서도 고급 인력 유치의 필요성이 제기되어 왔다. 최근 KDI 연구에 의하면, 지금까지 국내 유입이 지속적으로 늘어왔던 비숙련 외국인 노동자들이 국내 저소득층 근로자의 임금을 하락시키는 결과가 초래되었다고 한다.[38] 이어 동 연구는 국내 사회 · 경제적 비용을 최소화하기 위해서는 해외에서 우수 인재를 이민자로 받아드려야 한다고 주장하고 있다.

그러면, 고급 인력을 유치하기 위해서는 어떠한 지역 브랜딩이 필요한가? 우선 앞에서 자세히 논의한 바와 같이 친문화적 공간을 만들고, 이를 적극적으로 지역 브랜딩에 반영시키는 노력이 필요하다. 문화 친화적 브랜딩의 대표적인 사례로 싱가포르가 지적되고 있다. 싱가포르는 기존의 보수적인 이미지에서 벗어나 친문화적, 개방적, 그리고 창의적인 정체성을 확보하기 위한 도시 브랜드 사업을 2000

38) 최경수, 전개서, 2011.

년 초반 이후 적극적으로 전개해오고 있다. 앞에서 언급한 토론토의 다문화주의를 강조하는 'Toronto Unlimited' 도시 브랜딩도 유사한 사례로 평가되고 있다.

친문화적 브랜딩에 있어 중요한 또 다른 요소는 다문화 사회적 특성이다. 다문화 사회는 이민자의 유입 (외국인 근로자, 유학생, 결혼 이민자 등)이나 교류의 확대로 인해 동질성, 단일성 사회에서 다양한 민족, 인종, 문화 및 가치가 존재하는 사회이다. 정치적으로는 특정 인종이나 종교에 차별을 두지 않고, 동등한 권리와 의무를 부여하는 사회이다.[39] 다문화 사회는 다양한 문화가 동화되고 통합되는 정도에 따라 문화적 다양성을 인정하지만 다양한 문화가 통합되지 않은 샐러드 접시 (salad bowl)와 같은 형식적인 다문화 사회와 실질적인 통합된 멜팅 팟 (melting pot)과 같은 사회로 정의될 수 있다.

특히 세계 주요 도시는 이미 다문화 사회로 변한 것으로 평가되고 있다. 런던에서는 270개 국적 보유자와 약 250 개의 외국어 사용 집단이 공존하고 있다고 전해지고 있다. 또한 유학생들이 세계 200 개 국가에서 오고 있으며, 성패트릭 데이 축제나 음력 설 축제와 같은 다양한 외국 문화 축제들도 런던의 주요 축제로 수용되고 있다. 이러한 런던의 다문화 사회화는 최근 브렉시트로 인해 제동이 걸릴 수도 있다.

39) Heywood, Andrew, Political Ideologies, 4th edition, Palgrave Macmillan, 2007.

〈 다문화 창조도시 런던 〉

- 사용언어 약 250개
- 외국인 학생 수 10만여 명
- 연간 외국인 관광객 1520만여 명
- 디자인스쿨 학생 3만 5000명
- 일반 대학 아트 · 디자인 과정 1만 5000명
- 국립박물관 11개
- 공공도서관 383개
- 극장 214개
- 갤러리 857개
- 연간 공연 3만 2500여 건

자료: 매경, 2015. 6. 4.

이민 누적 규모로 본 다문화 정도는 미국과 유럽 국가 등 선진국에서 높게 나타난다. 반면에 일본은 감소하는 인구에도 불구하고 이민 정책에 있어 매우 소극적인 특성을 보인다. UN경제사회국의 통계에 의하면 일본은 2010년 기준으로 이민 누적 규모가 217만 명으로 미국의 4,280만 명, 독일의 1,075만 명, 그리고 캐나다의 720만 명에 비해 현저히 낮다.

문화 친화적 사업과 함께 친환경적 사업도 고급 인력 유치에 중요한 것으로 평가되고 있다. 일반 대중과 달리 고급 인력은 비교적 삶의 질과 연관성이 높은 환경 문제에 민감한 경향이 있다. 싱가포르나 홍콩 같은 도시와 함께 일본의 주요 도시들이 그린 도시화에 매우 적극적임을 이를 반증하고 있다. 이와 관련하여 앞에서 설명한 바가 있다.

부록: 글로벌리제이션과 국가마케팅

글로벌리제이션에 따라 전통적인 국가주의가 퇴색하고 있다. 초국적(超國籍) 시민은 이제는 보다 나은 삶의 질을 찾아 모국을 떠나 새로운 나라를 찾는 것이다. 즉 이들은 운명적인 국가의식에서 벗어나 스스로 국가를 선택하는 글로벌 유목인인 것이다. 인구의 이동과 같이 기업도 기업 가치를 극대화시킬 수 있는 지역으로 생산 시설, 연구 기능, 마케팅과 고객 지원 기능을 이전하고, 자본도 높은 수익률을 쫓아서 해외로 이동하는 추세가 글로벌리제이션에 따라 나타나는 큰 그림이다.

〈 글로벌리제이션의 의미와 효과 〉

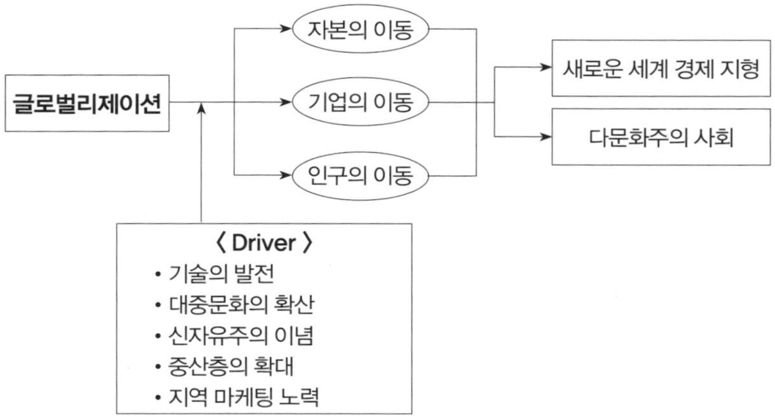

1. 글로벌리제이션의 동인

글로벌리제이션은 자본과 기업에 의해 주도되어 왔음은 널리 알려진 내용이다. 이에 관한 내용은 여러 문헌에서 자세히 언급되어 있어 여기서는 되풀이하지 않는다. 대신에 일반 대중에 의한 글로벌리제이션에 관하여 언급하고자 한다.

글로벌리제이션은 기업과 자본과 더불어 사람을 철새처럼 움직이게 하는 힘이 있다. 국가라는 의미는 점점 퇴색하고 있다. 사람들은 자신의 삶의 질을 극대화하기 위해서 자신이 거주하는 지역을 스스로 선택하는 것이다. 더 좋은 생활 여건을 위해서, 더 좋은 교육 여건을 찾아서, 더 좋은 직장을 얻기 위해서, 낮은 비용으로 삶의 즐거움을 향유하기 위해서, 때로는 내가 원하는 삶의 방식을 찾아서 사람들은 이동하는 것이다.

그럼, 왜 사람들은 새로운 나라 또는 지역으로 이동하는 것인가? 특히 이러한 인구 이동이 가능하게 하는 이유는 무엇인가? 여기에는 여러 가지 요인들이 있을 수 있다.

① 기술의 발전

글로벌리제이션을 가속화시키는 가장 영향력이 큰 동인중의 하나는 기술의 발전일 것이다. 특히 정보통신 기술의 발전으로 인해 일반 대중들이 해외 여러 지역에 관한 정보를 적은 비용으로 확보할 수 있게 되었다. 전 세계 어느 지역이든 온라인으로 그 지역 정보를 쉽게 확보할 수 있으며, 해당 지역에 대한 사용 후기도 접근할 수 있다. 특히 여행 또는 지역 블로그가 유익한 정보원으로 활용되고 있다.

IT 기술의 발전

IT 기술의 발전이 기업 및 자본의 글로벌리제이션에 큰 도움을 주고 있는 것은 이미 잘 알려진 사실이다. 특히 IT 기술의 발전에 따라 글로벌 상품 및 금융 거래가 훨씬 용이하게 되었다. 또한 IT 기술의 발전은 기업의 글로벌 경영의 효율성에도 크게 기여한 것으로 평가되고 있다. ERP (enterprise resource planning), SCM (supply chain management) 및 CRM (customer relations management) 등의 정보화에 의해 기업의 글로벌 네트워크 경영이 가능하게 된 것이다.

최근 IT 기술의 발전의 변화로 여행 가이드 사이트와 블로그의 확산을 지적할 수 있다. 가 널리 사용되기 시작하였다. 전 세계적으로 수많은 여행 블로그와 사용 후기가 인터넷에 게시되며, 읽어지고 있다. 특히 최근에 주목받고 있는 것으로 소셜네트워킹 사이트로 TripAdvisor과 WAYN이 지적되고 있다. TripAdvisor는 2015년 기준으로 6,000만 회원과 1억 7,000만 사용 후기가 게재되어 있는 것으로 알려져 있다. 그리고 WAYN.com (where are you now의 약자)도 여행 및 라이프스타일 소셜네트워킹 사이트로 회원 수가 전 세계 2,000만에 달한다고 주장되고 있다. 인터넷 사용자는 동시 호텔이나 현지 교통 수단의 예약도 온라인으로 가능하여 이제 외국이라고 해서 발생하는 정보적 불리는 크게 사라지게 되었다.

항공 산업의 발달

운송 수단의 발달로 인구의 이동이 큰 어려움이 없이 가능해졌다. 운송 수단중 항공기 기술의 발전은 글로벌리제이션을 가속시키는 요인으로 지적되고 있다. 1970년대는 보잉 747과 같은 대형 점보기의 출현으로 대규모의 인구의 장거리 여행이 가능해졌다. 이의 직접적인 효과로 미국인과 유럽인의 여행이 활발해졌고, 그 결과 이태리와 같은 관광지에의 관광객이 급증하게 되었던 것은 잘 알려진 사실이다.

최근에는 사우스웨스트항공, 라이언항공, 이지제트, 그리고 아시아 지역에서는 에어아시아와 같은 저가 항공사의 출현으로 인구의 대규모 이동이 그 어느 때보다 손쉽게 이루어질 수 있게 되었다. 이미 라이언항공과 이지제트가 좌석 기준으로 세계 항공시장 점유율이 1위와 3위를 차지하는 등 저가 항공은 유럽과 북미 지역에는 일반화되고 있다. 아시아도 예외가 아니다. 아시아퍼시픽에비에이션에 의하면 2014년 동남아 지역에서의 저가 항공의 좌석 용량이 2005년에 비해 8배로 늘어난 것으로 집계되고 있다. 이 수치는 전체 좌석 용량의 40%를 상회하는 수치이다. 국내에서도 저가 항공사의 비약적 성장이 목격되고 있다. 2014년 기준으로 국내 점유율이 50%를 돌파한 것으로 보고되고 있다.[40]

항공 산업의 혁신은 지속적으로 이루어지고 있다. 우선 드림라이너로 불리는 에어버스 380이나 보잉 787은 탄소 섬유 사용으로 공기 저항을 줄려 항공유 비용을 20%가량 절감할 수 있게 되었다. 특히 에어버스 380은 최대 600명의 탑승객을 수용할 수 있고, 중간 주유 없이 장거리 비행이 가능해졌다. 최근에는 에어버스는 기존의 에어버스 320을 개량한 150석 에어버스 320 Neo (new engine option)를 출시한 바가 있다. 에어버스 320 Neo는 기존 기종보다 연료비 15% 가량 절감할 수 있으며, 또한 저가 항공기에 적합한 기종으로 저가 항공사의 성장에 큰 도움이 될 것으로 평가되고 있다.

항공기 기술의 발전과 함께, 항공기 가격의 지속적인 하락도 예상되고 있다. 특히 소형 항공기의 생산이 기존 미국과 유럽에서 벗어

40) 디지털타임즈, 2015. 1. 21.

나 다양한 국가에서 이루어지고 있어 소형 항공기의 공급이 확대되고 있다. 소형 항공기의 최대 제작사인 브라질의 Embraer와 함께 캐나다의 Bombardier 그리고 최근에는 중국의 Comac 등의 항공기 제작사의 약진이 두드러지고 있다. 이에 따라 저가항공사의 노선 확대가 지속적으로 이루어질 것으로 예상된다.

에어버스 A380 드림라이너

차세대 항공기 보잉기 787 기종

② 대중문화의 글로벌 확산

글로벌리제이션의 확산 뒤에는 대중문화의 글로벌화가 있는 것으로 지적되고 있다. 대중문화의 글로벌 확산에는 미디어의 글로벌화와 온라인 매체의 발전이 큰 역할을 하는 것으로 평가되고 있다. 다양한 문화 상품들이 전 세계적으로 소개되고 있고, 이에 따라 데이비드 베컴과 같은 스포츠 스타나 레이디 가가와 같은 팝 스타가 많은 젊은이에게 익숙한 이름이고, 많은 사람들의 생활양식에도 영향을 미치고 있다. 과거에는 일반 대중의 아이콘은 종교 지도자, 학자나 정치인이었으나, 이제는 대중 특히 젊은 대중을 흥분시키고 사랑받는 인물은 대중문화 스타나 스포츠 스타 그리고 기업인으로 변화되고 있다.

한류도 이러한 현상의 하나로 해석될 수 있다. 아시아 지역에서의 한국 TV 드라마나 가요가 대중 매체로 통해 소개되고, 최근 유럽과 미국에서의 K-Pop의 인기는 유튜브와 같은 온라인 매체의 역할이 큰 것으로 평가되고 있다.

대중문화의 글로벌리제이션은 전 세계 대중문화의 획일화를 의미하는 것은 반드시 아니다. 온라인 및 오프라인 미디어의 발달에 따라 다양한 대중문화가 여러 나라에 소개되고, 과거의 선택의 폭이 제한된 자국 내의 대중문화에 만족해야 하는 문화 소비자에게 호응

미국 팝가수 레이디 가가

축구 스타 메시의 아디다스 광고

을 얻는 것으로 보아야 한다. 즉 대중문화의 다양성이 확대되는 현상으로 이해되어야 한다. 이는 글로벌리제이션에 따른 다문화주의의 확산과 같은 맥락으로 다문화주의에 관하여서는 뒤에서 구체적으로 언급된다.

대중문화의 확산은 소비자의 생활양식과 소비 패턴에도 크게 영향을 미치고 있다. 데이비드 베컴이나 레이디 가가의 패션이 일반 대중의 소비문화에 영향을 미치고 있으며, 기업들도 팝 스타나 스포츠 스타를 마케팅에 활용하는 사례가 크게 늘어나고 있다. 한류도 예외가 아니다. 많은 기업들이 한류 스타를 활용한 한류 마케팅을 중국, 일본 등 여러 아시아 국가에서 전개하여 왔고, 상당한 마케팅 성과를 성취한 것으로 보고되고 있다. 한류의 효과와 국가 브랜드 관련 내용도 뒤에서 다시 언급된다.

③ 신자유주의 이념의 확산

신자유주의 (neo-liberalism)은, 큰 정부와 정부의 개입 증대를 지향하는 현대 복지주의적 국가관에 대비되는 철학으로 과거 경제적 자유방임주의 원리를 다시 부활하고자 하는 사상적 경향을 의미한다. 개인의 지식과 창의를 바탕으로 하는 시장기구의 경제적 효율성과 사회적 의의를 강조한 하이에크(Hayek)의 사상과, 경쟁 기구의 확대를 통한 경제적 효율성과 개인의 자유를 옹호하려고 한 시카고학파의 경제 사상이 이론적 토대를 제공한다. 신자유주의 정책은 1980년대의 영국 대처 정부와 미국의 레건 정부에서 본격적으로 도입되어, 시장 기구의 확대를 통한 효율적인 경제 체제 건설 및 치안과 시장 규율의 유지를 보장하는 '작고도 강한 정부'를 추구하는 정책으로 추진하게 된다.

이러한 신자유주의는 정치 철학적으로 자유지상주의 (libertarianism)를 지향하는 사상으로 개인의 가치와 인간의 존엄성이 가장 우선시한다. 따라서 개인에게 거주의 선택에 대한 자유가 보장되어야 한다는 것이다. 이러한 가치를 전성철 이사장은 다음과 같이 표현하고 있다.[41]

> "이 시대는 인간에 대한 존중이 그 어떤 가치보다도 우선되는 시대입니다. 인간이 자기가 살고 싶은 나라를 선택하고, 자기가 향유하고 싶은 문화를 선택하고, 자기가 어울리고 싶어 하는 사람을 선택할 수 있는 자유는 다른 그 어떤 가치보다도 우선되는 가치입니다. 그런 가치를 존중할 줄 아는 나라가 선진된 나라이고 문명된 나라입니다."

정치 철학의 변화

이러한 신자유주의와 자유지상주의는 다양한 형태로 정치 세력화되기도 하고, 정부의 정책 및 법률 변화로 이어지는 경우가 많다. 전통적으로 복지 국가를 지향하는 유럽에서도 여러 국가에서 작은 정부를 지향하는 정치 세력이 집권하는 경향이 높아지고 있는 것도 이를 입증하는 것으로 볼 수 있다. 미국에서 최근 대규모 시민운동으로 성장한 티파티 운동 (tea party movement)도 정부의 복지적 지출을 견제하고자 탄생한 운동이다. 티파티 운동은 2010년 미국의 중간선거에서 공화당 승리에 결정적인 공헌을 하였고, 최근 까지도 미국 보수 정치에 큰 영향력을 가지고 있는 것으로 평가되고 있다.

개인의 자유와 인권을 강조하는 법률 제정 또는 개정도 큰 시대의 흐름으로 보인다. 2010년 미군에서 복무하는 동성애자들에 관

---

41) 매일경제신문, 2005. 5. 31.

한 "묻지도 말하지도 마라 (Don't Ask Don't Tell)" 정책이 오바마 대통령의 강력한 종용으로 의회에서 폐지되었다. 이것은 동성애자들이 자신들의 성(性) 정체성을 감추지 않고서 군복무를 할 수 있게 되었다는 점에서 시민권의 진일보로서 평가되고 있다.

이와 유사하게 전통적으로 보수적인 국가로 알려진 '관리 국가(nanny state)' 싱가포르에서도 동성애자 고용 금지 조치도 폐지되었고, 의사의 처방이 없이는 살 수 없었던 껌과 함께 카지노 산업도 금지 목록에서 제외되었다. 리센룽 총리의 "전 세계가 변하고 있는데, 우리가 변하지 않으면 20년 뒤에는 어떻게 되겠느냐?," 발언에서 도시의 글로벌화와 시민의 꾸준한 요구에 따라 개인의 자유를 확대하는 싱가포르의 새로운 개발 정책인 '재창조도시'의 의의를 읽을 수 있다.

미국 Tea Party Movement의 워싱톤 집회

미국 연방법 'Don't Ask Don't Tell Repeal Act'을 지원하는 집회

국가주의의 퇴색

신자유주의는 전통적인 국가주의의 퇴색을 의미한다. 초국적 시민은 이제는 보다 나은 삶의 질을 찾아 모국을 떠나 새로운 나라를 찾는 것이다. 즉 이들은 운명적인 국가의식에서 벗어나 스스로 국가를 선택하는 글로벌 유목인인 것이다.

기업과 자본도 마찬가지다. 기업 가치를 극대화시킬 수 있는 지역으로 생산 시설, 연구 기능, 마케팅과 고객 지원 기능을 이전하고, 자본도 높은 수익률을 쫓아서 해외로 이동하는 추세가 확대되고 있다. 특히 각국 정부의 신자유주의 정책에 따라 국제 금융 거래와 자본 이동의 장벽과 규제들이 대폭 축소 또는 폐지되어 왔다. 이제는 초국적 기업과 자본이 이제는 우리에게 낯설지 않는 개념이다.

최근 글로벌 금융 위기이후 신자유주의 이념이 도전을 받고 있는 것은 사실이다. 각국 정부가 자국 산업의 보호와 일자리 보존을 위해 보호주의적 정책을 추진하고, 자본의 글로벌 이동에 여러 가지 규제를 신설하며, 이민을 조절하는 등 글로벌리제이션이 다소 주춤하는 모습을 보이고 있다. 최근의 영국의 EU탈퇴와 미국의 트럼프 열풍도 이러한 움직임의 일환으로 보여진다. 그러나 글로벌 경제가 어느 정도 회복되고, 실업 문제가 완화되면 이러한 추세가 지속될 지는 지켜봐야 한다. 장기적으로는 개인의 자유를 규제하는 제도와 정책은 지속되기 어려울 것으로 사료된다. 왜냐 하면, 개인의 자유와 시민권은 국적, 인종과 종교를 떠나서 인류의 공통적 가치이기 때문이다.

④ 중산층의 확대

이제는 글로벌리제이션의 주역은 부유층에서 중산층으로 바뀌고 있다. 그 이유는 우선 기술의 발전으로 인해 글로벌화 비용이 급격하게 떨어졌고, 중산층의 소득 증대로 글로벌화 수요가 크게 성장하였기 때문이다. 이제는 중산층을 위한 다양한 글로벌 상품이나 서비스를 쉽게 발견할 수 있다.

세계 인구 중에서 중산층이 차지하는 비율이 역사상 처음으로 50%를 넘어선 것으로 추정하고 있다. 이코노미스트는 중산층의 비중이 1990년대 30% 수준에서 꾸준히 성장하여 2006년에 50%를 넘어선 것으로 보고하고 있다.[42] 이는 신흥 경제국의 높은 경제 성장에 따른 신흥 중산층의 확대에 크게 기인한 것으로 평가되고 있다. 퓨연구소 (Pew Research Center)의 통계에 따르면, 일일 생활비 $10 – $50 기준의 전세계 중산층 규모가 2001년 14%에서 2011년에 22%로 늘어난 것으로 추정하고 있다.[43] 반면에 일일 $2 이하로 생활하는 빈곤층 규모는 같은 기간에 29%에서 15%로 줄어든 것으로 발표하고 있다.

이러한 추세는 지속될 것으로 예상되고 있다. 신흥 경제국 중산층이 세계 중산층 소비시장을 주도할 것이라는 전망이 나왔다. 영국 파이낸셜타임스(FT)는 2014년 신흥국 주요 7개국이 구매력 기준(PPP) 국내 총생산량(GDP)이 선진 7개국(G7)을 추월했다고 보고하고 있다.[44] 또한 PPP기준으로 중국의 GDP가 이미 미국을 넘어선 것으로 추정하고 있다.

42) 이코노미스트, 2009. 2. 12.
43) Pew Research Center 2015. 7. 8.
44) 파이낸셜타임스, 2014. 10. 8.

<중산층[1] 소비규모[2] 상위 10개국>

(십억달러)

순위	2009			2020			2030		
	국가	소비 규모	비중 (%)	국가	소비 규모	비중 (%)	국가	소비 규모	비중 (%)
1	미국	4,377	21	중국	4,468	13	인도	12,777	23
2	일본	1,800	8	미국	4,270	12	중국	9,985	18
3	독일	1,219	6	인도	3,733	11	미국	3,969	7
4	프랑스	927	4	일본	2,203	6	인니	2,474	4
5	영국	889	4	독일	1,361	4	일본	2,286	4
6	러시아	870	4	러시아	1,189	3	러시아	1,448	3
7	중국	859	4	프랑스	1,077	3	독일	1,335	2
8	이태리	740	3	인니	1,020	3	멕시코	1,239	2
9	멕시코	715	3	멕시코	992	3	브라질	1,225	2
10	브라질	623	3	영국	976	3	프랑스	1,119	2

주: 1) 일평균 지출 $10~$100 기준

주: 2) 2005년 명목금액(구매력 평가 기준)

자료: Kharas and Gertz(2010). 한국은행, 국제경제정보, 2011. 5. 8에서 전재

신흥 중산층은, 특히 소비 성향이 높은 젊은 중산층의 확대는 소비를 더욱 빠르게 증대시킬 것으로 예상되며, 2009년 8590억 달러로 미국의 중산층 소비 규모 4조3770억 달러의 20% 수준에 불과했던 중국 중산층의 소비 규모는 2020년 4조4680억 달러로 미국의 4조270억 달러를 추월할 것으로 예상되고 있다. 2030년에는 인도 중산층 소비규모가 12조777억 달러로 중국의 9조9850억 달러와과 미국의 3조9690억 달러를 모두 제치고 세계 1위로 올라서는 것으로 예상되고 있다.[45]

세계경제의 미래 시스템으로서 자유 시장경제에 대한 선호도도

45) Kharas and Gertz, ""The New Global Middle Class: A Cross-Over from West to East,"" Wolfensohn Center for Development at the Brookings Institute, 2010. 3.

미국, 일본, 프랑스 등에 비해 중국, 인도, 브라질에서 더 높게 나타나, 이들 중산층이 글로벌제이션의 주역으로 활동할 것으로 평가된다. 이 계층의 소비자는 외국 브랜드를 선호하고, 해외 여행을 희망하는 성향이 강한 것으로 알려져 있다.

⑤ 국가 및 도시 마케팅 전략

이상과 같은 기업, 자본 그리고 인구 이동에 대비하기 위해 여러 정부에서 새로운 개혁 및 지역 마케팅 노력을 경주하기 시작하였다. 국가 간의 이동에 걸림돌이 되었던 각종 규제가 완화되고, 앞에서 언급한 같이 이동에 필요한 정보에의 접근이 가능하고 이동에 따른 비용도 낮아짐에 따라, 국가 간의 경쟁이 치열해지고 있다. 국가나 도시도 적극적인 마케팅을 전개하지 않으면 과거와 달리 기업, 자본 및 우수 인력을 보존하고 유치하기가 용이하지 않게 되었다.

독일 이외 여러 국가들도 기업과 투자 유치를 위해 법인세를 경쟁적으로 낮추고 있다. 특히 홍콩, 대만 그리고 싱가포르 등 아시아의 주요 경쟁국들이 최근 법인세 인하를 통해 우리나라 보다 우호적인 투자 환경을 조성하고 있다. 미국과 일본도 최근 법인세 인하에 관한 논의가 활발하게 이루어지고 있는 것이 사실이다. 이명박 정부도 이러한 추세에 대응하기 위해 법인세 인하를 추진한 바가 있다.

도시들도 마찬가지다. 조세나 노동법 개정과 같은 행정 수단은 없으나 기업에 다양한 편의 서비스와 인센티브를 제공하는 도시들이 늘어나고 있다. 동시에 상당수의 도시들이 도시마케팅 전담팀을 신설하고 해외 사무소를 설치하는 동시에 적극적인 도시 브랜드 사업을 전개하는 등의 지역 마케팅 노력을 경주하고 있다.

이상과 같은 각국 정부 및 도시들의 적극적인 지역 마케팅 노력에 의해 기업과 자본이 유치되고, 그 결과 기업인과 자본가 그리고 기업과 관련된 인력의 이동이 이루어지는 것이다.

2. 글로벌리제이션과 따른 새로운 세계 경제 지형

〈세계 성장 지역〉

① 지식 산업이 성장하고 있는 지역
② 문화적 편의가 제공되는 지역
③ 문화적 다양성과 관용이 허용되는 지역
④ 자연적인 조건이 양호한 지역
⑤ 안정적이고 기업 및 문화 친화적인 정부

위에서 논의한 글로벌리제이션에 따라 새로운 세계 경제 지형이 형성되고 있다. 특정 지역에서는 인구가 증가하고 지역 경제가 활성화되는 반면에, 특정 지역은 인구 감소에 따라 경제 활력을 상실하고 있다. 새롭게 부각되는 지역은 공통적인 특성을 가지고 있는 것으로 지적되고 있다. 경제 지리학, 도시계획학, 그리고 국제경영학의 문헌에 따르면 주요 공통적인 특성은 다음과 정리될 수 있다.

광역 도시권의 부활

우선 선진국에서 두드러지게 나타나고 있는 추세는 광역 도시권의 부활이다. 특히, Michael Storper and Michael Manville (2006)는 선진 경제권에서 인구 이동의 구조적인 추세를 지적하고 있다. 특히, 도심의 부활, 도시 광역화 및 온화 기후 지역의 성장 등이 최근 발생하는 주요 추세임을 강조하고 있다. [46]

선진국에서의 대도시의 부활은 미국과 유럽에서 두드러지게 나

46) Storper, M. and M. Manville, "Behaviour, Preferences and Cities: Urban Theory and Urban Resurgence", Urban Studies, Vol. 43, No. 8, 2006, pp. 1247-1274.

타나고 있다. 미국의 경우에는 인구와 경제 활동이 동부와 서부 지역으로 집중되고 있고, 전통적인 제조업 기반 도시인 중서부 지역은 쇠퇴되고 있다. 유럽에서도 런던, 파리, 뮌헨, 프랑크푸르트, 밀라노 등의 대도시는 지속적으로 성장하고 있는 반면에, 여러 국가의 중소도시는 인구와 일자리의 감소를 심각한 사회 문제를 겪고 있다.

대도시의 부활은 우선 선진국에서 전통적인 제조업의 쇠퇴와 지식 산업의 발전에 크게 연유하고 있다. 금융, IT, 서비스 및 문화 산업으로 대표되는 지식 산업은 대도시 중심으로 발전하기 때문이다. 지식 산업이 도시 성장의 동인으로 지적하고 있는 대표적인 학자가 Richard Florida으로, Florida (2002)는 '창조 도시 (creative city)'의 개념에서 지식 산업의 중요성을 강조하고 있다.[47]

창조 도시론

Florida의 창조 도시라함은 과학, 엔지니어링, 교육, 문화, 예술 등 창조 산업의 클러스터를 의미하는 것으로, 창조 도시의 주요 구성원은 창조 계층 (creative class)이라고 지칭되고 있다. 창조 계층은 첨단 기술 전문가, 예술가 및 창작가 등을 포함한다. Florida는 이러한 창조 계층을 유치하기 위해서는 '3T' 즉 Talent, Technology, and Tolerance (문화적 관용)를 보유하고 있어야 한다고 주장하고 있다.

Florida는 도시의 창조성을 측정하는 지표로서 창조성 지수를 제시하고 있다. 창조성 지수는 크게 4개 영역으로 ① 창조 계층의 비율, ② 혁신 (인구 일인당 특허 출원 건수), ③ 하이테크 산업 (Milken Institute의 Tech Pole Index), ④ 다양성 (개방성을 나타내는 Gay Index)으로 구성되어 있다. 이 지표를 이용하여 평가하

47) Florida, Richard., op. cit. 2002.

면 북미 지역에서는 샌프란시스코가 창조성 지수가 가장 높은 것으로 나타난다.

그러나 대도시의 부활에는 지식 산업 중심의 경제적 활동의 증대뿐 만 아니라 문화적인 요인도 크게 작용하는 듯하다. Florida의 Gay Index가 이에 해당한다. 이와 관련하여 Edward L. Glaeser, Jed Kolko and Albert Saiz (2001)는 대도시를 '소비 도시 (consumer city)'의 역할을 강조하고 있다. 저자는 도시의 성장에는 생산보다 소비 도시로의 성격이 중요하고, 소비 도시가 되기 위해서는 다양한 편의를 보유해야 한다고 주장하고 있다. 이의 근거로 성장하는 도시의 주택 임대료는 도시 근로자 소득보다 높은 수준으로 상승했다는 실증적 증거를 제시하고 있다.[48]

위에서 언급한 도시의 편의와 관련된 후속 연구로 Jordan Rappaport (2009)를 지적할 수 있다.[49] Rappaport 또한 대도시의 부활에는 대도시가 제공하는 문화적인 편의에 크게 연유한다고 주장하고 있다. Rappaport는 거주지 선택에 도시가 제공하는 삶의 질이 현지의 산업 관련 요인보다 중요하다고 지적하고 있다.

위의 논문의 주요 주장은 지역 인구의 밀도를 결정하는 최대 요인은 삶의 질이고, 삶의 질은 경제 활동 보다는 문화적 편의에 의한 좌우된다는 것이다. 문화적 편의에는 예술, 대중 문화, 쇼핑, 먹 거리, 교통 등이 지적되고 있다. 특히 뉴욕시, 런던, 파리 등은 이러한 문화적 편의를 제공하는 최적의 도시로 부각되고 있다.

최근 많은 도시들이 문화 도시 건설을 위해 노력하고 있는 것도 이러한 추세에 연유하는 것으로 해석될 수 있다. 기본적으로 문화

48) Glaeser, E. L. and Jed Kolko and Albert Saiz "Consumer City", Journal of Economic Geography, Vol. 1, 2001, pp. 27–50.
49) Rappaport, J., "The Increasing Importance of Quality of Life–super–ideas", Journal of Economic Geography, 9, (6), 2009, pp. 779–804.

적 편의는 다른 도시 구성원와의 접촉과 교류에서 발생하는 것으로 보이고, 종국에는 문화적 커뮤니티로 발전할 수 있다. Edward L. Glaeser and Joshua D. Gottlieb (2006)는 도시의 성격을 다음과 같이 특성화하고 있다.[50]

> "도시는 기본적으로 인간들의 사회적 활동을 원활하게 하는 역할을 하는 곳이다. 인구 밀도가 높은 도시화 지역이 이 점에서 훨씬 유리할 수밖에 없다. 1990년대 이후 미국에서의 대도시 부활은 도시가 제공하는 사회적 편의 그리고 범죄 감소에 크게 연유한 것으로 평가된다. 도심 범죄는 주민의 도심 편의 시설 이용에 결정적인 영향을 미친다."

Glaeser and Gottieb (2006)의 핵심 내용은 도시는 도시 구성원간의 교류가 용이하게 이루어지도록 하는 장점이 있고, 이러한 장점 때문에 90년대 미국에서 대도시가 부활하게 된 것이라는 것이다. 대도시 또는 인구 밀접 지역은 문화적 편의를 제공하는 장점과 더불어 문화적 다양성과 관용 (tolerance)도 중요한 속성으로 지적되고 있다. 즉 도시 구성원이 다양한 문화를 접촉하고 경험할 수 있으며, 다양한 문화가 자유스럽게 병존하는 도시에 사람들은 매력을 느낀다는 의미이다.

위와 관련하여 Richard Florida and Charlotta Mellander (2009)는 흥미로운 연구 결과를 발표한 바가 있다. 저자는 도시의 문화적 자유로움, 예술의 다양성 그리고 동성연예자의 인구로 측정

50) Glaeser, E. L. and Joshua D. Gottlieb, "Urban Resurgence and the Consumer City", Urban Studies, vol. 43, no. 8, 2006, pp. 1275–1299.

되는 Bohemian-Gay Index (BGI)가 지역의 주택 가격과 매우 밀접한 관계가 있음을 보여주고 있다.[51] 이와 함께, BGI가 현지 주민의 소득 수준, 임금 수준, 기술 수준, 그리고 현지에 축적된 인적 자본 규모와 정(正)의 관계에 있는 것으로 발표하고 있다.

인구 이동의 또 다른 축은 자연적 조건이다. Storper and Manville (2006) 등 여러 학자들이 지적하듯이 미국에서는 자연적 조건이 양호한 sunbelt 지역으로 인구가 증가하고, 유럽에서도 앞에서 언급한 바와 같이 지중해 연안 지역으로 인구가 이동하는 경향이 있다. 동시에 은퇴 인구의 증가와 중산층 관광객의 확대에 따라 온화한 기후 지역으로 인구 이동이 늘어나고 있다. 최근에는 에코 시티나 에코 관광 등 환경 친화적 주제가 인구 유입의 유인제 역할을 하고 있다.

지역 마케팅 활동

마지막으로 인구 이동의 촉진제 역할을 하는 요인은 정부의 적극적인 마케팅 활동이다. 앞에서 언급했듯이 정부의 역할은 친기업적 환경 조성과 더불어 다양한 문화 편의를 개발하고 제공하는 소위 "창조 도시" 그리고 "창조 국가"의 역할이 부각되고 있다. Gary Sands and Laura A. Reese (2008)는 특히 정부의 지역마케팅 노력의 중요성을 강조하고 있다. 저자의 주장에 따르면 지식 산업의 육성과 문화적 편의 시설 개발과 더불어 기업 유치, 관광객 유치 및 인프라 개선 등의 적극적인 마케팅 활동이 수반되어야 함을 주장하고 있다.[52]

---

51) Florida, Richard and C. Mellander, "There goes the metro: how and why bohemians, artists and gays affect regional housing values", Journal of Economic Geography, Vol. 10, 2009, pp. 167-188.

52) Sands, G. and Laura A. Reese, "Cultivating the Creative Class: And What About

이와 같이 국가/도시 마케팅에 적극적인 지역에 인구 이동이 자연히 발생하게 되는 것이다. 특히, 기업, 문화, 환경 친화적인 정부의 지역마케팅 노력이 인구 이동 및 지역 서비스 선택에 큰 영향을 미치는 것으로 지적되고 있다.

마태 효과의 현상

이상에서 살펴보았듯이, 글로벌리제이션에 의해 세계 경제 지형이 변하고 있다. 대체로 보아 경쟁력이 있고, 다양한 쾌적 시설(amenities)을 갖추고, 잘 알려진 지역에는 인구 유입이 늘어나는 반면, 차별성이 없는 소규모 국가 및 지방 도시는 인구 유출이 있어나고 있다. 소위 마태 효과 (Matthew Effect)가 발생하고 있다. 마태 효과는 '부익부 빈익빈' 현상으로, 세인의 이목을 끄는 지역에는 사람이 몰려든다는 현상으로 최근 디지털 및 정보통신 기술의 발달에 따라 이러한 현상은 심화되고 있다는 주장이 제기되고 있다.[53]

글로벌리제이션이 개인에게 미치는 효과도 유사한 것으로 보인다. 역량과 정보를 보유한 개인은 자신의 가치와 경제적 지대 (rent)를 극대화할 수 있는 지역으로 이전할 수 있지만, 그렇지 못한 개인들은 글로벌리제이션의 부작용인 변동성에 노출되는 동시에 상대적으로 낮은 경제적 지대에 만족해야 할 것이다. 즉 빈부 격차가 확대될 수 있다.

두바이의 팜아일랜드와 같은 지역은 전 세계적으로 부유한 계층이 몰려들겠지만, 미숙련 노동자들은 상대적으로 고용 불안에 힘들어 질 수 밖에 없다. 따라서 신자유주의에 기반을 둔 글로벌리제이

Nanaimo?", Economic Development Quarterly, Vol. 22, No. 1, 2008, pp. 8–23.

53) Merton, R. "The Matthew Effect in Science," Science, 159, 3810, pp. 56–63, 1968; Hospers, Gert-Jan, "City Branding and The Tourist Gaze," Ch. 4, in Dinnie, K., op. cit., 2011.

션은 빈부 격차나 실업 문제 그리고 이민 인구의 급증에 따른 사회적 이슈에 관한 원만한 해결이 수반되지 않으면 도전받을 수 있음을 이해해야 할 것이다.

부익부 빈익빈?

두바이의 고급 리조트인 팜아일랜드와
글로벌 금융위기 직후 구직자의 거리 홍보

최근 세계화에 따른 사회적 문제가 정치 이슈화되고 있다. 대표적인 사안으로 영국의 EU 탈퇴 즉 브렉지트 (Brexit)으로, 글로벌리제이션으로 상대적으로 불이익 겪는 계층이 늘어나는 이민 인구 그리고 이에 따른 비숙련 노동자의 실업 증가와 문화적 갈등이 표출한 것이다. 미국의 트럼트 대통령 후보의 인기도 이러한 현상과 같은 맥락으로 이해할 수 있다. 특히, 고연령, 저소득, 저학력의 서민 계층의 반발과 불만이 선진국 사회에서 높아지고 있다.

브렉지트로 이어진 영국의 국민 투표

미국의 고립주의 필요성을 홍보하는 트럼프 공화당 대통령 후보

3. 다문화주의 (multiculturalism)의 확산

글로벌리제이션에 따라 자국 문화의 변화가 불가피하다. 글로벌리제이션이 미국화 또는 서구화의 경향이 있는 것은 사실이다. 맥도날도와 스타벅스가 세계 여러 나라에서 발견되고, 미국식 그리고 서구식 라이프스타일이 글로벌하게 확산되는 추세를 보이고 있다. 그러나 글로벌리제이션이 일방적인 미국화 또는 서구화를 의미하지는 않는 듯하다. 뉴욕 시민들이 일본 스시를 즐기고, 타이식 레스트랑이 세계 여러 나라에서 쉽게 찾을 수 있는 것도 사실이다. 엄밀한 의미에서 다문화주의가 확산되는 것으로 해석해야 한다.

특히 세계 주요 도시는 이미 다문화 사회로 변한 것으로 평가되고 있다. 런던에서는 270개 국적 보유자와 약 250 개의 외국어 사용 집단이 공존하고 있다고 전해지고 있다. 또한 유학생들이 세계 200 개 국가에서 오고 있으며, 성패트릭 데이 축제나 음력 설 축제와 같은 다양한 외국 문화 축제들도 런던의 주요 축제로 수용되고 있다. 이민 누적 규모로 본 다문화 정도는 미국과 유럽 국가 등 선진국에서 높게 나타난다. 반면에 일본은 감소하는 인구에도 불구하고 이민 정책에 있어 매우 소극적인 특성을 보인다. UN경제사회국의 통계에 의하면 일본은 2010년 기준으로 이민 누적 규모가 217만 명으로 미국의 4,280만 명, 독일의 1,075만 명, 그리고 캐나다의 720만 명에 비해 현저히 낮다.

최근 들어 서구 사회에서 동양 문화에 관한 관심이 높아지는 추세를 보이고 있다. 서구 유명 스타들이 한자 문신을 한다든지, 동양 문화를 상품에 접목하는 모습이 발견되고 있다. 물론 아시아권에서 서구 문화에 관한 관심이 높은 것은 사실이나, 글로벌리제이션에 따라 동양과 서구 세계간의 문화적 교류가 늘어나고 이(異)문화에 대한 관심이 높아지는 현상이 세계적인 추세로 평가해야 할 것으로 판단된다. 최근 비아시아 지역권에서 확산되고 있는 K-Pop도 이러한 각도에서 해석될 수 있다. 다문화주의가 확산됨에 따라 외국 문화에 대한 수용성이 높아지기 때문으로 볼 수 있다. 이러한 수용성은 젊은 계층에서 강하게 나타나는 경향이 높다.

한자 문신을 한 데이비드 베컴

한자 모양의 문신을 한 여배우 안젤리나 졸리

다문화 사회는 이민자의 유입 (외국인 근로자, 유학생, 결혼이민자 등)이나 교류의 확대로 인해 동질성, 단일성 사회에서 다양한 민족, 인종, 문화 및 가치가 존재하는 사회이다. 정치적으로는 특정 인종이나 종교에 차별을 두지 않고, 동등한 권리와 의무를 부여하는 사회이다.[54] 다문화 사회는 다양한 문화가 동화되고 통합되는 정도에 따라 문화적 다양성을 인정하지만 다양한 문화가 통합되지 않은 샐러드 접시 (salad bowl)와 같은 형식적인 다문화 사회와 실질적인 통합된 멜팅 팟 (melting pot)과 같은 사회로 정의될 수 있다.

그러나 최근 유럽과 미국 등 여러 국가에서 다문화주의 정책에서 단일 문화주의로 회귀하는 조짐을 보이고 있는 것은 사실이다. 최근 브렉지트(Brexit)로 이어진 영국의 EU 탈퇴와 도널드 트럼프 미국 공화당 대통령 후보의 신고립주의 공약도 이러한 움직임의 하나로 해석된다. 이는 글로벌 금융 위기이후 장기간 경기 침체와 늘어난 실업에 상당 기인하고, 특히 급증한 이민 인구에 따른 사회적 그리고 문화적 갈등에 촉발한 것으로 해석되고 있다. 비록 다문화 사회가 아니더라도, 문화적 다양성이 수용되는 것이 많은 국가와 도시들의 특징이고, 일단 대중들도 다문화에 대한 관용성과 관심이 높아지고 있는 추세를 부인할 수는 없을 것이다.

우리나라도 비교적 빠른 속도로 다문화 사회로 진입하고 있다. 국내 체류 외국인이 2005년의 75만명에서 2015년 190만명으로 늘어났고,[55] 우리나라의 전체 인구에 차지하는 비율은 1.5%에서 3.7%로 증가한 것으로 집계되고 있다. 특히 다문화 가정 및 인구가 높은 비율로 증가하고 있다. 국제결혼이 2005년 이후 전체 혼인에 차지하는 비중이 10%를 상회하고 있다. 혼인 이주자와 그 후손의 규모가

---

54) Heywood, Andrew, Political Ideologies, 4th edition, Palgrave Macmillan, 2007.
55) 법무부,『2015년 출입국 · 외국인정책 통계연보』.

2050년에는 총인구의 5%를 차지할 전망이다.[56] 향후 10년 그리고 20년 후에는 우리 사회에서의 다문화에 대한 수용도가 매우 높아질 가능성이 크다.

56) 최경수, "외국인 인력 및 이민 유입의 경제적 효과," 『KDI 정책포럼』, 제239호, 2011. 8. 4.

2부
브랜드 코리아의 평가

I. 한국의 국가이미지 평가

II. 한국 제품의 이미지 평가

III. 한류 평가

부록: 글로벌리제이션과 국가마케팅

제2부 브랜드 코리아의 평가

국가브랜드 사업을 경쟁적으로 기획하고 추진하기 위해서는 한국의 대외 이미지 즉 브랜드 코리아를 객관적으로 그리고 종합적으로 평가할 필요가 있다. 특히 브랜드 코리아에 영향을 미치는 요인 그리고 브랜드 코리아로 인해 발생하는 효과를 실증적으로 검토해야 할 것이다. 제 2부에서는 브랜드 코리아를 ① 한국의 국가이미지, ② 한국 제품과 브랜드의 이미지, 그리고 ③ 한류로 나누어 살펴보고, 이들 요소간의 관련성도 실증적으로 살펴본다. 동시에 브랜드 코리아가 지역별로 어떻게 다른지, 그리고 그 이유가 무엇인지도 집중적으로 분석한다.

전반적으로 볼 때, 우리나라의 이미지가 개도국과 우리나라와 문화적 유사성이 높은 국가에서 호의적임이 확인되었다. 대표적으로 우리나라와 같은 아시아 문화권의 개도국에서 한국의 이미지가 가장 좋다는 것이다. 이 지역에서는 상대적으로 문화적 유사성이 높아, 한류의 영향력이 높은 점도 우리의 이미지가 좋은 결과가 나타난 것으로 해석할 수 있다. 한편, 서구 선진국에서 우리나라에 대해 비호의적인 것으로 나타났다.

I. 한국의 국가이미지 평가

우리나라의 국가이미지는 대체로 몇 가지 특성을 보이고 있다.

첫째, 우리나라 이미지는 전반적으로 볼 때 다소 중립적인 경향이 있다. 이는 여러 조사에서 확인되고 있다. 또한, 한국의 이미지를 일본과 중국과 비교해보면, 전반적으로 중간적 이미지를 가진 것으로 평가되고 있다.

둘째, 우리나라 이미지는 대체로, 실체에 비해, 상대적으로 저평가되어 있는 경향이 있다. 이러한 저평가는 선진국에서 두드러지게 나타나고 있다. 선진국에서는 우리나라에 대한 인지도도 아직 낮으며, 인지도가 있는 경우에도 이미지 내용이 호의적이지 못한 경향이 큰 것으로 판단된다.

셋째, 우리나라의 이미지가 개발도상국과 우리나라와 문화적 유사성이 높은 국가에서 호의적이다. 대표적으로 우리나라와 같은 아시아 문화권의 개도국에서 한국의 이미지가 가장 좋다는 것이다. 이 지역에서는 상대적으로 문화적 유사성이 높아, 한류의 영향력이 높은 점도 우리의 이미지가 좋은 결과가 나타난 것으로 해석할 수 있다.

넷째, 한국의 이미지를 국가이미지, 제품 이미지 그리고 한류로 구분하여 평가해보면, 한국 제품의 이미지가 가장 좋고, 한류가 가장 낮은 것으로 평가되고 있다. 이는 한국 제품들이 한국의 이미지 향상에 긍정적인 역할을 하고 있는 반면에, 한류는 아직 아시아 지역 중심으로 한정되어 있으며, 국가이미지 향상에 크게 기여하지 못하고 있는 것으로 평가되고 있다.

이상의 특징을 다음에서 자세히 살펴본다.

1. 한국에 대한 대외 평가

우리나라의 국가브랜드의 위상은 여러 측면에서 평가될 수 있다. 앞에서 언급한 바와 같이 국가브랜드의 역할이 다양한 영역에서 작용되기 때문에 영역별로 즉 소비자 관점에서 본 한국 제품에 대한 인식, 채권자나 금융기관 관점에서 본 한국과 한국 기업의 신용도, 투자 기업 관점에 본 투자 대상국으로서의 한국의 매력도 인식, 그리고 정책 입안자나 여론 선도층 관점에서 본 한국의 협력 국가로서의 인식, 마지막으로 관광객이나 이주자 관점에서 본 거주지로서의 한국에 대한 인식 등이 평가되어야 할 것이다.

다양한 관점에서 본 한국의 이미지를 평가하기에는 방법론적 그리고 현실적으로 상당한 어려움이 있을 수밖에 없다. 이러한 어려움 때문에 기존에 발표된 평가 수치에는 여러 가지 한계가 있다는 점을 인식해야 할 것이다. 특히 국가브랜드의 다양한 영역 가운데에서 조사되는 영역, 표본의 특성, 자료수집 방법, 설문서 디자인 등의 요인에 따라 평가 수치가 달라질 수밖에 없다 (Craig and Douglas 2005: Han, Lee, and Noh 1994).[1]

불행히도 상당 수의 평가 기관에서 방법론에 관한 내용을 공개하지 않고 있는 것이 사실이다. 다국적 조사에는 응답자의 문화적 차이와 국가 간의 조사 인프라의 차이를 통제할 수 있어야 한다. 이를 바탕으로 조사 내용의 구성개념 (construct) 동질성, 표본의 동질성 및 조사 방법의 동질성 확보가 이루어져야 한다. 과학적인 조사 설계, 집행 그리고 분석에는 상당한 비용과 전문성이 요구된다. 이

1) Craig, C. Samuel and S. P. Douglas, International Marketing Research, 3rd ed., John Wiley & Sons, 2005; Han, C. Min, B. W. Lee and K. K. Noh, "The Choice of a Survey Mode in Country Image Studies", Journal of Business Research, 29, 2, February, 1994, pp. 151–162.

러한 방법론적인 과학성이 보장되어야 조사 결과에 대한 신뢰성이 확보될 수 있을 것이다. 그럼에도 불구하고 한국 국가브랜드의 위상을 가름할 수 있는 자료를 살펴볼 필요가 있다.

BBC 조사

우선 BBC에서 세계 21개국 응답자를 대상으로 각국의 세계에 미치는 영향에 관한 인식을 조사하여 발표하고 있다. 이 조사는 다소 세계 평화나 경제, 그리고 문화적으로 종합하여 본 인식이라고 평가될 수 있다. 필자의 의견으로는, BBC 조사가 조사 방법, 측정 도구 등의 측면에서 비교적 과학적 방법으로 이루어진 것으로 사료되어 결과치의 신뢰성과 타당성이 어느 정도 확보되어 있는 것으로 판단된다.

가장 최근에 검색된 2014년 자료가 〈표〉에 나타나 있다. 〈표〉에서 보듯이 우리나라가 세계에 미치는 영향력에 대한 세계의 인식은 다소 중성적이다. 즉 우리나라 다른 나라 국민에게 정치적으로, 경제적으로, 그리고 문화적으로 긍정적인 측면 (38%)과 부정적인 측면 (34%)이 유사한 수준으로 나타나, 전반적으로 긍정적이거나 부정적이지 않은 특성으로 보이고 있다. 다른 관점에서 보면 우리나라는 해외에서 강력한 인상을 주지 않고 있는 것으로 평가될 수 있다.

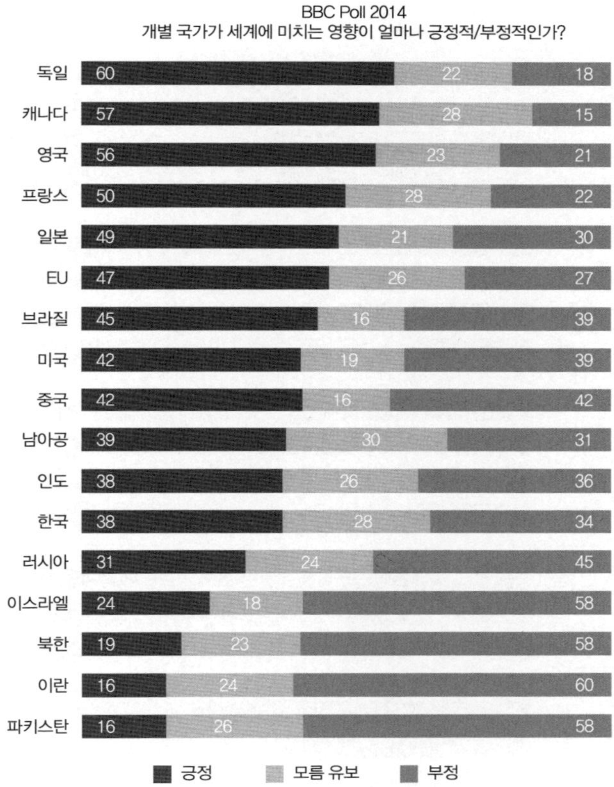

상기 조사에서 발표한 지역별 한국의 이미지를 살펴보면, 일본을 제외한 아시아 태평양 지역과 터키, 러시아, 그리고 아프리카 지역 등의 중진국 또는 개도국에서 우리 이미지가 다소 양호한 것으로 나타났다. 한편은, 최근 악화 한일관계를 반영하는 듯 일본의 부정적 의견이 훨씬 많았다. 선진국에서의 우리의 이미지를 살펴보면, 미국과 캐나다의 북미 지역에는 우리나라 이미지가 비교적 긍정적인 것으로 나타난 반면, 유럽 국가에서의 우리의 이미지는 다소 부정적으로 나타났는데, 이는 다음 장의 28개국 한국 이미지 조사 등의 과거 조사에서 발표된 이미지와 유사하다.

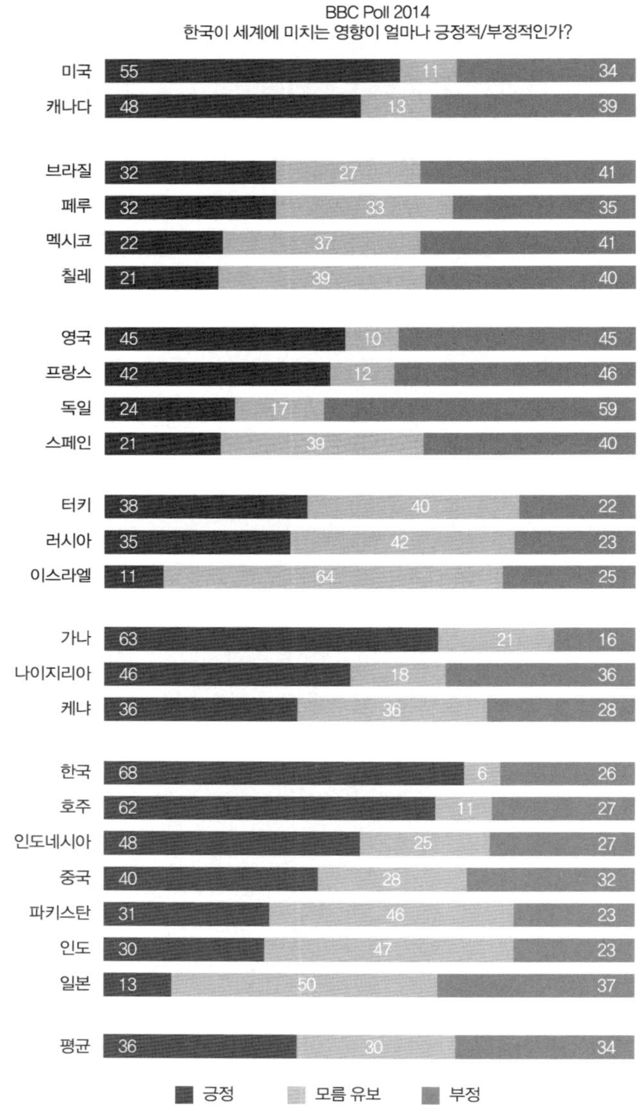

우리나라 이미지가 아시아 지역에 우호적인 것은 상당 부분 한류에 기인하는 것으로 평가된다. 한국 대중문화는 1990년대 중반부터 중국을 비롯한 아시아 국가에서 높은 인기를 모으고 있다. 이러한 한류는 TV드라마를 중심으로 가요, 영화를 거쳐 음식, 게임, 패션, 관광 등의 다양한 파생상품으로 그 영역이 확대되어 왔다.[2] 이와 관련하여 뒤에서 동남아시아 5개국 한류 조사에서 추가적으로 논의될 것이다. 아시아 지역에서의 한류의 원인으로, 한국 문화산업의 우수한 콘텐츠 품질, 마케팅 활동과 같은 한국의 문화적 요인과, 아시아 국가들의 소득 증가와 중산층 확대와 같은 사회 · 경제적 변화 과정에서 높아진 문화적 욕구를 현지 문화가 맞추지 못하여 발생한 시장적 요인이 지적되고 있다.[3] 이러한 한류는 현지에서의 한국 문화 상품 및 한국 기업의 제품의 매출 확대로 기여한 바가 큰 동시에 한국의 이미지를 우호적으로 발전시키는 데에 크게 기여한 것으로 평가된다.[4]

한국의 이미지를 일본과 중국과 비교해보면, 전반적으로 일본과 중국의 중간적 이미지를 가진 것으로 평되고 있다. 최근 퓨(Pew) 연구소의 2015년 Global Attitude 조사에서도, 한국 이미지가 인도와 파키스탄을 제외한 지역에서 중간적 위상을 보이고 있다. 다만, 중국과 베트남에서는 한국의 이미지가 상대적으로 양호한 것으로 나타났다. 이 결과는 뒤에서 이루어지는 동남아시아에서의 한류 평가에서 논의되는 결과와 유사한 것으로, 뒤에서 한국 · 일본 · 중국의 이미지 비교에 관하여 구체적으로 이루어진다.

---

2) 삼성경제연구소, 「한류지속과 기업의 활용방안」, 『CEO Information 제503호』, 2005.
3) 한홍석, 「한류 현상으로 본 중국에서의 한국 대중문화 수용」, 『국제지역연구』, 9(1), 2005, pp. 1-21.; 이운영, 「중국에서의 한류가 한국의 국가이미지와 제품구매의사에 미친 영향」, 『국제경영리뷰』, 제10권, 제2호, 2006, pp. 107-136.
4) 한충민, 진희, 이상엽, 한류가 한국 화장품 브랜드의 이미지에 미치는 영향: 한류 광고 vs. 국가이미지 효과, 『경영학연구』, 제40권, 제4호, 2011. 8., pp. 1055-1074.

한국 · 일본 · 중국의 아시아 지역에서의 호감도
(호감하는 응답자의 비율)

조사국	한국	일본	중국
말레이시아	61%	84%	78%
베트남	82	82	19
필리핀	68	81	54
호주	61	80	57
인도네시아	42	71	63
파키스탄	15	48	82
인도	28	46	41
한국	–	25	61
일본	21	–	9
중국	47	12	–
중앙값	47	71	57

*자료: Pew Research Center, Global Attitudes Survey 2015.

기타 글로벌 조사

우리나라 이미지를 글로벌한 차원에 측정하고자한 또 다른 조사로서 삼성경제연구소와 국가브랜드위원회 조사를 지적할 수 있다. 이 조사에서는 2009년에 26개국 오피리언 리더 1만 3,500명을 대상으로 50개국의 이미지를 비교하여 평가한 결과를 발표하고 있다. 우리나라 이미지는 50개국 중 20위 정도로 나타났는데, 이는 위의 BBC 조사와 유사하게 우리나라 이미지가 다소 중성적임을 시사해주는 결과로 해석될 수 있다.

이 조사에서 우리나라의 문화적인 인식이 다소 취약한 것으로 나타났는데, 이는 아마 한국 문화에 대한 인지도가 없기 때문으로 사료된다. 우리나라가 해외에서 알려지는 것은 우선 한국 제품을 통해 이루어지는 경향이 크다. 그 다음으로 방송 보도인데, 해외에서 우리나라가 보도되는 내용은 주로 정치적인 내용과 한국의 경제적 성공 이야기인 경우가 많다. 따라서 우리나라 문화에 대한 외국인의 접촉은 일부 관광객을 제외하고는 극히 제한적이라고 평가될 수 있다. 물론, 최근에는 한류의 영향으로 우리의 문화가 해외에 알려지기 시작한 것은 사실이다.

한편 Anholt가 국가브랜드 지수를 발표하는데, 한국이 2013년 기준으로 50개국 중 27위로 나타난 바가 있다. 이 수치는 최근 향상된 것이다. Anholt의 국가브랜드 지수는 수출품, 정부, 문화와 전통, 국민, 관광자원 그리고 투자 및 거주 환경 등 모두 6개 영역으로 산출된 평가 지표를 근거로 하고 있다. 비록 Anholt의 국가브랜드 지수는 흔히 인용되는 것은 사실이나, 방법론에 대한 정보가 제공되지 않을 뿐만 아니라, 방법론의 신뢰성과 타당성에 대한 학술적 검증이 전혀 이루어지지 않아 조심스럽게 해석될 필요가 있다. 또한 상업적인 목적에서 브랜드 지수를 발표하여 객관성이 부족하다는 지적도 있다. 실제, 컨설팅업체를 통해 일부 국가와 도시에 컨설팅 업무를 수행해오고 있다.

한국의 신용 리스크

우리나라 국가브랜드의 위상을 금융기관 및 투자가 시각에서 평가할 수 있다. 이는 일반적으로 S&P (Standard & Poor), 무디스(Moody's) 그리고 피치(Fitch) 신용기관에서 발표하는 국가별 신용등급으로 가름할 수 있다. 이들 기관이 발표하는 신용 등급은 개별 국가의 정부 및 기업, 금융기관의 자금조달 비용뿐만 아니라 개별 국가의 투자 환경 평가에 상당한 영향을 미치는 경우가 많다. 수년 전 S&P의 미국 국가신용 등급 하향 조정에 따라 발생한 글로벌 금융시장의 불안이 이를 입증해주는 결과이다.

우리나라의 국제 신용평가기관에서의 신용등급은 오랜 기간 비호의적 등급을 받아왔다. 최근 양대 신용평가기관인 S&P와 무디스에서 꽤 높은 등급을 받았으나, 이는 1997년 IMF 금융위기 이전의 등급으로 회복한 것이다. 한때는 우리나라는 투자부적격 등급의 국가로 분류되기도 했다. 그럼에도 불구하고, 국제금융시장에서의 브랜드 코리아는 어느 정도 인정을 받고 있는 것으로 평가된다.

한국의 신용등급 변화 추이

	S&P	무디스
1990	A+	A2
1996	AA−	A1
1997	*B+	*Ba1
1998	*BB+	Baa3
1999	BBB−	Baa2
2001	BBB+	Baa2
2002	A−	A3
2007	A	A2
2012	A	Aa3
2014	A+	Aa3
2015	AA−	Aa2 (안정적)
2016	AA−	Aa2

주: 연말 기준, * 투자 부적격 등급

한국의 경쟁력 인식

이상의 지표이외 우리나라 국가브랜드의 위상을 간접적으로 가늠할 수 있는 지표로 스위스 국제경영개발원 IMD의 WCS (World Competitiveness Scoreboard)와 세계경제포럼 WEF의 GCI (Global Competitiveness Index)를 들 수 있다. WCS는 경영 및 투자 환경, 그리고 GCI는 경제 성장잠재력에 관한 여론 선도층 및 전문가를 대상으로 하는 조사를 통해 추정하는 지표이다.

우리나라는 2015년 기준으로 WCS로 25위, 그리고 GCI는 26위로 평가되고 있다. 응답자들이 물론 객관적인 지표를 고려하지만,

상당 부분은 주관적 판단에 의존할 수밖에 없다. 따라서 평가 결과는 특정 국가에 대한 실체 평가보다는 인식 즉 이미지에 가깝다고 평가된다. 물론 평가 결과는 일반 대중의 인식보다는 실체에 가까운 경향이 있는 것은 사실이다.

한편, 한국 제품에 대한 이미지는 여러 차례 조사된 바가 있다. 한충민 (1994, 2001) 조사에서 한국의 전자 제품들이 컨슈머리포트에서 발표하는 객관적인 품질 지수를 바탕으로 산출한 적정 가격보다 10%-20% 가량 낮은 것으로 조사되었다.[5] 2011년 무역협회의 660개 수출 업체를 대상으로 한 조사에서도 유사한 결과가 발견되었다.[6] 동 조사에서 우리나라 수출 제품은 품질 수준을 감안한 실질 가치 보다 9.3% (표준오차 = 1.59%) 할인되어 수출되고 있었다. Kotra 조사에도 유사한 결과를 보고하고 있다.

이상의 조사와 함께, 한국 제품의 해외 시장에서의 이미지와 이에 따른 가격적인 디스카운트는 여러 기관에서 산발적으로 지적되고 있으나, 좀 더 과학적이고 종합적인 조사가 필요하다. 기존 조사에서 사용되고 있는 조사표 디자인, 자료 수집 방법, 그리고 표본 등 조사방법에 관한 신뢰성과 타당성은 아직 확인하기 어려운 상황이다. 이미지 조사 결과는 조사 방법에 매우 민감함은 기존 방법론 문헌에서 지적되고 있다.[7]

이상의 평가를 종합하면, 우리나라는 상대적으로 저평가되어 있는 경향이 있는 것을 확인할 수 있다. 이러한 저평가는 선진국에서 두드러지게 나타나고 있다. 선진국에서는 우리나라에 대한 인지도도 아직 낮으며, 인지도가 있는 경우에도 이미지 내용이 호의적이

5) 한충민, 『산업별 고유브랜드 육성 방안』, 산업자원부 · 한국디자인진흥원, 2001.
6) 구체적인 내용은 Trade Focus, 한국 수출 제품의 해외 시장에서의 디스카운트 현황 조사: 2011년 수출업계 환율 영향 조사, 국제무역연구원, 한국무역협회, 2011년 12월.
7) Craig and Douglas, op. cit., 2005; Han, et al., op. cit., 1994.

지 못한 경향이 큰 것으로 판단된다. 따라서 우리나라의 국가브랜딩에서 가장 우선적으로 다루어져야 하는 과제는 인지도 창출과 함께, 코리아 디스카운트 해소에 있어야 할 것이다. 제3부에서 구체적으로 다루겠지만, 우리나라 국가브랜드와 도시브랜드 사업이 지나치게 실체 개선에 초점을 맞추어 온 점을 부인하기 어려울 것이다.

2. 28개국 한국 이미지 조사

여기서는 한충민 · 원성빈 · 김상묵 (2014) 연구에서 수집된 설문조사 자료를 바탕으로 한국의 국가브랜드, 제품 그리고 한류에 대한 선호도를 분석하고, 일본의 국가브랜드와 비교하고자 한다. 설문조사는 28개국 소비자를 대상으로 남성과 여성 각각 100명씩 전체 5,600명을 대상으로 실시되었다.

한국에 대한 호감도

한국에 대한 호감도를 살펴보기 위해, 한국과 일본에 대한 국가호감도, 제품이미지 및 문화선호도를 분석할 필요가 있다. 한국의 호감도 지수는 7점 만점에 4.98, 제품이미지는 5.27, 문화선호도는 3.89로 나타났다(〈그림〉 참조). 이는 우선, 우리나라에 대한 외국인의 호감도는 아직 일본에 비해 크게 뒤져있지만, 다소 호의적인 것으로 해석할 수 있다. 그리고 우리나라의 호감도가 나쁘지 않은 것은 우리 제품에 대한 이미지가 상대적으로 좋기 때문으로 추정된다. 한편, 우리나라 문화는, 중간 점수인 4에 조금 못 미쳐, 최근 한류의 확산에도 불구하고 아직 호의적이지는 않는 것으로 평가된다.

브랜드 코리아 vs. 브랜드 재팬

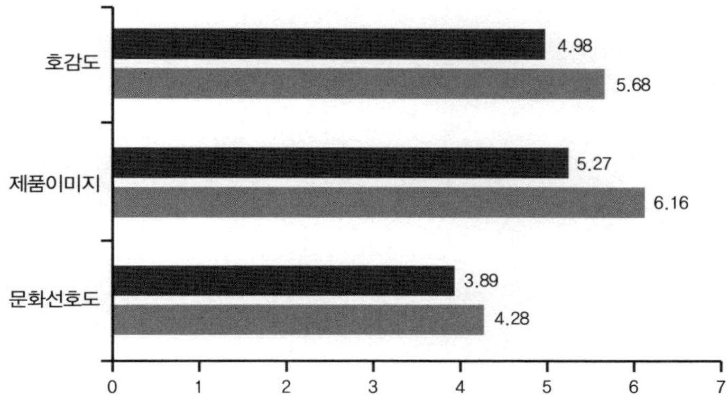

일본과의 격차는 제품이미지, 국가호감도, 문화선호도 순으로 큰 것으로 분석되었다. 즉 한국과 일본 국가브랜드 차이는 상당 부분 제품이미지의 차이에서 나타나는 것으로 해석할 수 있다. 일본과의 비교를 좀더 구체적으로 살펴볼 필요가 있다.

한국과 일본의 국가 이미지 비교 분석

한국과 일본의 국가이미지에 대한 비교 분석 결과를 도식화하였다. 우선 〈그림〉은 각 국가별 한국과 일본의 국가호감도에 대한 비교 분석 결과이다. x = y를 나타내는 기준선을 중심으로 중국을 제외한 모든 국가가 기준선 아래에 위치함을 확인할 수 있다. 이는 중국 외 모든 국가에서 일본의 국가호감도가 한국보다 높다는 것을 의미한다.

한국 국가호감도 vs. 일본 국가호감도

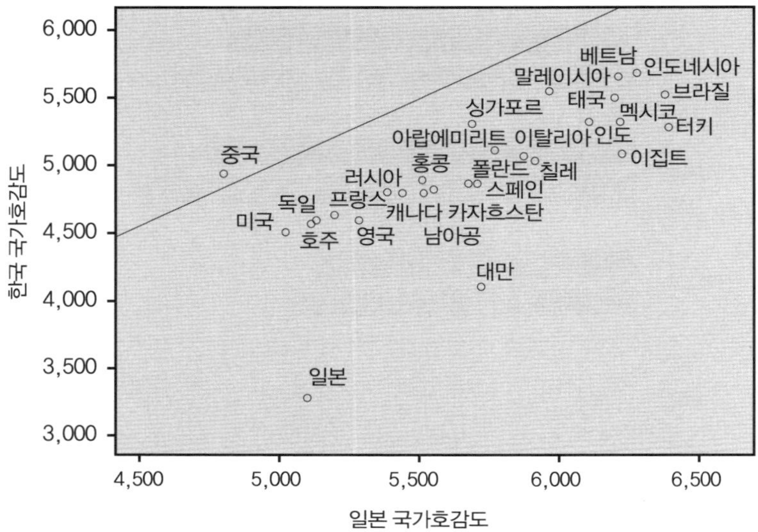

한국 이미지의 국가 간 차이 분석

28개국이 한국에 대해 가지고 있는 이미지의 차이를 심리적 거리에 관한 선행연구에서 제시하고 있는 HDI 지수와 문화적 거리 그리고 지리적 거리를 사용해 분석하였다. 심리적 거리는, Uppsala 학파에 의해 국제경영학 분야에 소개된 개념으로, 기업과 시장 간의 원활한 정보 흐름을 막는 장애요인으로 설명되고 있다. 여기서는 개별 해외 국가의 한국에 대한 정보 확보 정도 즉 인지 정도로 해석될 수 있다. 심리적 거리는 언어, 문화, 정치 제도, 교육 수준, 경제 발전 수준 등의 차이와 지리적 거리에 의해 발생된다고 주장되고 있다. 이에 관한 자세한 내용은 한충민 · 원성빈 · 김상묵 (2014)의 연

구에 소개되어 있다.[8]

HDI(Human Development Index) 지수는 국가별 수명 · 건강, 지식접근성, 생활수준 등을 평가해 산출하는 대표적인 '삶의 질'을 나타내는 척도이며, 이 지수가 높을수록 상대적으로 선진국으로 평가된다. 한국과의 문화적 거리는 선행연구에서 활용되고 있는 Kogut – Singh(1988) Index를 사용하였다. Kogut – Singh index는 Hofstede(1980)의 네 가지 문화적 차원을 이용해 수식화한 값이다. 지리적 거리의 경우, CEPII(Centre d'études prospectives et d'informations internationales)(2013)의 데이터베이스 수치를 기준으로 한국과 28개국 수도 간의 거리(km)를 산출해 로그를 취한 값을 사용하였다.

HDI 지수에 따른 한국 국가호감도의 차이를 도식화한 내용이 〈그림〉에 정리되어 있다. 아래 산점도에 나타난 직선은 선형회귀선이며, R^2 값은 0.365인 것으로 나타났다. 분석 결과, HDI 지수가 높은 국가일수록 대한민국에 대한 호감도가 떨어지는 반면, HDI 지수가 낮은 국가에서는 호감도가 상대적으로 높은 것으로 확인되었다. 좀더 구체적으로 베트남, 인도네시아, 태국 등의 동남아 개도국과 브라질, 멕시코, 인도 등의 개도국에서 한국에 대한 인식이 호의적인 것으로 나타났다. 한편, 미국, 호주 및 유럽 국가에서는 우리의 국가이미지가 상대적으로 취약하다. 주목할 만한 점은 일본에서의 우리의 이미지가 매우 나쁘다는 점이다. 이는 앞의 BBC Poll에서도 나타난 내용이다.

8) 한충민 · 원성빈 · 김상묵 (2014), 심리적 거리가 한류 선호도와 한국 국가이미지에 미치는 영향, 국제통상연구, 제19권 제1호, 3월, 121–143.

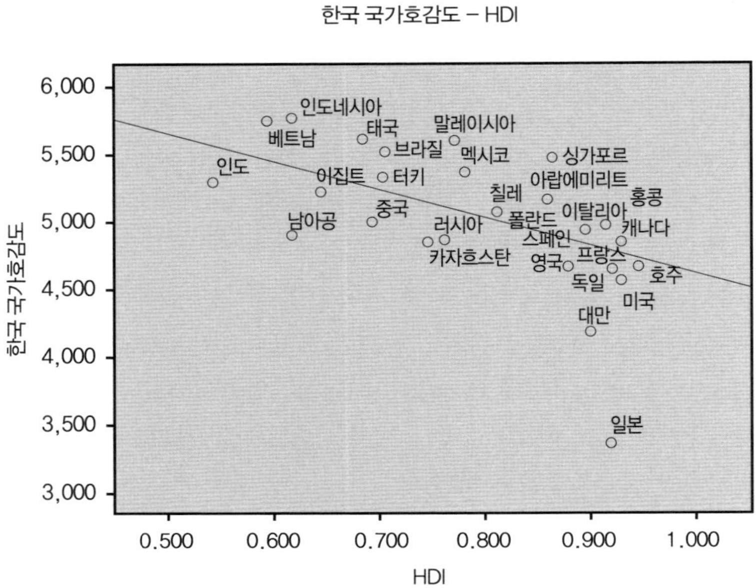

다음으로 문화적 거리를 활용하여 28개국이 응답한 한국에 대한 국가호감도 수치의 차이를 살펴보았다. 도식화된 결과가 〈그림〉에 나타나 있다. 그 결과, 상대적으로 문화적 거리가 낮은, 즉 문화적 유사성이 높은 국가에서 한국문화에 대한 선호도가 높은 것으로 나타났다(R^2=0.216). 이는 문화적인 유사성이 그 나라의 제품 또는 문화에 대한 태도를 결정하는데 상당한 영향을 준다는 선행연구들과 일치하는 결과이다.

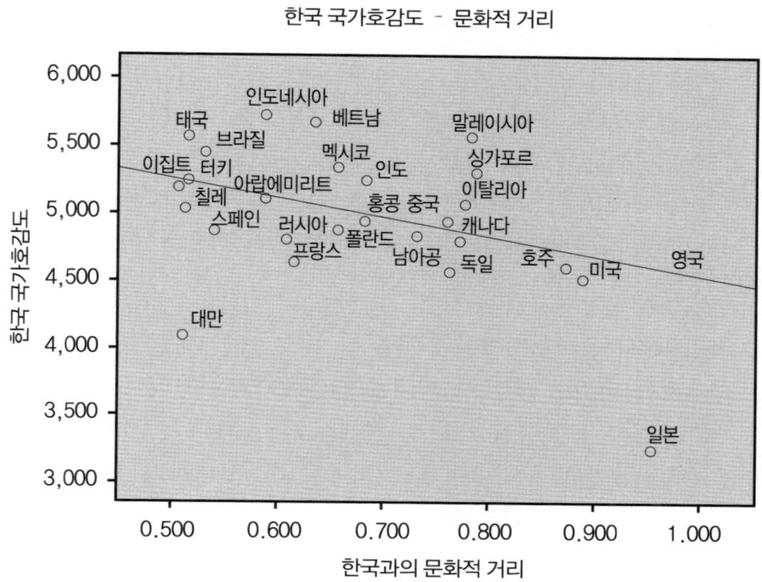

한편, 지리적 거리로 살펴본 한국의 이미지 차이는 통계적으로 유의하지 않은 것으로 나타났다. 이에 관한 자세한 내용은 앞서 소개된 한충민 · 원성빈 · 김상묵 (2014)의 연구에 정리되어 있다.

이상의 내용을 정리하면, 우리나라의 이미지가 개발도상국과 우리나라와 문화적 유사성이 높은 국가에서 호의적임이 확인되었다. 대표적으로 우리나라와 같은 아시아 문화권의 개도국에서 한국의 이미지가 가장 좋다는 것이다. 이 지역에서는 상대적으로 문화적 유사성이 높아, 한류의 영향력이 높은 점도 우리의 이미지가 좋은 결과가 나타난 것으로 해석할 수 있다. 한편, 서구 선진국에서 우리나라에 대해 비호의적인 것으로 나타났다.

3. 국가이미지, 제품 이미지 그리고 한류의 관계

앞에서 논의하였듯이, 국가이미지는 해당 국가의 제품 이미지와 문화 이미지와 밀접하게 관련되어 있다. 우리나라의 이미지의 경우에는 이 3자의 관계가 어떠한지 분석할 필요가 있다. 이장의 내용은 앞의 장에서 소개된 조사에 분석된 주요 결과를 정리한 것이다.

국가이미지와 제품 이미지 관계

앞에서 언급하였듯이, 한국 제품의 이미지가 기본적으로 우리의 국가이미지 보다 호의적이다. 한국 제품 이미지는 7점 만점에 5.27인데 반해, 한국의 국가이미지는 4.98로 나타난바가 있다. 한국의 국가이미지와 제품 이미지가 국가별로 어떻게 다른지를 분석하기 위해, 아래의 그림과 같이 국가별로 표시하였다. 아래 그림에서 직선은 국가이미지와 제품 이미지가 동일한 수준을 나타내는 선이다. 그림에서 보듯이 대부분의 국가에서 한국 제품이 가지는 이미지가 국가호감도보다 높은 것으로 나타났다.

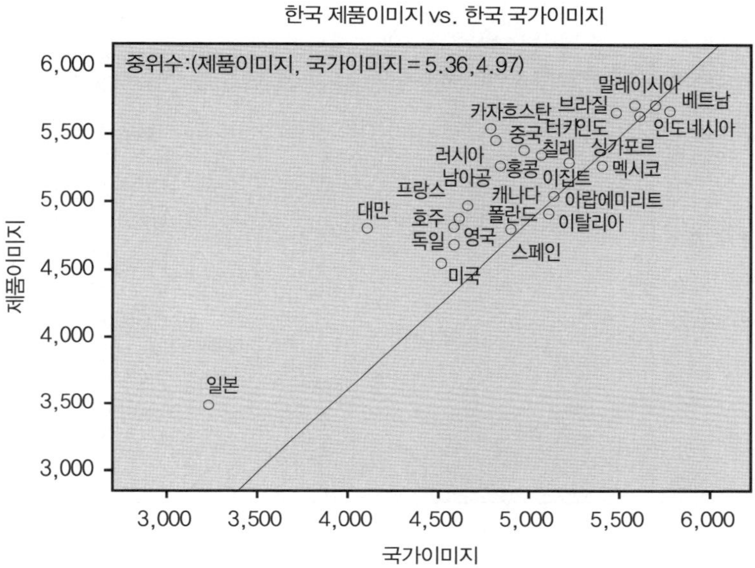

국가이미지와 한류의 관계

우선, 앞서 언급하였듯이, 한류 즉 한국 문화에 대한 28개국 호감도 평균이 7점 만점에 3.89로 한국의 국가이미지인 4.98에 비해 현저히 낮은 모습을 보이고 있다. 국가이미지와 한류의 관계를 국가별로 분석하기 위해 위의 그림에서와 같이 아래의 그림과 같이 정리하였다.

그림에서 보듯이 모든 국가에서 국가이미지가 한국 문화에 대한 선호도보다 높은 것으로 나타났다. 심지어 아시아 지역에서도 한국 문화 호감도가 우리나라 국가이미지에 미치지 못하였다. 이는 한류가 아직 전 세계적으로 선호되지 않고 있다는 점을 시사해주며, 또한 최근 한류의 확산에도 불구하고, 한류가 국가이미지 향상에 크게 기여하지 못하고 있는 것으로 평가될 수 있는 듯하다.

한류 선호도 vs. 국가이미지

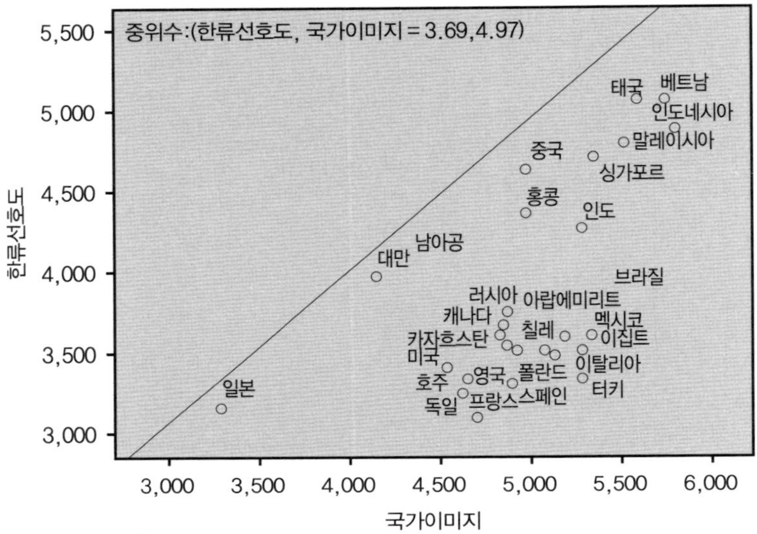

한국의 제품 이미지와 한류의 관계

앞서 언급하였듯이, 우리나라 제품의 이미지가 28개국 조사에서 7점 만점에 5.27로 문화 선호도인 3.89에 비해 월등히 좋다. 제품 이미지와 한류의 관계도 국가별로 분석하였다. 아래의 그림에서 보듯이, 모든 국가에서 한국 제품 이미지가 한국 문화 선호도보다 호의적으로 평가되고 있었다. 그 격차는 앞선 국가이미지와의 차이보다 더 큰 것으로 나타났다. 그러나, 그 격차는 아시아 지역에서 상대적으로 낮았다.

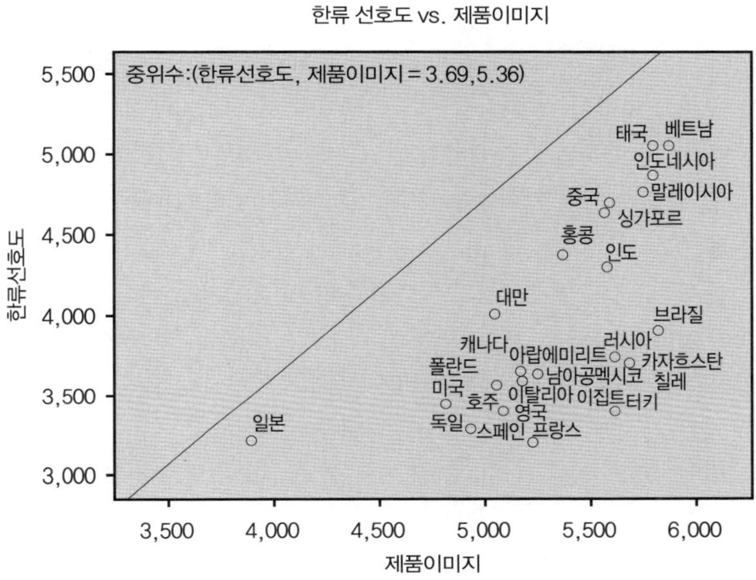

국가이미지, 제품 이미지와 한류의 관계

우리나라 국가이미지, 제품 이미지와 한류의 3자 관계를 분석하기 위해, 3자간의 상관계수를 계산하였다. 상관계수는 해당 개념이 통계적으로 관련성이 얼마나 높은지를 나타내는 계수이다. 결과는 한국과 일본으로 구분하여 아래 그림에 나타나 있다.

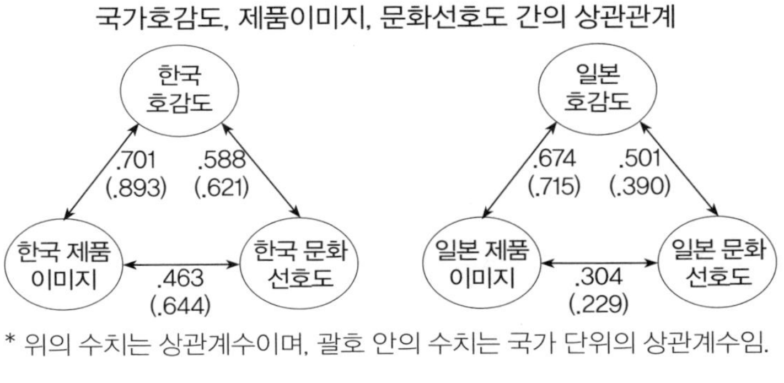

* 위의 수치는 상관계수이며, 괄호 안의 수치는 국가 단위의 상관계수임.

우선, 그림에 보듯이 전반적으로 한국이 일본에 비해 3자 간 관련성이 높았는데, 구체적으로 다음의 내용에 주목할 필요가 있다.

첫째, 3자간의 관계가 일본에 비해 한국의 이미지에서 높게 나타났다. 이는 한국의 국가이미지가 일본에 비해서는 상대적으로 새롭고 잘 알려져 있지 않아, 즉 제대로 구축되지 않았기 때문인 것으로 추정된다.

둘째, 한국의 국가이미지는 한류 보다 한국의 제품 이미지와 관련성이 높게 나타났다. 이는 상관계수 비교 (.701 vs. .588)에서 알 수 있다. 이는 국가브랜드에는 문화보다 제품의 영향이 큼을 시사해주는 것으로, 일본에서도 유사하게 나타났다.

셋째, 한국 문화 선호도와 제품 이미지와의 관계가 한국 문화 선호도와 국가이미지의 상관계수보다 작게 나타났다. 이는 한류로 대표되는 한국 문화가 주로 감성적이며 여성적 성격을 지닌 데 반해, 우리나라의 주력 수출제품은 IT/전자/자동차 등으로 특징지어진다는 점에서 양자 간의 부조화 현상에 기인한 것으로 분석된다. 일본의 경우에도 이와 유사하게 문화 선호도와 제품 이미지의 관계는 상대적으로 크지 않은 것으로 분석되었다.

Ⅱ. 한국 제품과 브랜드 이미지 평가

Ⅱ에서는 Ⅰ에서 다루었던 우리나라의 국가이미지와 함께 우리나라 제품과 브랜드에 관한 해외 인식을 정리하였다. 대체로 몇 가지 특성을 보이고 있다.

첫째, 우리나라 제품이 해외에서 다소 호의적으로 평가되고 있는 것으로 평가되고 있다. 이는 다소 중립적인 우리나라 국가이미지에 비해 긍정적이다. 그러나, 일본과 비교할 때, 우리나라 제품이 여전히 떨어져 있음을 알 수 있다.

둘째, 우리나라 제품 이미지는 국가이미지와 유사하게 개발도상국과 우리나라와 문화적 유사성이 높은 국가에서 호의적인 반면에, 서구 선진국에서는 다소 비호의적이다. 삼성과 현대자동차도 이와 유사하게 개도국과 지리적으로 먼 국가에서 호의적으로 인식되고 있었고, 흥미로운 점은 상대적으로 고(高)연령 계층에서 이미지가 좋았다.

셋째, 일반적으로 우리 제품은 선진국 제품과 비교하여 품질 대비 가격 인식이 낮은 것으로 알려져 있다. 즉 "제 값을 제대로 받지 못하고 있다"는 것이다. 본 연구팀의 계산에 의하면 디스카운트 규모가 대략 10% 수준인 것으로 추정된다.

넷째, 해외 소비자들은 삼성과 현대자동차를 우리나라 브랜드로 인지하지 않고 있는 것으로 파악되고 있다. 혼동하는 소비자의 비율이 35% – 40% 수준이루고, 그 중 상당수는 일본 브랜드로 착각하고 있다.

마지막으로, 기업의 해외에서의 CSR 활동도 기업이미지뿐만 아니라 우리나라 국가이미지에 미치는 영향이 상당히 큰 것으로 평가되고 있다. 특히 한국 사람의 이미지와 한국에 대한 호감도에 큰 영향을 미치는 것으로 파악되고 있다.

이상의 특징을 다음에서 자세히 살펴본다.

1. 한국 제품의 대외 이미지 현황

앞서 언급한 28개국 조사에서 우리나라 제품에 대한 호감도가 7점 만점에 5.27로 나타난 바가 있다. 이 수치는 우리나라 제품이 해외에서 다소 호의적으로 평가됨을 의미한다. 그러나, 이 수치를 비교할 때, 우리나라 제품이 일본 제품의 호감도 6.16에 비해 상당히 떨어져 있음을 알 수 있다. 최근 우리나라 IT 제품과 자동차의 해외 판매 확대에 불구하고, 아직 일본 제품의 아성이 높음을 확인할 수 있다.

한국과 일본의 제품이미지에 대한 비교 분석 결과를 도식화하였다. 우선 〈그림〉은 각 국가별 한국과 일본 제품에 대한 호감도에 대한 비교 분석 결과이다. x = y를 나타내는 기준선을 중심으로 모든 국가가 기준선 아래에 위치함을 확인할 수 있다. 이는 모든 국가에서 일본 제품에 대한 호감도가 한국보다 높다는 것을 의미한다.

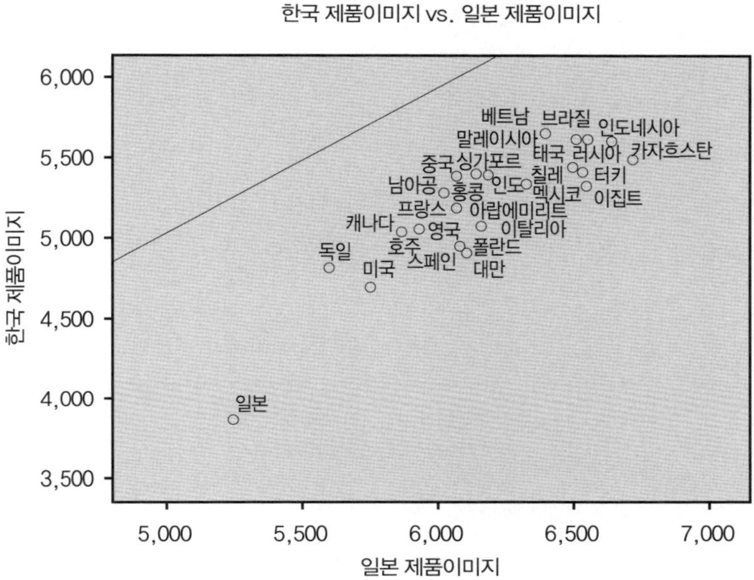

그 외, 〈그림〉에서 주목할 만한 점은 우리나라 제품의 이미지가 아시아권과 개도국에서 상대적으로 좋게 나타났지만, 여전히 일본에 비해 뒤져있음을 알 수 있다. 물론, 타 국가에 비해 그 차이는 작았다.

한국 제품 이미지의 국가 간 차이 분석

우리나라의 제품에 대한 전반적 이미지가 국가별로 어떻게 다른지 분석해볼 필요가 있다. 구체적으로, 한국 제품이미지를 국가 특성의 주요 지표인 HDI 지수와 문화적 거리를 활용해 분석하였다. HDI는 해당 국가의 개발 수준을 나타내고, 문화적 거리는 우리나라와의 문화적으로 다른 정도를 의미한다.

우선 HDI 차이에 따른 한국 제품에 대한 이미지를 살펴보면, 앞서 언급된 국가호감도와 유사한 패턴을 보이는 것으로 나타났다(〈그림〉 참조). 상대적으로 개발도상국으로 분류되는 HDI 지수가 낮은 국가에서 한국 제품이미지가 호의적으로 평가되고 있다(r^2=0.451). 즉 소득 수준이 낮은 동남아시아 국가, 인도, 남아공, 중국, 터키, 브라질 등의 국가에서 우리 제품의 이미지가 좋은 반면, 일본, 북미 그리고 유럽 선진국에서는 나쁜 모습을 보였다.

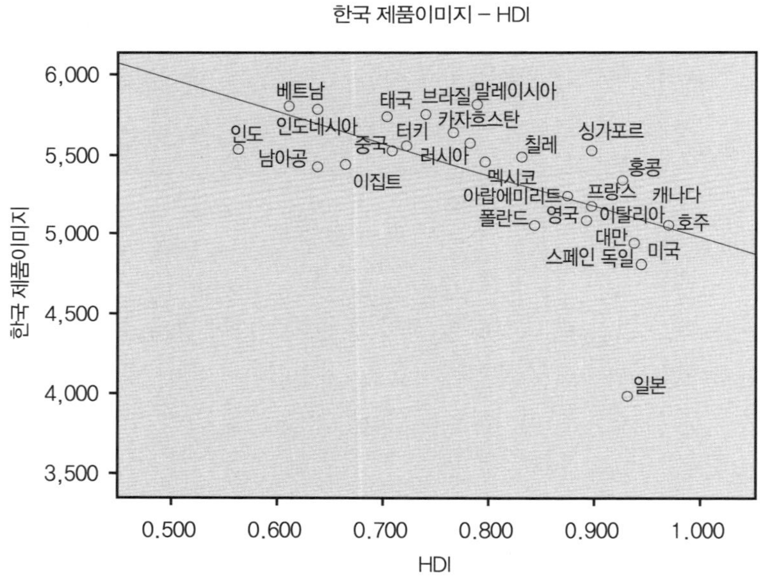

문화적 거리에 따른 한국 제품이미지를 살펴보면, 한국과 문화적 거리가 가까운 국가, 즉 문화적 유사성이 높은 국가에서 한국 제품에 대한 이미지가 호의적인 것을 확인할 수 있다. 즉 문화적 유사성이 높은 아시아권 국가에서는 우리 제품의 이미지가 좋은 반면에, 문화적 거리가 높은 서구 국가에서는 비호의적인 양상이 나타나고

있다.

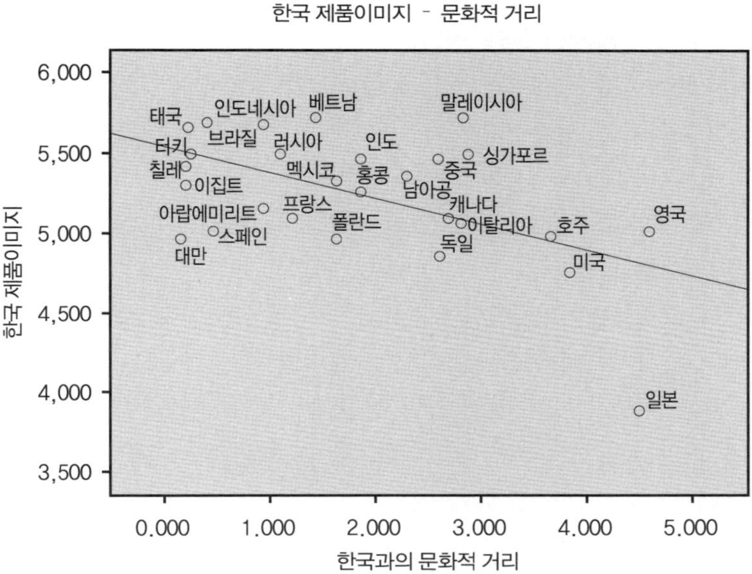

2. 한국 제품에 대한 디스카운트 현황

한국 제품에 대한 이미지를 해외 시장에서 판매 가격 디스카운트 정도로 가름할 수 있다. 일반적으로 우리 제품은 선진국 제품과 비교하여 품질 대비 가격 인식이 낮은 것으로 알려져 있다. 즉 "제 값을 제대로 받지 못하고 있다"는 것이다.

이와 관련하여 본인이 2011년 무역협회 용역 연구에서 살펴보았다. 이 연구에서는 수출기업 660개 업체의 수출 및 해외영업 담당 부서장(실무자)를 대상으로 설문조사를 실시한 바가 있다. 주요 내

용은 다음과 같다.[9]

우선 우리나라 제품은 품질 수준을 감안한 실질 가치 보다 9.3% (표준오차 = 1.59%) 할인되어 수출되고 있었다. 실질 가격은 경쟁 업체의 품질 수준에 대비하여 한국 제품의 적정 가격이 무엇인지를 계산한 수치이다. 업종별 디스카운트 규모는 다음과 같이 계산되었다.

첫째, 광학기기, 섬유류, 선박 및 기계류 제품의 디스카운트 폭이 큰 것으로 나타났다. 구체적으로 광학기기(45.5%), 의류(33.6%), 고무 및 가죽 제품(24.6%), 선박 및 부품(21.4%), 기계류(16%), 섬유사 및 직물(10.6%) 등이 평균 디스카운트 규모인 9.3%를 상회하였다. 광학기기의 경우, 대표적인 기술집약적 산업으로 주요 독일, 일본, 스위스 등 전통적인 광학 선진국이 주요 경쟁국이기 때문에 디스카운트 규모가 가장 컸던 것으로 추정되었다. 의류, 가죽제품은 브랜드 파워가 가장 중시되는 대표적인 소비재로서 프랑스, 이탈리아 등 유럽 및 미국 등 선진브랜드와의 경쟁에서 어려움을 겪고 있었다. 선박 및 부품은 수주 규모, 기술력, 품질에서 세계적인 위치를 확보했으나 일본, 노르웨이 등 조선강국과 및 가격 경쟁력을 바탕으로 한 중국과의 치열한 경쟁으로 중소업체의 체감 디스카운트가 큰 것으로 나타났다. 마지막으로, 기계류 역시 독일, 일본 등 전통적인 기술 강국과 경쟁을 지속하는 가운데 중국, 대만, 인도 등 후발주자의 거센 추격으로 높은 디스카운트를 보였다.

둘째, IT제품, 석유 및 화학공업 제품도 디스카운트가 존재하나 평균보다는 낮은 규모어었다. 구체적으로 반도체(7.6%), 전기기기(7.2%), 플라스틱(6.6%), 화학공업제품(5.8%), 석유제품(4.8%), 휴

9) 구체적인 내용은 Trade Focus, 한국 수출 제품의 해외 시장에서의 디스카운트 현황 조사: 2011년 수출업계 환율 영향 조사, 국제무역연구원, 한국무역협회, 2011년 12월.

대폰 및 가전제품 등 전자기기(1.7%) 순으로 디스카운트되었다. 반도체는 메모리부문에서 우리 대기업이 독보적인 위치를 점하고 있으나, 그 외 부문 및 장비 부문에서는 여전히 일본, 미국 등 경쟁국에 비해 디스카운트 규모가 큰 것으로 나타났다.

셋째, 농수산물, 철강, 자동차 및 부품은 프리미엄 가격으로 판매되고 있는 것으로 나타났다. 구체적으로, 농수산물(6.1%), 철강 제품(3.0%), 자동차 및 부품(2.0%)은 프리미엄이 존재하였다. 농수산물은 차별화된 특산물 위주로 수출이 늘어나고 있으며, 자동차 및 부품은 최근 글로벌 시장에서 브랜드 인지도를 크게 끌어올리며 수출 호조세가 지속되고 있는 현상을 반영한 것으로 평가된다.

〈 업종별 코리아 디스카운트 규모 〉

업종	평균 디스카운트 규모(%)
전자기기 (가전, 컴퓨터, 휴대폰, HS 8415, 8417, 8418, 8517, 8528, 8529)	−1.7
고무 및 가죽제품 (HS 40, 41류)	−24.6
광학기기 (HS 90류)	−45.5
기계류 (HS 84류, 단, 가전 및 컴퓨터 제외)	−16.0
농수산물(HS 01~24류)	+6.1
반도체 (HS 8541, 8542)	−7.6
석유제품(휘발유, 경유 등 광물성 연료, HS 27류)	−4.8
선박 및 부품 (HS 89류)	−21.4
섬유사 및 직물(HS 50~60류)	−10.6
의류(HS 61~63류)	−33.6
자동차 및 부품 (HS 87류)	+2.0
전기기기 (HS 85류, 단 휴대폰, 반도체 제외)	−7.2
철강제품 (HS 72, 73류)	+3.0
플라스틱(HS 39류)	−6.6
화학공업제품(HS 28~38류)	−5.8
평균	−9.3

주: 디스카운트(−), 프리미엄(+)

수출 지역별 디스카운트 규모

선진국으로 수출되는 제품은 상대적으로 디스카운트 규모가 큰 것으로 나타났다. 구체적으로 미국은 11.5% 그리고 유럽에서는 13.7% 할인되어 판매되는 것으로 나타났다. 한편 신흥개도국 및 아시아 지역으로 수출되는 제품의 디스카운트 규모는 상대적으로 작은 것으로 조사되었다. 구체적으로, 중동 및 아프리카 3.6% 디스카운트, ASEAN 6.7% 디스카운트, 중국 7.0% 디스카운트 그리고 일본 6.7% 디스카운트로 나타났다. 일본의 디스카운트 규모가 6.7%로 상대적으로 작은 것은 최근 호조를 보이는 농수산물, 자동차 부품의 수출이 많기 때문으로 추정된다.

〈 수출 지역별 코리아 디스카운트 규모 〉

수출지역	평균 디스카운트 규모(%)
ASEAN	−6.7
기타	−15.0
미국	−11.5
유럽	−13.7
일본	−6.7
중국	−7.0
중동 및 아프리카	−3.6
평균	−9.3

주: 디스카운트(−), 프리미엄(+)

기업 규모별 디스카운트 규모

대기업의 디스카운트 규모가 4.4%로, 중소기업의 10.6%보다 적게 나타났다. 이는 대기업에 비해 중소기업이 해외 마케팅 및 홍보

투자 규모가 작기 때문에 브랜드 이미지가 상대적으로 취약하고 국가이미지 영향을 많이 받는 것으로 추정된다.

〈 기업 규모별 코리아 디스카운트 규모 〉

기업 규모	평균 디스카운트 규모 (%)
대기업	−4.4
중소기업	−10.6
평균	−9.3

주: 디스카운트(−), 프리미엄(+)

이상과 같은 조사이외에도 다른 자료도 살펴볼 필요가 있다. 우선, 한충민 (1994, 2001) 조사에서 한국의 전자 제품들이 컨슈머리포트에서 발표하는 객관적인 품질 지수를 바탕으로 산출한 적정 가격보다 10%−20% 가량 낮은 것으로 조사되었다.[10] 즉 우리나라 제품들이 제 값을 받지 못하는 것으로 나타났다. Kotra 조사에도 유사한 결과가 발견되었다. 한국 제품의 해외 시장에서의 이미지와 이에 따른 가격적인 디스카운트는 여러 기관에서 산발적으로 지적되고 있으나, 좀 더 과학적이고 종합적인 조사가 필요하다. 기존 조사에서 사용되고 있는 조사표 디자인, 자료 수집 방법, 그리고 표본 등 조사 방법에 관한 신뢰성과 타당성은 아직 확인하기 어려운 상황이다. 이미지 조사 결과는 조사 방법에 매우 민감함은 기존 방법론 문헌에서 지적되고 있다.[11]

10) 한충민, 『산업별 고유브랜드 육성 방안』, 산업자원부 · 한국디자인진흥원, 2001.
11) Craig and Douglas, op. cit., 2005; Han, et al., op. cit., 1994.

3. 삼성과 현대자동차의 브랜드 이미지

한국 제품의 이미지를 평가하기 위해서는 한국을 대표하는 글로벌 기업인 삼성과 현대자동차에 대한 이미지를 조사할 필요가 있다. 우선 28개국 소비자를 대상으로 한 조사에 나타난 삼성과 현대자동차의 이미지 평균은 다음과 같다. 이에 관한 내역은 앞에서 언급되었다.

삼성의 이미지 평균	현대자동차의 이미지 평균	한국 제품의 전반적 이미지
5.45 (0.09)	5.18 (0.11)	5.27 (0.08)

주: 괄호속의 수치는 표준오차임.

삼성과 현대자동차의 이미지를 한국 제품에 대한 전반적 이미지와 비교해보면, 삼성의 이미지는 한국 제품의 전반적 이미지 보다 통계적으로 유의한 차이를 보이고 있다 ($t = 2.82$). 한편, 현대자동차와 한국 제품의 전반적 이미지는 통계적으로 차이가 없었다 ($t = 1.20$).

삼성과 현대자동차의 이미지를 전반적인 한국 제품에 대한 이미지와 국가별 비교 분석해보면, 다음의 산점도 그림과 같이 분석되었다. 산점도에 나타나는 직선 중 옅은 선은 $x=y$를 나타내는 기준선을, 짙은 선은 상관관계를 나타내는 회귀선을 의미한다.

우선, 삼성의 이미지를 한국 제품 전체의 이미지와 비교 분석한 결과, 일부 아시아 국가에서는 한국 제품의 이미지가 더 높았으나, 전반적으로 삼성의 이미지가 한국 제품 전체의 이미지에 비해 우수한 것으로 나타났다. 즉 대부분의 국가에서 삼성의 이미지가 $x=y$를 나타내는 옅은 기준선 오른쪽에 위치해 있다. 이는 삼성의 이미지가 한국 제품 이미지에 공헌하고 있음을 간접적으로 시사해주는 것이다. 그리고 삼성과 한국 제품 이미지와의 상관관계는 높아 ($r^2=0.488$), 삼성의 이미지가 좋은 국가에서 한국 제품에 대한 이미지도 높은 것으로 분석되었다.

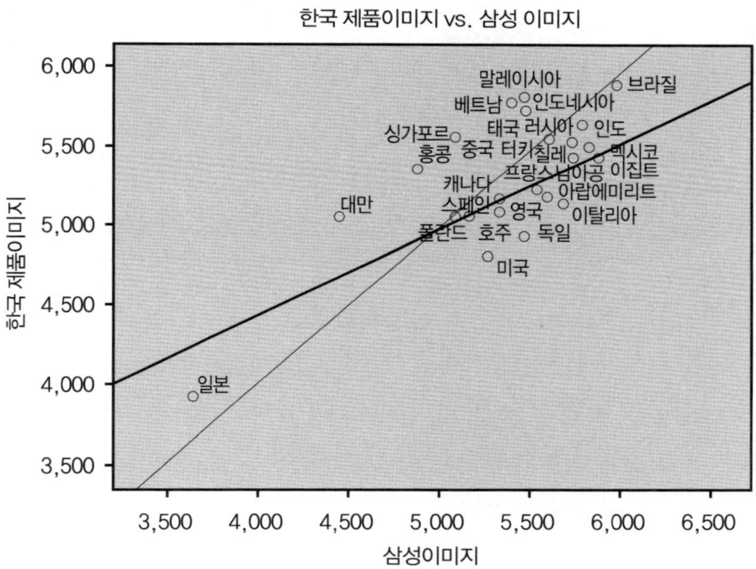

한편 현대자동차에 대한 이미지는 전반적인 한국제품의 이미지와 유사한 수준을 보였다. 그리고 한국 제품과의 상관관계도 비교적 높아, r^2값은 0.461인 것으로 나타났다(〈그림〉 참조). 이 결과도 현대자동차 이미지가 좋은 국가에서 한국 제품에 대한 이미지도 좋음을 보여준다.

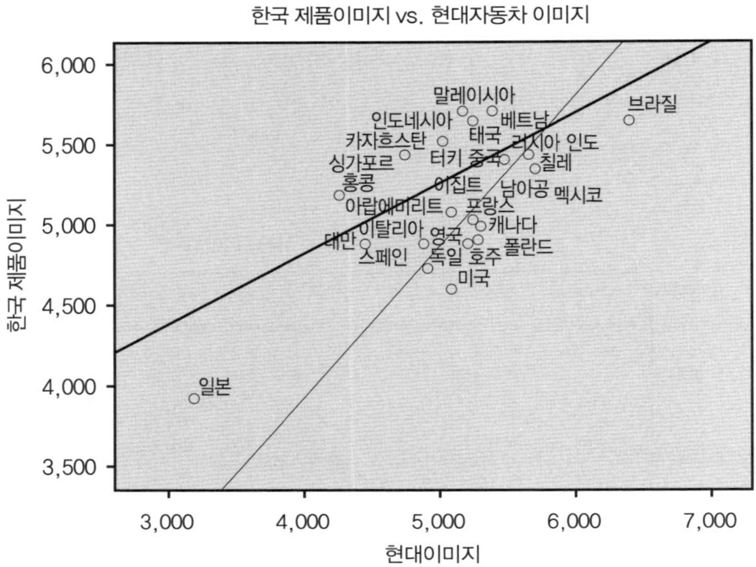

다음으로, 삼성과 현대자동차에 대한 인식이 국가별 그리고 소비자별로 어떻게 다른지 분석해볼 필요가 있다. 이와 관련하여 저자가 발표한 논문의 내용을 정리하면 다음과 같다.

우선, 국가별 특성을 살펴보면.

- 삼성과 현대자동차의 이미지가 경제발전 수준이 낮은 국가에서 호의적으로 나타남.
- 한편, 삼성과 현대자동차의 이미지가 지리적으로 먼 국가에서 호의적으로 나타남.

위에서 삼성과 현대자동차가 지리적으로 먼 국가에서 오히려 호의적인 이미지를 보이는 것은, 이들 지역에서 삼성과 현대를 일본 브랜드로 혼동되는 경우가 많기 때문으로 추정된다. 이에 따라, 상대적으로 소비자의 평가가 좋아 질 수 있는 것이다. 브랜드 원산지 혼동과 관련하여 다음의 장에서 구체적으로 언급된다.

소비자의 특성 면에서,

- 세계주의 성향이 높은 소비자가 삼성과 현대자동차에 대해 호의적인 이미지를 보임.
- 자민족주의 성향이 낮은 소비자도 삼성과 현대자동차에 대해 호의적인 이미지를 보임.
- 상대적으로 연령이 높은 소비자 계층에서 삼성과 현대자동차의 이미지가 좋음.

삼성과 현대가 고(高)연령층에서 이미지가 좋은 것은 다음과 같이 해석될 수 있다. 즉 우리 제품이 상대적으로 실용성이 높기 때문에 실용적 구매 특성을 보이는 고(高)연령층에서 좋게 평가될 수 있다. 동시에, 우리 제품이 감성적 그리고 경험적 가치가 상대적으로 높지 않기 때문에, 젊은 계층에서 큰 인기를 끌지 못하고 있음을 보여주는 결과로 해석될 수 있다.

4. 해외 소비자의 한국 브랜드 원산지 혼동: "삼성이 일본 브랜드이다"

소비자들이 제품의 원산지를 제대로 인지하지 못하고, 혼동하는 경향이 최근 크게 늘어났다. 해외 소비자들이 삼성을 일본 브랜드로 혼동하는 경우가 이에 해당한다. 미국 소비자를 대상으로 한 연구에서 소비자의 35% 만이 브랜드의 원산지를 올바르게 인지하고 있었으며, 영국 소비자를 대상으로 한 연구에서도 유사한 결과가 보고되고 있다.[12] 구체적으로, 영국 소비자들의 27% 만이 전자렌지 브랜드의 원산지를 올바르게 인지하고 있으며, 특히 43.5%의 영국 소비자가 삼성을 일본 브랜드라고 혼동하고 있는 것으로 보고하고 있다.[13]

브랜드 원산지 혼동이 학술적 그리고 실무적 관심을 끄는 이유는 인지하는 브랜드 원산지에 따라 브랜드 평가가 달라진다는 것이다. 즉 삼성 브랜드를 일본 브랜드로 혼동하는 소비자가 한국 브랜드로 정인지하는 소비자에 비해 삼성 브랜드를 호의적으로 인식하는 경향이 있는 것이다. 이는 정책적으로도 중요한 주제이다. 예를 들면, 기업이 허위 원산지를 알리거나 혼동할 수 있도록 촉진하면서 원산지 혼동을 조장할 수 있기 때문이다. 이는 소비자 보호 정책에서 중요하게 다루어야 할 과제일 수도 있다. 또한 국가이미지 정책에서 국가이미지를 제고시키기 위해서 우리나라의 선도적 브랜드를 홍보함이 필요하다는 주장이 제기되어 왔다. 삼성을 한국 브랜드로 알림으로서 한국 제품의 전반적인 이미지를 제고시킬 수 있다는 것이다.

이러한 학술적, 실무적 그리고 정책적 중요성에도 불구하고 원산지 혼동에 관한 실증적 연구는 활발하지 않았다. 특히 대부분의 선행 연구는 소수 국가에서의 소비자를 대상으로 수행한 연구로서 아직까지 브랜드 원산지 혼동의 효과가 글로벌 일반화가 가능한지를 확인할 필요가 있다. 이와 함께, 소비자 혼동과 원산지 이미지의 관계에 관한 연구는 아직 발견되지 않고 있다. 즉 삼성을 한국 브랜드

12) Samiee, S., Shimp, T. A., and Sharma, S. (2005). "Brand Origin Recognition Accuracy: its Antecedents and Consumers' Cognitive Limitations," Journal of International Business Studies, 36(4), 379-397.

13) Balabanis, G., and A. Diamantopoulos (2011), "Gains and Losses from the Misperception of Brand Origin: the Role of Brand Strength and Country-of-Origin Image,"Journal of International Marketing", 19(2), 95-116.

로 정인지하는 소비자들은 혼동하는 소비자와 한국 제품에 대한 원산지 이미지가 다를 수 있음에 불구하고, 이를 실증적으로 확인하는 연구는 이루어지 않았다. 더 흥미로운 주제로서, 소비자의 원산지 혼동이 어느 국가에서 그리고 어떠한 사람에서 흔히 발생하느냐에 대한 연구도 시급하다.

이장에서는 한국 제품을 대표하는 삼성과 현대자동차 브랜드를 대상으로 다수 국가의 글로벌 연구를 수행한 한충민 · 김언정(2015)[14]의 연구 결과를 소개한다. 구체적으로 본 연구는 다음의 내용이 논의된다.

① 브랜드 원산지 혼동에 따라 소비자의 브랜드 평가가 달라지는가?
② 브랜드 원산지 혼동에 따라 우리나라 제품에 대한 전반적인 인식이 달라지는가?
③ 브랜드 원산지 혼동이 국가별 어떻게 다른가?
④ 브랜드 원산지 혼동이 소비자의 특성에 따라 다른가?

상기 연구에서는 28개국 소비자의 원산지 혼동과 개인적인 특성은 설문조사를 통해서 그리고 국가적 특성은 2차 자료를 통해 확보하였다. 구체적으로, 소비자 조사는 대한무역투자진흥공사의 표본패널을 활용하여 국가별로 남성 100명과 여성 100명 총 200명, 28개국 전체 5,400명을 대상으로 온라인 조사가 이루어졌다. 28개국 조사 표본의 평균 연령 수치는 30대 초반으로 나타났다. 대체로, 아시아 및 중동 등의 개도국 표본의 평균 연령이 상대적으로 낮은데,

14) 한충민 · 김언정 (2015), 한국 브랜드의 원산지에 대한 소비자 혼동에 관한 실증 연구, 경영학연구, 제44권 제1호, 2월, 129-150.

이는 우선 개도국 모집단의 중위 연령이 낮은 점과 함께 인터넷 사용자의 연령이 상대적으로 낮은 점에 기인한 것으로 추정된다.

브랜드 원산지 혼동이 발생하는 이유

우선 소비자의 원산지 혼동이 발생하는 이유는 무엇인가? 가장 큰 이유는 기업의 글로벌화에 따라 제조 원산지, 브랜드 원산지, 부품소재 원산지 등 다차원적으로 확대되면서 소비자들에게 원산지의 개념이 애매모호하게 되었고, 이에 따라 소비자들이 브랜드 원산지를 혼동하는 경향이 나타나기 시작되었다. 동시에 브랜드의 원산지 혼동은 브랜드와 제품 이름에서도 기인하고 있는 것으로 보고되고 있다. 소비자들이 처음 원산지를 인식할 때 브랜드 이름 또는 그 어감에서 원산지를 유추하기 때문에 소비자들에게 혼동을 줄 수 있다. 소비자들은 Greek feta cheese가 덴마크에서 만들어졌지만 그리스에서 만들어 진 것으로 혼동할 수 있는 것이다. 이와 관련된 사례를 살펴보면, 중국 소비자들 대상으로 한 연구에서 중국 소비자들은 중국 브랜드들이 서구식 이름을 사용함에 따라 외국 브랜드로 착각하는 경향이 있다고 밝히고 있다.[15] 유사하게 현대(Hyundai)자동차 브랜드가 일본의 혼다(Honda) 자동차 브랜드와 유사한 어감을 보일 수 있으며, 이것이 소비자들에게 혼동을 줄 수 있을 것이다. 실제로 다수의 아시아 기업들이 브랜드 원산지 노출을 최소화하는 전략을 사용하여 왔다.[16] 삼성전자도 삼성을 글로벌 브랜드로 육성하기 위해서 한국 브랜드 원산지보다는 브랜드 글로벌성을 강조하는

---

15) Zhuang, G., Wang, X., Zhou, L., and Zhou, N. (2008). "Asymmetric effects of brand origin confusion: evidence from the emerging market of China," International Marketing Review, 25(4), 441–457.

16) Usunier, J. C., and Cestre, G. (2008). "Comment: Further Considerations on the Relevance of Country-of-Origin Research," European Management Review, 5(4), 271–274.

전략을 사용하여 왔다.

이들 연구에서 공통적으로 발견된 결과는 소비자의 브랜드 원산지 혼동이 소비자의 브랜드 평가에 영향을 미치는 것으로 보고하고 있다. 중국 브랜드를 외국 브랜드로 혼동하는 중국 소비자들은 중국 브랜드를 호의적으로 평가를 하는 경향이 있는 것으로 나타났다. 유사하게, 삼성 브랜드와 관련하여, 삼성이 일본 브랜드로 혼동하는 소비자가 삼성이 한국 브랜드로 정인지하는 소비자보다 삼성 브랜드를 긍정적으로 평가하는 경향이 있는 것으로 알려져 있다.[17]

본 연구와 관련하여, 해외 소비자는 삼성과 현대자동차는 일본 브랜드로 혼동할 가능성이 상당히 높다. 이는 전자 제품과 자동차가 기존에 일본 제품이라는 인식이 강력하기 때문이기도 하고, 브랜드 어감에서 일본으로 착각할 가능성이 있기 때문이다. 따라서 이 경우에는 소비자들은 해당 브랜드를 호의적으로 평가할 가능성이 높다. 이는 소비자가 한국 보다는 일본 브랜드에 대해 호의적 인식을 가지고 있기 때문이다. 한편 한국 브랜드를 비호의적인 원산지 이미지를 가지고 있는 중국 브랜드로 오인할 가능성도 지적되고 있으며, 원산지를 인지하지 못하는 경우도 있을 수 있다.

브랜드 원산지 혼동에 따라 소비자의 브랜드 평가가 달라지는가?

우선 삼성과 현대자동차에 대한 해외 소비자의 원산지 혼동 결과를 살펴보면, 우리나라 브랜드로 정인지하는 응답자의 비율이 삼성은 61.4% 그리고 현대자동차는 64.5%로 나타났다. 이 수치는 앞선

---

17) Magnusson, P., Westjohn, S. A., and Zdravkovic, S. (2011). "What? I Thought Samsung was Japanese": Accurate or Not, Perceived Country of Origin Matters," International Marketing Review, 28(5), 454–472.

연구에서 보고하는 원산지 정인지 비율 60%와 유사한 수치이다. 한편, 일본 브랜드로 혼동하는 응답자의 비율은 삼성은 23.6% 그리고 현대자동차는 22.5%로 조사되었다. 구체적인 수치는 다음의 표에 나타나 있다.

삼성과 현대자동차의 원산지를 혼동하는 응답자의 비율

	삼성의 원산지	현대자동차의 원산지
한국 브랜드로 정인지하는 응답자의 비율	61.4%	64.5%
일본 브랜드로 혼동하는 응답자의 비율	23.6%	22.5%
중국 브랜드로 혼동하는 응답자의 비율	9.0%	7.5%
기타 응답자의 비율	6.0%	5.4%

주: 기타 응답자은 미국이나 대만으로 혼동하거나, 모르겠다고 응답한 응답자.

우선, 소비자가 인지한 삼성 브랜드의 원산지에 따라 삼성 브랜드의 이미지가 어떻게 다른지 살펴보았다. 삼성을 한국 브랜드로 정인지한 응답자의 삼성 브랜드에 대한 이미지 평균는 7점 만점에 5.482로 나타난 반면, 일본 브랜드로 혼동한 응답자는 이 수치보다 높은 5.675의 이미지 평균을 보였다. 한편, 삼성을 중국 브랜드로 혼동한 응답자의 이미지는 5.471로 나타났다. 자세한 수치는 〈그림〉에 나타나 있다. 이들 수치의 차이를 통계적으로 검증하면, 삼성 브랜드를 일본 브랜드로 인지한 소비자의 삼성 브랜드의 이미지가 가정 호의적으로 나타났다. 한편 한국의 평균값은 중국보다 다소 높게 나타났으나, 그 차이는 통계적으로 유의하지 않은 것으로 나타났다.

원산지 혼동에 따른 삼성의 이미지 차이

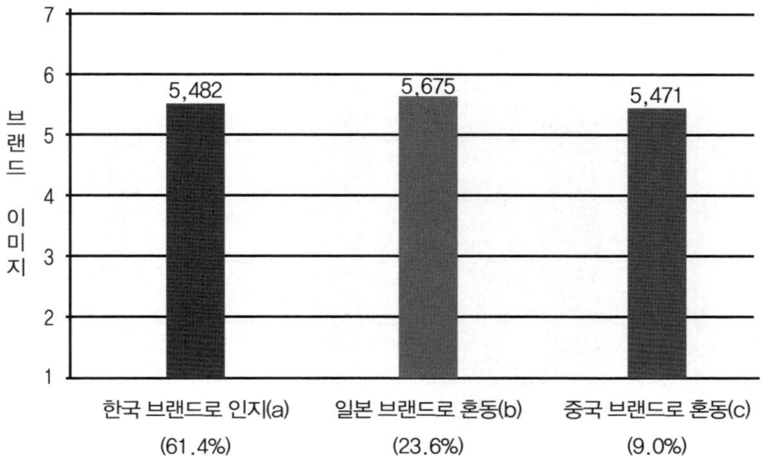

주: 5% 수준, b〉a=c

이와 함께 현대자동차에 대해서도 인지하는 원산지에 따라 브랜드 이미지가 다른 것으로 나타났다. 구체적으로 현대자동차를 일본 브랜드로 인지한 소비자(평균값 5.507)가 한국(평균값 5.263) 이나 중국 브랜드(평균값 5.107)로 인지한 소비자 보다 현대자동차를 호의적 평가한 것으로 나타났다 (〈그림〉 참조). 이들 집단 간의 이미지 평균 차이는 대체로 통계적 유의성을 보였다.

원산지 혼동에 따른 현대 자동차의 이미지 차이

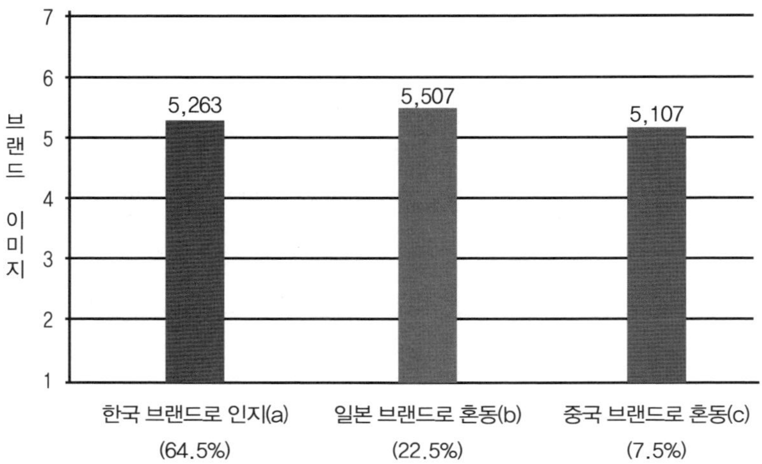

주: 5% 수준, b〉a=c 10% 수준, b〉a〉c

브랜드 원산지 혼동에 따라 소비자의 한국 제품에 대한 이미지가 달라지는가?

여기서는 브랜드 원산지 혼동에 따른 효과를 해당 브랜드뿐만 아니라 원산지 이미지와도 분석하였다. 구체적인 결과를 살펴보면, 삼성과 현대자동차 모두에서 이들 브랜드를 한국 브랜드로 정인지한 소비자가 혼동한 소비자보다 한국 제품에 대해 호의적 이미지를 보였다. 삼성의 경우에는 한국 브랜드로 정인지한 응답자의 한국 제품에 대한 이미지가 5.482로 혼동한 응답자의 이미지 4.931보다 높게 나타났다 (〈그림〉 참조). 마찬가지로, 현대자동차에서도 정인지 5.430과 혼동 4.978로 나타나, 정인지한 응답자가 한국 제품에 대한 전반적 인식이 호의적이었다.

원산지 혼동에 따른 한국 제품의 이미지 차이

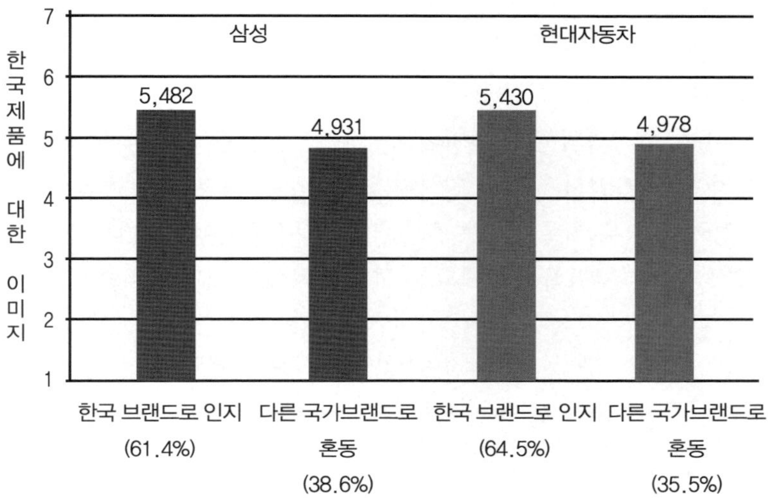

브랜드 원산지 혼동이 국가별 어떻게 다른가?

본 연구에서는 브랜드 원산지 혼동이 어떤 나라에 높게 나타나는가를 살펴보았다. 우선, 우리나라와의 지리적 거리에 따라 소비자의 원산지 혼동이 달라지는 것으로 나타났다. 전반적으로 보아, 지리적으로 가까운 중국, 일본, 대만과 홍콩과 같은 지역에서는 삼성을 한국 브랜드로 정인지하는 경향이 높은 반면에, 북중미 및 유럽 국가에서는 상대적으로 삼성을 다른 국가 브랜드로 혼동하는 경향이 높은 것으로 나타났다. 유사하게, 현대자동차도 지리적으로 먼 국가에서 원산지 혼동이 높은 것으로 조사되었다.

이는 국제경영 분야의 심리적 거리 이론으로 설명 가능한 현상이다. 심리적 거리 이론에 의하면, 문화적으로 그리고 지리적으로 거리가 먼 국가 간에는 의사소통 비용이 높아져 정보의 교류가 제한적일 가능성이 높다고 지적되고 있다.[18] 따라서 한국과의 문화적 거리와 지리적 거리가 가까운 국가에서는 한국 브랜드와 제품에 관한 친숙도와 지식수준이 높을 것으로 예상되어 한국 브랜드의 원산지 혼동 가능성이 낮을 수 있다.

한편, 한국과의 문화적 거리도 살펴보았다. 분석 결과, 문화적 거리가 먼 국가에서 삼성의 원산지를 혼동하는 경향이 컨 반면, 현대자동차의 경우에는 그러한 관계가 발견되지 않았다. 전반적으로 문화적 거리는 지리적 거리에 비해 국가별 차이에 설명력이 떨어졌다.

삼성의 원산지 정인지 국가별 분포

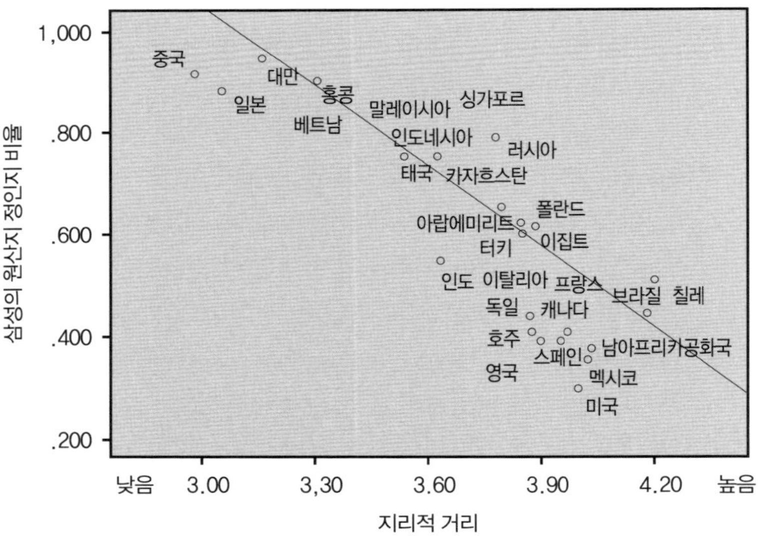

---

18) Johanson, J. and F. Wiedersheim-Paul (1975), "The Internationalization of the Firm: Four Swedish Cases", Journal of Management Studies, 12(3), 305-322.

현대의 원산지 정인지 국가별 분포

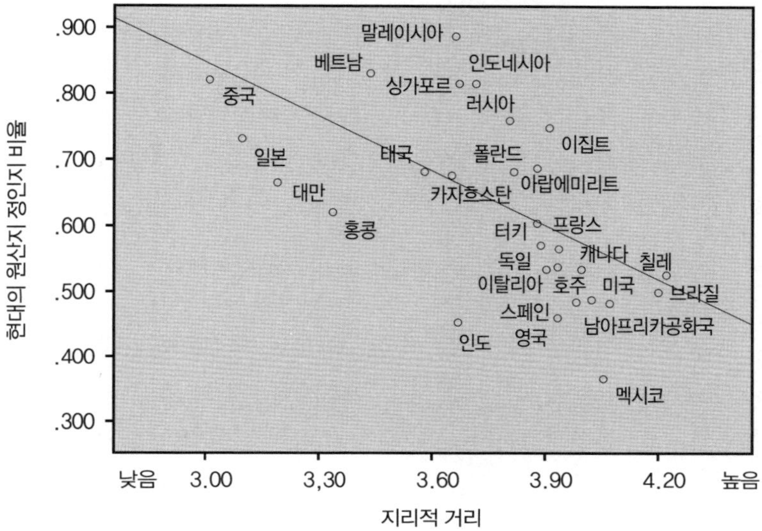

브랜드 원산지 혼동이 소비자의 특성에 따라 다른가?

우리나라 브랜드의 원산지에 혼동은 소비자의 특성에 따라서도 달라지는 것으로 분석되었다. 우선, 소비자의 세계주의와 자민족주의 성향이 소비자의 브랜드 원산지 정인지-혼동과 밀접한 관련이 있는 것으로 나타났다. 구체적으로 세계주의를 특정 국가에 대해 태도나 행동의 중심을 두지 않는 개인적 성향으로 정의하고 있다. 일반적으로 세계주의 성향이 높은 소비자는 외국 문화와 제품에 긍정적인 태도와 높은 관심을 보이는 소비자를 의미하는데, 이들 소비자들이 삼성과 현대자동차의 브랜드 원산지를 정인지하는 경향이 있는 것으로 나타났다. 반면에, 자국 문화와 가치를 중요시하는 자민족주의 성향이 높은 소비자들은 삼성과 현대자동차의 브랜드 원산지를 혼동하는 경향이 있었다.

우리나라 브랜드 원산지 정인지-혼동 정도는 인구통계적 특성과도 관련이 있는 것으로 분석되었다. 구체적으로 삼성, 현대자동차 브랜드를 정인지하는 소비자는 남성이며, 연령이 높은 경향이 있는 것으로 나타났다. 이 결과는 정보처리 능력이 상대적으로 높은 남성과 브랜드 경험이 많은 고연령층이 상대적으로 삼성과 현대자동차의 브랜드 원산지를 혼동하는 경향이 낮게 나타난 것으로 해석된다.

시사점

이장에서 28개국 소비자를 대상으로 한국 제품을 대표하는 삼성과 현대자동차 브랜드의 원산지 혼동을 실증적으로 검증하였다. 구체적으로 본 연구에서는 원산지 혼동에 따라 발생하는 브랜드 이미지의 변화 그리고 한국 제품의 전반적인 이미지의 변화에 대해 살펴보았고, 원산지 혼동 정도에 영향을 미치는 소비자의 개인적 그리고 국가적 특성을 나타내는 선행 요인을 검증하고자 하였다.

본 연구의 결과는 학술적 의미와 함께 기업 마케팅적 그리고 정부 정책적인 시사점도 제공하는 것으로 보인다. 우선, 기업의 마케팅 측면에서 기업에게는 소비자 혼동이 호의적인 경우에는, 즉 본 연구에서와 같이 소비자가 한국 브랜드를 일본과 같은 호의적인 원산지 이미지를 가진 국가의 브랜드로 혼동하는 경우에는, 소비자 혼동을 시정하고자 할 필요는 없으며, 오히려 유도하는 것이 필요할 수도 있다. 그리고 이러한 전략은 시장 진입 초기이나 지리적 및 문화적 거리가 먼 국가 시장에서 더 효과적일 수 있다. 왜냐 하면, 소비자들이 해당 브랜드의 인지 정도가 아직 낮아 원산지 혼동이 발생할 가능성이 높기 때문이다. 동시에 이러한 전략은 여성과 젊은 층을 겨냥하는 브랜드에게 더 효과적일 수도 있다. 앞서 논의한 바와 같이, 본 연구에서 여성과 젊은 층에서 원산지 혼동 가능성이 높게 나타났기 때문이다.

정부 정책적인 시사점으로서, 우리나라는 글로벌 브랜드로 성장하고 있는 삼성과 현대자동차와 같은 브랜드를 국가브랜드와 연계하는 노력이 필요할 수도 있는 듯하다. 본 연구에서 삼성과 현대자동차가 한국 브랜드로 정인지하는 소비자의 한국 제품의 원산지 이미지가 혼동하는 소비자보다 더 호의적으로 나타난 점에 유의할 필요가 있다. 물론, 삼성과 현대자동차는 한국 브랜드와의 연계성을 줄이고자 노력할 수 있다. 이 경우에는 직접적인 연계 보다는 간접적으로 삼성과 현대자동차를 연상시키는 방법도 고려할 수도 있을 것이다. 예를 들면, IT Korea를 강조하면 삼성 스마트폰이나 경쟁력이 높은 우리의 IT 기업들이 자연히 연계될 수도 있는 듯하다.

5. 기업 CSR이 국가이미지에 미치는 영향

기업의 사회적 책임은 최근 국제 사회의 주목을 받아 현지 시장을 벗어나 글로벌 사업으로 추진되고 있다. 국제 사회는 글로벌리제이션과 신자유주의 이념의 확산에 따라 반(反)기업 정서와 사회적 갈등이 확대되고 있는 추세에 있다. 노동자, 소비자, 시민단체, 투자가 그리고 국제기구 등 다양한 이해관계자 단체들이 CSR에 소홀한 기업들에게 여러 가지 불이익을 가하는 현상이 전 세계적으로 확산되고 있다. 이에 기업들은 선량한 기업 시민 (good corporate citizen) 이미지를 확보하기 위해 CSR 활동에 상당한 노력을 경주하고 있다. 실제로 CSR 활동이 기업이미지에 큰 영향이 있는 것으로 알려져 있다 (Auger, Devinney, and Louviere 2004; Golob, Lah, and Jancic 2008). 또한 기업 CSR 활동은 기업의 경쟁우위로 작용할 수 있다는 주장도 제기되고 있다 (Fry, Keim, and Meiners 1982; Porter and Kramer 2002). 소비자들에게 기업의 CSR 활동이 구매 결정에 주요 고려 요인으로 인식되고 있다는 연구 결과가 보고되고 있다 (Brown and Dacin 1997; Dawkins and Lewis 2003).

특히 다국적 기업의 개도국에서의 CSR 활동에 관한 학문적 그리고 경영적 관심이 높아지고 있다 (남영숙 2011). 우리나라 기업도 예외가 아니다. 최근 대한무역투자공사 (2011) 조사에 따르면 베트남 진출 116개 한국 기업의 조사에서 조사 대상인 대기업 또는 중견기업의 55.9%가 현지에서 CSR을 수행하고 있고, 수행 예정인 기업도 33.3%에 달하는 것으로 조사된 바가 있다. 비록 표본의 대표성에 문제가 있을 수 있으나, CSR을 수행하고 있거나 관심이 높은 기업이 상당수에 달하는 것으로 해석할 수 있다. 일반적으로 다국적 기업에 대해서는 일반 대중은 높은 수준의 CSR을 기대하는 것으로 알려져 있다 (Holt, Quelch, and Taylor 2004; 한충민 · 박잔디 2011). 실제로 다국적 기업은 대부분의 개도국에서 현지 기업보다 CSR활동 정도가 높은 것으로 보고되고 있다 (Chambers, Moon, and Sullivan 2003; Kolk, Hong, and van Dolen 2008).

동시에 다국적 기업의 개도국에서의 CSR 활동에 대한 국제적 그리고 모국 정부로 부터의 압력도 매우 높아지고 있는 것이 최근 추세이다. 특히 국제기구나 국제 NGO의 감시와 압력이 지속되고 있다 (Chambers et al. 2003). 이와 함께, 모국 정부도 다국적 기업의 현지에서의 CSR활동을 권장하고 있다. 이는 현지에서의 개발 원조 목적뿐만 아니라 기업의 현지에서의 비윤리적 행위가 외교 문제로 비화되는 경우가 발생하기 때문이다. 우리나라도 예외가 아니다. 우리 정부는 개발 원조를 2010년 G20 정상회담에서의 주요 아젠다로 제시하였고, 이에 따라 해외 진출 기업의 현지에서의 CSR을 통한 개발 원조 정책을 적극적으로 추진하고 있다 (남영숙 2011).

그러면 모국 정부가 모국 기업의 해외 CSR을 독려하는 이유가 무엇인가? 인류애적 차원에서의 개발 원조라는 명분이외에 국익에 도움이 되는 실용적인 가치도 있을 수 있다. 이에 대해 외교적 실익과 함께 우리나라의 국가이미지를 제고시키는 효과가 있다는 주장이 제기되고 있다. 과연 우리 기업의 해외에서의 CSR 활동이 현지에서의 우리나라 국가이미지에 긍정적으로 작용하는 것이 사실인가? 그렇다면 그 이유는 무엇인가? 이와 관련하여 필자가 Kotra와 공동으로 수행한 연구 결과를 소개하고자 한다. 구체적으로 베트남 국민을 대상으로 한국의 국가와 기업 이미지를 측정하였고, 기업 CSR이 국가와 기업 이미지에 미치는 영향을 분석하였다.

CSR이 국가이미지에 미치는 영향에 대한 이론적 근거

국가이미지는 여러 가지 경로로 통해 형성된다. 언론 보도와 같은 간접적인 경험과 제품 경험, 해당 지역에의 여행, 그리고 해당 국민과의 교류와의 직접적인 경험을 통해 국가에 대한 이미지가 형성된다 (Jimenez and Martin 2010). 이와 같은 다양한 경로 중에서 해당 국가의 기업이나 제품을 통해서 형성되는 효과가 가장 큰 것으로 평가되고 있다 (한충민 1994; Jaffe and Nebenzahl 2006). 이러한 관점에서 보면 기업의 활동 특히 CSR 활동이 국가이미지 형성에 영향을 미칠 것으로 예상된다.

이론적인 근거로 국가이미지의 요약지표 모형 (Halo model)로 설명 가능하다. 요약지표 모형에 따르면, 국가이미지는 개인의 경험을 통해 습득한 신념이나 태도를 국가이미지로 요약화하는 (abtraction) 경향이 있다 (Han 1989; Jaffe and Nebenzahl 2006). 따라서 호의적인 제품이나 기업 관련 경험이 호의적인 국가이미지로 요약화되는 것이다. 심리학 분야에서 보편적 고전으로 인정받고 있는 균형이론 (Balance theory)도 이론적 근거로 제시할 수 있다 (Heider 1958). 균형이론에 의하면 사람들은 자신들이 가지고 있는 신념이나 태도들 간에 조화를 유지함으로써 심리적 평형을 확보하고자 하는 경향이 있다. 이는 즉 사람이 기업 CSR으로 형성된 호의적인 신념이나 태도가 해당 국가에 대한 이미지를 호의적으로 형성하게 함으로써 심리적 평형을 이루고자 하는 것이다.

외국 기업의 CSR 활동이 국가이미지에 미치는 영향은 국가에 대한 신념과 함께 호감도에 나타날 가능성이 높다. 국가이미지는 다차원 특성 즉 인지적, 감성적, 그리고 행위적 요인으로 구성되어 있는 것으로 평가되고 있다 (Marin and Eroglu 1993). 국가이미지의 인지적 특성에는 정치적, 문화적 요인, 사회적, 그리고 경제적 요인이 포함되어 있다 (Clark 1990). 이러한 요인 중 경제적 요인이 기업의 활동과 밀접한 관련성이 있는 것으로 추정된다 (한충민 2011). 따라서 기업의 CSR 활동은 인지적 국가이미지중 경제적 이미지에 영향을 미칠 가능성이 높다. 동시에 기업의 CSR 활동은 감성적인 국가이미지인 국가에 대한 호감도에도 영향을 미칠 것으로 예상된다.

베트남에서의 조사 결과

본 조사에서는 베트남 진출 외국 기업의 연구 대상으로 베트남 최대 투자 4개국인 한국, 일본, 싱가포르, 대만의 투자 기업을 선정하였다. 4개국 기업이 포함됨으로써 본 연구의 결과가 특정 국가에 한정된 것이 아니라 베트남에 진출한 대부분의 국가와 기업에도 적용될 수 있는 장점이 있다. 이에 따라 최소한 투자 국가의 특성을 통제할 수 있어 연구의 결과에 대한 신뢰성을 높일 수 있을 것으로 기대된다.

본 연구의 설문은 온라인 설문조사를 통해 베트남 하노이와 호치민에 거주하는 기업인과 대학생 응답자 400명을 대상으로 실시하였다. 조사 대상을 기업인과 대학생으로 제한한 이유는 이들 계층이 비교적 현지 사회의 여론선도 계층에 해당하고, 외국 기업의 활동에 대해 일반 대중에 비해 친숙할 것으로 예상하였기 때문이다. 조사 표본은 지역별 즉 하노이 50%과 호치민 50% 그리고 각 지역별로 기업인 50%과 대학생 50%로 임의할당방식으로 추출되었다. 최종 400명의 응답자 특성은 다음과 같다.

- 연령: 20대 54.5%, 30대 32.5%, 40대, 기타 0.8%
- 성별: 남성 70.3%
- 학력: 전문대 재학 또는 졸업 11.8%, 대학 재학 또는 졸업 61.3%, 대학원 이상 24.8%, 기타 2.3%
- 직업: 회사 경영층/중간관리자 이상 18.0%, 전문직 18.5%, 자영업/사영기업 경영 13.5%, 대학생 50.0%

〈베트남에서의 한국의 이미지〉

베트남에서 기업 활동을 가장 활발하게 활동하는 국가는 한국, 대만, 일본과 싱가포르이다. 이들 국가가 베트남의 최대 투자 국가이기도 하다. 따라서 이들 국가 간의 이미지를 비교해볼 필요가 있다. 위의 설명한 조사에서 나타난 결과는 〈표〉에 정리되어 있다.

베트남에서의 주요국 국가이미지

평가 항목		동의한 응답자 비율			
		한국	대만	일본	싱가포르
국가 이미지	부유한 나라라고 생각한다	53.5%	30.1%	75.8%	66.5%
	선진국이라고 생각한다	67.3%	43.1%	79.1%	71.3%
	첨단기술을 보유하고 있다고 생각한다	62.3%	34.3%	85.3%	57.6%
	생활여건이 좋은 나라라고 생각한다	68.0%	41.0%	75.1%	82.0%
	우호적인 국가라고 생각한다	62.1%	23.3%	73.5%	65.1%
	경쟁국이라기보다 협력국가라고 생각한다	57.3%	37.3%	66.5%	58.5%
	이 국가에 호감을 가지고 있다	71.0%	28.3%	80.1%	75.5%
	평균	63.0%	33.9%	76.5%	68.1%
사람 이미지	이 국가 사람들에게 호감을 가지고 있다	68.3%	32.3%	78.6%	68.5%
	이 국가사람들은 믿을 만하다고 생각한다	56.1%	27.8%	78.3%	65.6%
	이 국가 사람들이 매우 친절하다고 생각한다	64.1%	35.6%	71.8%	67.8%
	이 국가 사람들이 교육수준이 높다고 생각한다	76.1%	44.0%	91.1%	84.8%
	평균	66.2%	34.9%	80.0%	71.7%
전체 평균		64.2%	34.3%	77.8%	69.4%

〈표〉의 결과를 간략하게 살펴보면, 우선 전반적인 이미지는 우리나라가 비교적 양호하나, 일본에 비해 크게 떨어지고, 싱가포르에 비해서도 낮았다. 한편 대만 이미지는 상대적으로 나쁘게 나타났다. 대만의 이미지가 나쁜 것은 현지인들이 중국으로 착각할 수 있으며, 전반적으로 베트남 국민이 중국과 중국인에 대해 가지고 있는 반감 때문으로 해석될 수 있다.

일반적으로 국가 이미지는 크게 2가지 속성, 즉 국가 자체에 대한 이미지와 사람에 대한 이미지로 측정된다.[19] 구체적으로 전자는 해당 국가의 발전, 제도, 협력 관계 및 호감도이고, 후자는 사람의 특성과 호감도를 나타낸다.

우선 우리나라 국가 자체에 대한 이미지를 살펴보면, 〈표〉에서 보듯이 응답자의 63.0%가 우리나라에 대해 긍정적인 인식을 가지고 있는 것으로 나타났다. 특히 우리나라가 생활여건이 좋은 선진국이라고 인식하는 경향이 있으며, 특히 우리나라에 대한 호감도(71.0%)가 다른 항목에 비해 높았다. 우리나라의 국가 자체에 대한 이미지 평균(63.0%)은 대만에 비해 좋으나, 일본에 비해 상당히 떨어지며, 싱가포르에 비해서도 낮음. 일본, 싱가포르 그리고 대만을 긍정적으로 인식하는 응답자의 비율이 각각 76.5%, 68.1%, 그리고 33.9%로 집계되었다. 그러나, 상대적으로 호감도 측면에서는 우리나라(71.0%)가 일본(80.1%)에 대한 격차가 매우 크지는 않았다.

한편, 한국인에 대한 이미지를 살펴보면, 현지인들은 우리나라 사람에 대해 비교적 양호한 이미지를 가지고 있었다. 응답자의 66.2%가 우리나라 사람에 대해 긍정적으로 인식하고 있었고, 특히 우리나라 사람의 교육 수준 (76.1%)이 높은 것으로 인식하고 있었다. 한편, 우리나라 사람에 대한 신뢰성 (56.1%) 이미지는 다소 떨어졌다. 일본과 비교해보면, 우리나라의 이미지가 일본 사람에 대한 긍정적 인식 80.0%에 비해 상당히 떨어졌고, 특히 신뢰성 인식에서 일본과의 격차가 22.2%로 매우 높게 나타났다.

19) Terry Clark (1990), 한충민 (1994).

〈베트남에서의 한국 기업의 이미지〉

현지인들의 우리나라 기업에 대한 이미지는 앞서 살펴본 국가이미지와 마찬가지로 대체로 양호한 것으로 조사되었다.. 응답자의 67.5%가 한국 기업을 긍정적으로 인식하고 있었다. 구체적인 내용은 〈표〉에서 확인할 수 있다.

주요국 기업의 이미지

평가 항목	동의한 응답자 비율			
	한국	대만	일본	싱가포르
이 국가의 기업들을 신뢰한다	59.1%	29.1%	82.1%	72.0%
이 국가의 기업들이 역동적이라고 생각한다	70.3%	51.1%	86.3%	75.8%
이 국가의 기업들을 좋게 평가한다	70.3%	42.1%	86.6%	70.6%
이 국가의 기업들이 좋은 제품과 서비스를 제공한다고 생각한다	72.8%	38.8%	90.3%	68.8%
이 국가의 기업들이 향후 성장가능성이 높다고 생각한다	78.6%	52.8%	86.8%	77.3%
이 국가에서 베트남에 투자 진출한 기업들의 제품 또는 서비스에 대한 긍정적인 정보를 친구, 잘 아는 사람에게 이야기 한 적이 있다	53.8%	37.3%	70.8%	50.1%
평균	67.5%	41.8%	83.8%	69.1%

우리나라 기업의 이미지에 관하여 특기할 만 점을 살펴보면, 현지인들이 우리 기업이 성장 가능성이 높고 (78.6%), 좋은 제품과 서비스를 제공한다고 (72.8%) 인식하고 있다. 한편, 우리 기업에 대한 신뢰도는 59.1%로 상대적으로 낮았다. 이는 앞의 국가이미지에서의 한국 국민에 대한 신뢰도가 상대적으로 낮았던 점과 유사한 인식이다.

그러나, 우리 기업의 이미지는 일본 기업의 83.8%에 비해 상대적으로 떨어졌다. 특히 신뢰성 이미지에서 일본과의 격차가 크게 나타났다(59.1% vs. 82.1%). 한편 싱가포르 기업이미지 (69.1%)는 우리와 비슷한 수준이었다.

상대적으로 보아, 우리 기업의 이미지 (67.5%)는 우리의 국가이미지 (64.2%)보다 좋았고, 일본 기업도 유사한 모습을 보였다(77.8% vs. 83.8%). 이는 우리 기업 이미지가 우리 국가이미지에 긍정적인 영향을 미치는 것으로 해석할 수 있다. 이점은 앞의 Ⅰ.3.에서 살펴본, 국가이미지, 제품이미지 그리고 한류와의 관계에서도 유사한 결과가 나타난 바가 있다. 이에 관련하여 앞에서 구체적으로 논의되었다.

〈CSR의 효과〉

앞에서 논의한 바와 같이, CSR이 기업 이미지 그리고 국가이미지에 영향을 미칠 것으로 예상하였다. 이를 확인하여 CSR활동 측정항목 6개 평균이 기업 이미지, 국가 발전이미지, 협력국 이미지, 사람 이미지 그리고 국가 호감도에 미치는 평균적 관계를 상관관계 분석으로 하였다.

우선 한국 기업의 CSR활동의 효과를 살펴보면, 한국 기업의 CSR활동의 상관계수를 살펴보면, 우선 기업이미지와는 0.700로 매우 높으며, 국가 브랜드와 관련하여서는 사람 이미지 (0.484)와 국가 호감도 (0.348)와의 관련성이 높은 것으로 분석되었다(〈그림〉 참조). 한편, 국가이미지 중 국가 발전 이미지와 협력국 이미지는 각각 0.213과 0.226로 유의한 상관관계는 있었으나, 그 영향은 상대적으로 다른 이미지에 비해 높지 않았다.

〈CSR활동이 기업 이미지와 국가 이미지에 미치는 영향 – 한국〉

동시에 한국과 함께 조사한 일본, 싱가포르 그리고 대만 기업의 CSR활동의 효과를 살펴보았다. 앞에서와 같이, 각국별 현지인의 CSR 평가가 기업 이미지와 국가이미지에 미치는 영향을 상관계수로 분석하면, 한국 기업의 CSR활동과 유사한 결과가 나타났다.

전반적으로 보아, 기업의 CSR활동이 기업 이미지와 상관관계가 가장 높고, 사람 이미지와 국가 호감도와도 높은 상관관계를 보였다. 국가별 차이를 살펴보면, 상대적으로 기업의 CSR활동의 효과는 일본과 싱가포르 기업에서 다소 낮게 나타나는 경향이 있었다. 이는 상대적으로 일본과 싱가포르 기업의 베트남 진출 규모가 한국과 대만에 비해 낮기 때문으로 추정되었다.

〈CSR활동이 기업 이미지와 국가 이미지에 미치는 영향 – 싱가포르〉

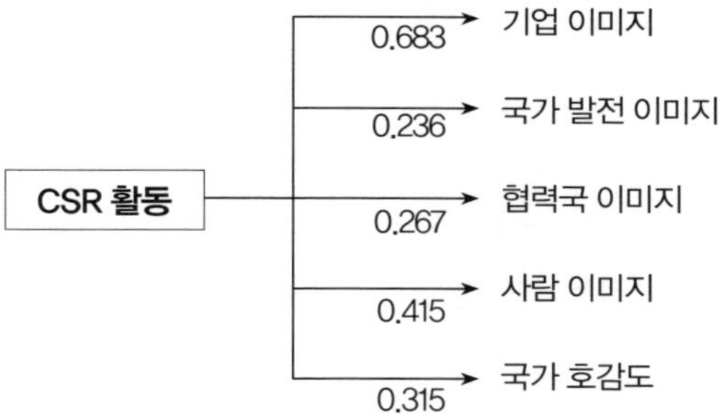

〈CSR활동이 기업 이미지와 국가 이미지에 미치는 영향 – 일본〉

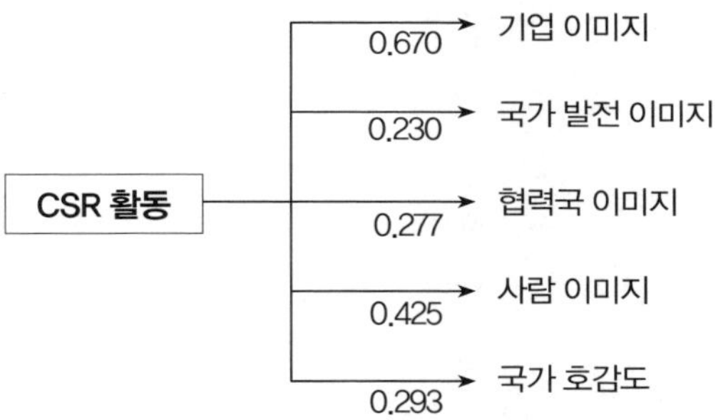

〈CSR활동이 기업 이미지와 국가 이미지에 미치는 영향 – 대만〉

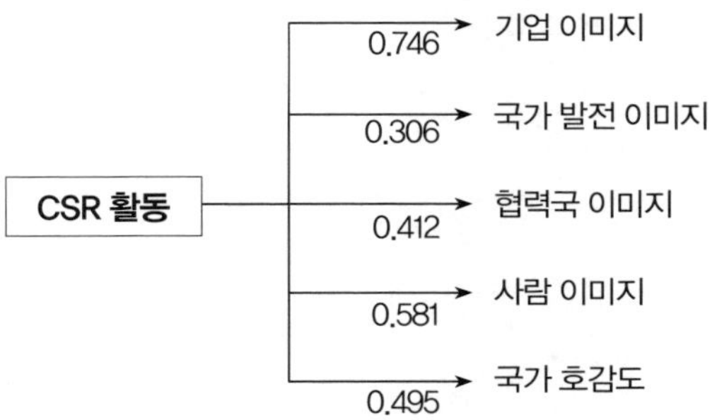

Ⅲ. 한류 평가

제 2부의 마지막 부분으로 한국의 이미지의 핵심 요소인 한류에 대해서 살펴본다. 특히 한류의 현황과 한류가 한국의 국가이미지와 제품 이미지에 미치는 영향을 파악할 필요가 있다. Ⅲ에서는 다음의 내용을 논의한다.

첫째, 최근 한류 확산에 대한 언론 보도에 불구하고 외국인의 한국 문화에 대한 호감도는 중립적이다. 그리고, 한류는 지리적으로 가깝고, 상대적으로 저소득 개도국에서 호의적으로 평가되고 있다.

둘째, 동남아에서의 한국 문화를 일본과 중국과 비교한 조사에 따르면, 한국 문화에 대한 동남아 현지인의 선호도는 비교적 호의적이고, 일본과 유사한 수준 그리고 중국 보다는 다소 호의적 수준을 보이고 있다. 그러나, 동남아에서의 한류는 여성, 학생과 젊은 계층에 제한되어 있어 한류가 국가이미지에 미치는 영향은 단기적으로는 높지 않을 수도 있다.

셋째, 전반적으로 동남아에서는 한국 문화는 여성과 젊은 계층 (특히 학생)에서 선호되고 있는 반면, 중국은 남성과 30세 이상의 계층에서 선호되는 경향이 있었다. 한편 일본은 강하지는 않았지만 한국 문화 선호 계층과 유사한 특성을 보였다.

넷째, 한류가 우리나라 국가브랜드 뿐만 아니라 제품 브랜드에도 상당한 영향을 미치는 것이 여러 연구에서 확인되고 있다. 특기할 만 점은 한류가 중국인의 한국 국가이미지에 미치는 영향은 콘텐츠 보다 한류 스타에 의한 영향이 크다는 점이다.

마지막으로, 중국에서의 한류와 관련하여, 한류 선호도가 높은 중국인은 대체로 중국인 정체성이 낮고 대외개방성이 높은 것으로 파악되고 있다. 동시에 이들 계층은 한국어 구사 능력이 높고 한국과의 접촉 정도가 많았다.

이상의 내용이 다음에서 자세히 논의된다.

1. 외국인의 한국 문화 호감도 현황

외국인의 한국 문화에 대한 선호도는 앞서 언급한 28개국 조사에서 중립적이었다. 7점 만점에 3.89으로 호의적이지도 그렇다고 비호의적이지도 않았다. 최근 한류에 대한 외국인의 인기가 높아지고 있다지만, 아직도 우리나라 문화가 외국인에게 호의적으로 평가되지는 않고 있다. 이는 한류가 아직은 지리적으로 가까운 아시아 국가에 국한되는 현상임을 보여주는 결과이다. 이에 관련하여서 뒤에서 자세히 분석될 것이다.

	한국 문화에 대한 호감도	일본 문화에 대한 호감도
28개국 호감도 평균 (7점 만점)	3.89	4.28

한편, 일본 문화에 대한 선호도는 4.28이어서 우리나라 문화에 비해 다소 높았지만, 한국과 일본 제품 이미지 차이에 비해 양국 간의 격차가 큰 편은 아닌 것으로 평가된다. 아래의 그림에서 한국 문화와 일본 문화 선호도를 국가별 산포도로 나타나 있다. 그림에서 보듯이 한국 문화에 대한 외국인의 호감도는 일본을 제외한 아시아 국가에서 격차가 적었으며, 중국과 베트남에서는 한국문화 선호도가 오히려 더 높은 것으로 나타났다. 이는 아시아 지역에 확대된 한류의 영향이 반영된 것으로 판단된다. 참고로 일본 문화도 우리나라

문화와 유사하게 아시아 지역에서 호의적으로 평가되고 있다. 특히 홍콩과 대만에서 일본 문화에 대한 선호도가 높으며, 우리나라와의 차이도 크게 나타났다.

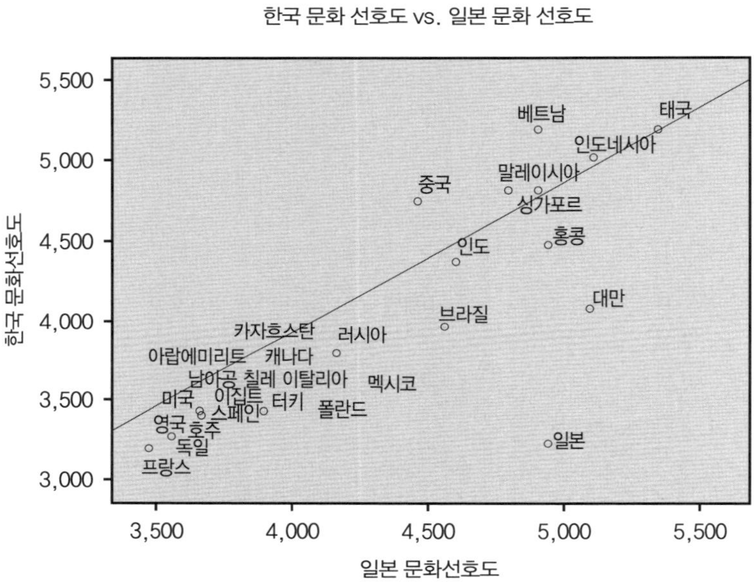

한국 문화 호감도의 국가 간 차이 분석

한국 문화에 대한 외국인의 호감도가 국가별로 어떻게 다른지 분석할 필요가 있다. 앞에서 언급한 국가 특성, 특히 HDI 지수와 한국과의 지리적 거리에 따라 달라질 수 있다. 앞서 언급하였듯이, HDI는 해당 국가의 발전 수준을 나타내는 지수이다.

우선 한국 문화에 대한 선호도를 HDI 지수와 비교하여 분석해보면, 〈그림〉에서 보듯이 HDI 지수가 낮은 개발도상국가에서 한국 문화에 대한 선호도가 높은 것을 확인할 수 있다. HDI 지수와 한국 문화 호감도의 관계를 나타내는 상관계수 제곱(r^2)가 0.275으로 통계적으로 유의했다. 구체적으로 베트남, 인도네시아, 태국, 중국과 인도 등 아시아 개도국에서 한국 문화에 대한 호감도가 높게 나타났다. 반면에, 유럽, 북미 그리고 호주 등의 선진국에서는 우리나라 문화에 대한 호감도가 7점 만점에 3.5점 수준 또는 그 이하로 나타났다.

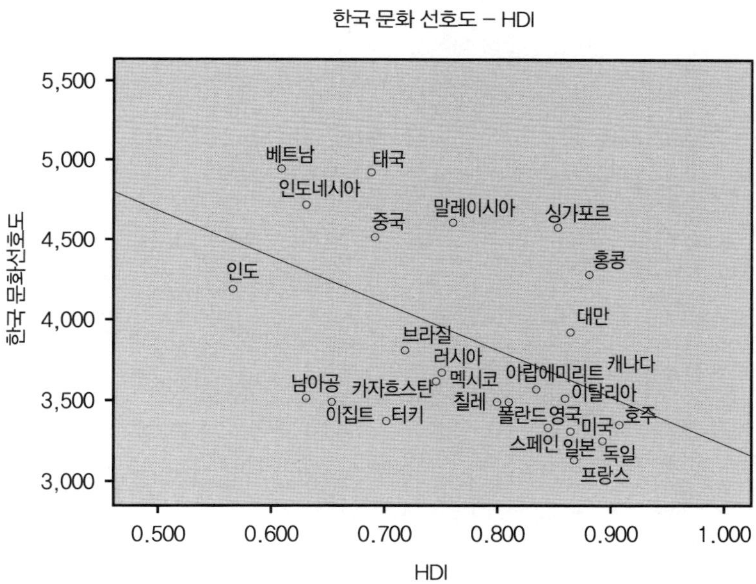

한국과의 지리적 거리로 한국 문화에 대한 호감도의 국가별 차이를 분석해보면, 일본을 제외한 아시아 국가에서 한국 문화 선호도 점수가 7점 만점에 4.5점 수준 또는 그 이상으로 높은 것으로 나타났다. 한편, 지리적으로 먼 유럽, 북미 및 중남미 국가에서는 한국 문화에 대한 호감도가 상대적으로 낮게 나타났다. 지리적 거리와 한국 문화 호감도의 관계를 나타내는 상관계수 제곱(r^2)가 0.230으로 통계적으로 유의했다. 이는 한국과 지리적으로 거리가 가까운 국가에서 상대적으로 한국 문화에 대한 선호도가 높음을 나타낸다(〈그림〉 참조).

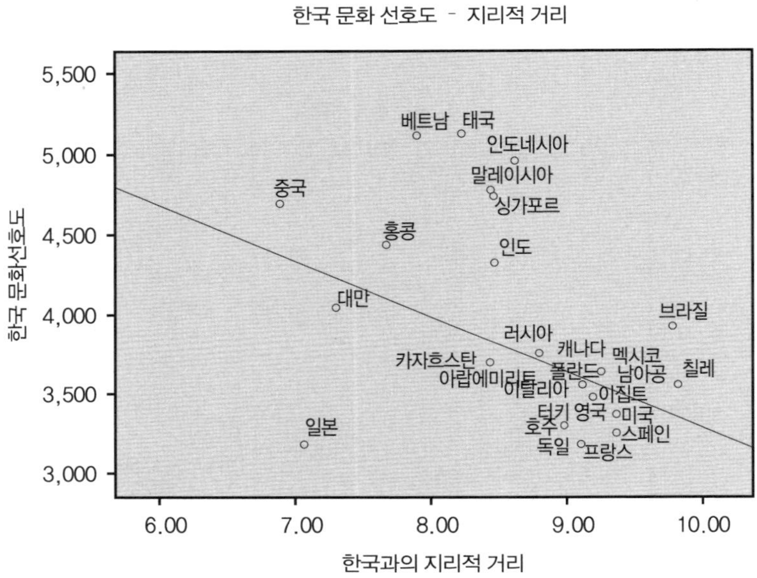

이상의 내용을 정리하면, 최근 한류 확산에 대한 언론 보도에 불구하고 외국인의 한국 문화에 대한 호감도는 중립적이고, 한류가 지리적으로 가깝고, 상대적으로 저소득 개도국에서 호의적으로 평가되고 있음을 알 수 있다. 향후 한류 정책의 과제는 지리적으로 멀고, 소득 수준이 높은 선진국에서의 한류 확산에 있는 것으로 평가된다.

2. 동남아에서의 한류 평가

이장에서는 동남아 지역에서의 한류 확산 정도를 평가하기 위해 저자가 동남아 5개국에서 현지인을 대상으로 설문조사를 수행한 결과를 소개한다.[20] 구체적으로 이 조사에서 동남아에서의 한 · 중 · 일 3국의 문화에 대한 선호도와 국가이미지를 조사하였다. 이와 함께, 한 · 중 · 일 3국의 문화를 선호하는 계층을 분석하고 문화선호도가 3국의 국가이미지에 미치는 영향을 검토하였다. 구체적으로 다음의 내용이 소개된다.

① 동남아 지역에서의 일본 및 중국 문화에 대비한 한류의 위상 평가
② 동남아에서의 한 · 중 · 일 3국의 문화를 선호하는 계층의 비교 분석
③ 문화선호도와 국가이미지와의 관계 분석

연구 방법 및 표본

이 연구에서 동남아 현지인의 한 · 중 · 일 3국 문화에 대한 선호도는 전통 문화, 드라마, 영화 그리고 대중음악에 대한 호감도 즉 "좋아하는 정도"로 측정하였다. 측정 척도는 일반적인 선호도 측정 척도인 dislike – like의 7점 척도가 사용되었다. 그리고 현지에서의 국가 이미지는 감성적 이미지를 나타내는 국가 호감도로 조작화되었다. 동남아 국민의 개국에 대한 선호도는 3개 항목으로 측정하였다 (Clark 1990; Jaffe and Nebenzahl 2006; 한충민 1993,

20) 한충민 · 김상묵, 동남아에서의 한 · 중 · 일의 문화 선호도 비교 연구, 한국문화산업교류재단, 2013. 12.

2009). 구체적으로 좋아하는 정도 (like), 칭찬하는 정도 (admire), 그리고 존중하는 정도 (respect)를 7점 척도로 측정하였다. 그리고 자료 수집은 다음과 같은 방법으로 이루어졌다.

- 조사 대상 국가: 싱가포르, 말레이시아, 태국, 베트남 및 인도네시아 5개국
- 표적 표본: 여론 선도층 및 학생
  (표본 프레임은 Kotra의 표본 패널을 활용)
- 표본 규모: 국가별 200명 / 전체 1,000명
- 조사 방법: 온라인 조사

위의 방법에 의해 수집된 최종 표본은 다음의 특성을 보였다. 우선 전체 표본을 살펴보면, 남성이 52.5%이고, 20대, 30대, 그리고 40대가 각각 34.0%, 36.3%, 그리고 19.0%로 집계되었다. 표본의 직업은 56.4%가 정규직 고용인이고, 그 다음으로 자영업과 학생이 각각 16.5%와 11.9%인 것으로 나타났다.

한 · 중 · 일 3국의 문화 선호도

한 · 중 · 일 3국 문화에 대한 동남아 국가에서의 선호도가 아래의 〈표〉에 정리되어 있다. 〈표〉에는 전반적인 문화 선호도와 함께 4개 장르에 대한 문화 선호도도 나타나 있다.

한 · 중 · 일 3국의 문화 선호도

	한국	일본	중국	국가간 차이 (5%수준)
전체 문화 선호도	4.941	4.949	4.874	일본=한국, 일본〉중국
전통 문화 선호도	5.095	5.543	5.093	일본〉한국=중국
드라마 선호도	5.110	4.875	4.948	한국〉중국=일본
영화 선호도	4.928	4.890	5.086	중국〉한국=일본
대중음악 선호도	4.632	4.489	4.370	한국〉일본〉중국

주: 국가 간의 차이는 5% 수준에서 검증되었으며, '='는 통계적으로 차이가 없으며, '〉'는 부호 앞의 국가의 선호도가 뒤의 국가 호감도 보다 통계적으로 크다는 것을 의미함.

한국 문화에 대한 동남아 현지인의 선호도는 7점 만점에 4.941로 비교적으로 높은 것으로 나타났다. 일본과 중국도 4.949와 4.874로 비교적 호의적이었다. 한 · 중 · 일 3국간의 차이를 살펴보면, 일본과 한국은 유사한 선호도를 보였고, 중국은 한국과 일본보다 다소 낮은 호감도를 가지고 있는 것으로 나타났다. 국가 간의 호감도 수치 차이는 t 검증 방법으로 통계적으로 검증한 결과, 일본과 중국의 차이는 5% 수준에서 그리고 한국과 중국은 10% 수준에서 유의했다.

한 · 중 · 일 3국의 장르별 선호도 비교

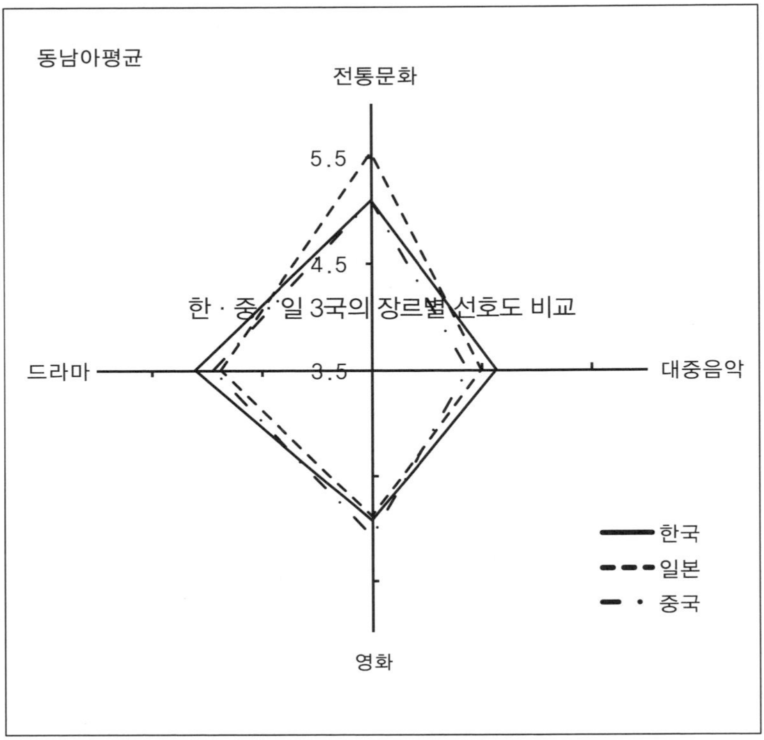

한 · 중 · 일 3국의 장르별 선호도를 살펴보면, 한국은 드라마와 대중음악에 대한 선호도가 중국과 일본에 비해 높게 나타났다. 반면에 일본은 전통 문화에 대한 선호도 그리고 중국은 영화에 대한 선호도가 높게 나타났다 (앞의 〈그림〉과 〈표〉 참조). 한편 장르에 대한 선호도를 보면, 대중음악에 대한 선호도가 다른 장르에 비해 낮게 나타났는데, 이는 대중음악이 드라마나 영화에 비해 선호하는 계층이 상대적으로 젊은 계층으로 제한적인 특성에 기인한 것으로 추정된다.

한 · 중 · 일 3국의 국가이미지

동남아 5개국에서의 한 · 중 · 일의 국가이미지를 국가 호감도로 조사하였다. 국가호감도는 선행 연구에서 흔히 사용되었던 측정치 즉 “liking," "admiration," 그리고 ”respect"가 사용되었다 (한충민 1993; 2009). 조사 결과는 조사 항목별 결과와 조사 국가별 한 · 중 · 일의 국가 호감도가 아래에서 정리되어 있다.

동남아에서의 한 · 일 · 중의 국가 호감도

	한국	일본	중국
국가 호감도 평균	5.546	6.020	4.654
Liking	5.565	6.038	4.529
Admiration	5.565	6.133	4.614
Respect	5.507	5.890	4.820

주: 1) 국가 호감도는 3개 항목 즉 liking, admiration 그리고 respect로 측정하였음.
2) 7점 척도

동남아 5개국에서의 한 · 중 · 일의 국가이미지를 살펴보면, 국가 호감도로 측정한 국가이미지가 일본이 7점 만점에 6.020으로 한국의 5.546과 중국 4.654에 비해 월등히 높게 나타났다. 동시에 한국의 이미지도 중국에 비해 상당히 높은 것으로 조사되었다.

한 · 중 · 일의 국가이미지를 국가별로 살펴보면, 한국은 인도네시아와 베트남에서 가장 호의적으로 평가되고 있으며, 싱가포르와 말레이시아에서 상대적으로 낮은 호감도를 보이고 있는 것으로 발견되었다. 한국에 대한 호감도는 현지 국가의 경제발전 정도와 밀접한 관계가 있는 것으로 보인다. 즉 경제발전 정도가 낮은 국가에서 한국의 이미지가 경제발전 정도가 높은 국가에서 보다 호의적인 경향이 있는 듯하다.

일본도 한국의 이미지와 유사하게 인도네시아와 베트남에서 상대적으로 가장 호의적으로 평가되고 있으며, 싱가포르와 말레이시아에서 가장 비호의적인 것으로 나타났다. 한편은 중국의 이미지는 인도네시아와 태국에서는 호의적으로 나타났으나, 베트남과 싱가포르에서는 4점 수준 즉 중립적으로 평가되어 상대적으로 취약한 것으로 조사되었다.

국가별 한 · 일 · 중의 국가 호감도

	한국	일본	중국
5개국 평균	5.546	6.020	4.654
말레이시아	5.492	5.952	4.633
베트남	5.603	6.187	4.020
싱가포르	5.348	5.648	4.078
인도네시아	5.752	6.205	5.370
태국	5.533	6.110	5.170

주: 1) 국가 호감도는 3개 항목 즉 liking, admiration 그리고 respect로 측정하였음.
2) 7점 척도

국가별 한 · 중 · 일 3국의 문화 선호도

① 국가별 비교

한 · 중 · 일 3국의 문화 선호도를 현지 국가별로 살펴보면, 현지 국가별로 3국의 문화 선호도가 상이하게 나타났다.

우선 한국 문화에 대한 현지 국가별 선호도 결과를 분석하면, 태국에서 5.180으로 가장 호의적으로 나타났고, 그 다음으로 인도네시아와 베트남에서 각각 5.008과 5.013으로 다음으로 호의적인 것으로 나타났다. 한편, 한국 문화의 선호도는 말레이시아(4.745)와 싱가포르(4.761)에서 상대적으로 낮은 것으로 조사되었다. 한국 문화의 선호도가 말레이시아와 싱가포르에서 떨어지는 것은 한국 이미지가 상대적으로 낮은 것과 유사한 결과이다.

한국 문화 선호도의 국가별 비교

장르	5개국 평균	말레이시아	베트남	싱가포르	인도네시아	태국	F값
전통문화	5.095	4.965	5.230	4.980	5.170	5.130	1.74
드라마	5.110	4.815	5.215	4.785	5.290	5.445	7.44*
영화	4.928	4.710	4.945	4.745	5.025	5.215	4.81*
대중음악	4.632	4.490	4.660	4.535	4.545	4.930	2.70*
장르평균	4.941	4.745	5.013	4.761	5.008	5.180	4.91*

* 5% 유의, 7점 척도

일본 문화에 대한 현지 국가별 선호도는 태국에서 5.259로 가장 높게 그리고 인도네시아에서 5.056으로 그 다음으로 높게 나타났다. 한편 말레이시아, 베트남, 그리고 싱가포르의 선호도는 각각 4.863, 4.790, 그리고 4.779로 유사한 수준으로 나타나 태국과 인도네시아에 비해 낮았다.

일본 문화 선호도의 국가별 비교

장르	5개국 평균	말레이시아	베트남	싱가포르	인도네시아	태국	F값
전통문화	5.543	5.430	5.560	5.225	5.730	5.770	6.66*
드라마	4.875	4.760	4.575	4.685	5.110	5.245	9.59*
영화	4.890	4.810	4.665	4.735	5.025	5.215	6.60*
대중음악	4.489	4.450	4.360	4.470	4.360	4.805	3.51*
장르평균	4.949	4.863	4.790	4.779	5.056	5.259	7.72*

* 5% 유의, 7점 척도

중국 문화에 대한 현지 국가별 선호도를 살펴보면, 태국과 말레이시아에서 각각 4.989와 4.970으로 가장 높게 나타났고, 나머지 국가에서는 유사한 수준을 보였다. 중국의 선호도는 한국과 일본에 비해 상대적으로 현지 국가별로 큰 차이를 보이지는 않는 것으로 나타났다.

중국 문화 선호도의 국가별 비교

장르	5개국 평균	말레이시아	베트남	싱가포르	인도네시아	태국	F값
전통문화	5.093	5.160	4.855	4.955	5.265	5.230	3.21*
드라마	4.948	4.975	5.080	4.735	4.875	5.075	1.91
영화	5.086	5.150	4.905	4.960	5.240	5.175	2.12**
대중음악	4.370	4.595	4.025	4.685	4.070	4.475	7.85*
장르평균	4.874	4.970	4.716	4.834	4.863	4.989	1.67

* 5% 유의, 7점 척도

② 국가별 장르별 비교

말레이시아

말레이시아에서는 한국 문화에 대한 선호도가 중국과 일본에 비해 상대적으로 낮은 것으로 조사되었다. 이러한 현상은 전통문화, 드라마, 영화 및 대중음악 모두에서 공통적으로 나타났다, 한편, 중국 문화는 영화, 드라마 그리고 대중음악에서 한국과 일본에 비해 우위를 보였고, 일본은 전통 문화에서 선호되는 것으로 나타났다.

한 · 중 · 일 3국의 장르별 선호도 비교

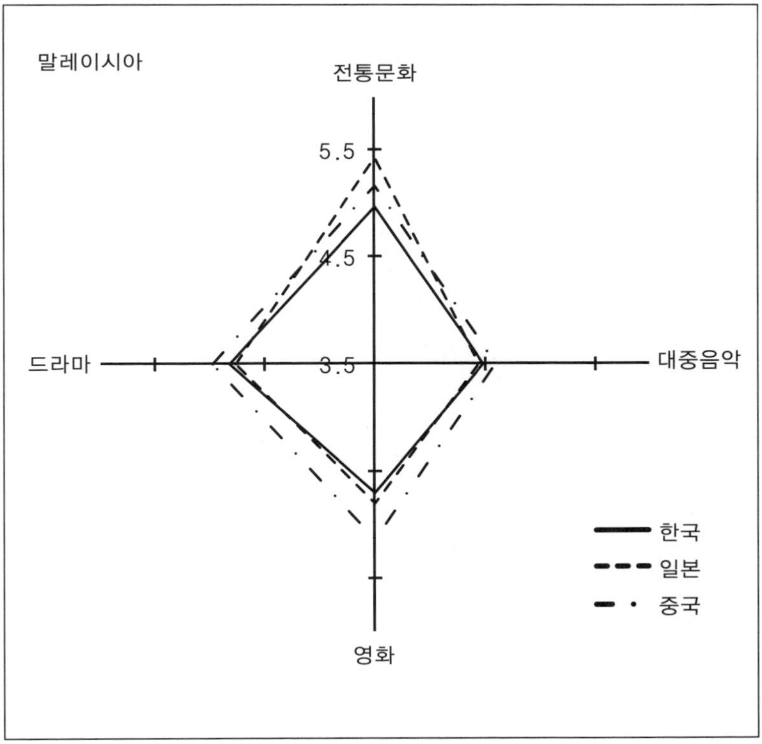

베트남

베트남에서는 한국 문화에 대한 선호도가 일본과 중국에 비해 높은 것으로 나타났다. 장르별로 한국 대중음악과 드라마가 선호되고 있고, 전통 문화에서는 일본이 한국 보다 우위에 있는 것으로 집계되었다.

한국 문화가 베트남에서 선호되고 있는 이유는 베트남의 인구가 상대적으로 젊은 층이 많고, 본 조사에도 29세 이하 및 학생의 표본이 상대적으로 컸기 때문으로 추정된다. 한편 중국 문화는 상대적으로 선호되지 않은 이유는 베트남의 중국에 대한 정서적 반감에 기인한 것으로 추정된다.

한 · 중 · 일 3국의 장르별 선호도 비교

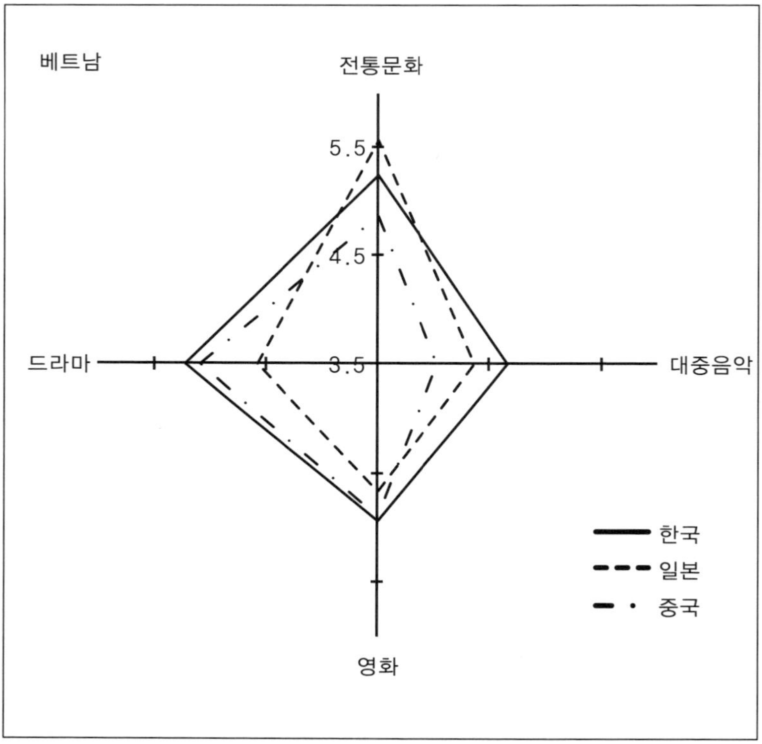

싱가포르

싱가포르에서는 중국 문화에 대한 선호도가 한국과 일본 문화보다 다소 높은 것으로 나타났다. 장르면에서 영화와 대중음악에서 중국 문화에 대한 선호도가 상대적으로 높았다. 한편, 한국과 일본은 4개 장르에서 선호도가 유사한 양상을 보이고 있다. 싱가포르에서 중국 문화, 특히 중국 영화 및 대중음악가 선호되는 이유는 중국계 인구가 높기 때문으로 해석할 수 있다.

한·중·일 3국의 장르별 선호도 비교

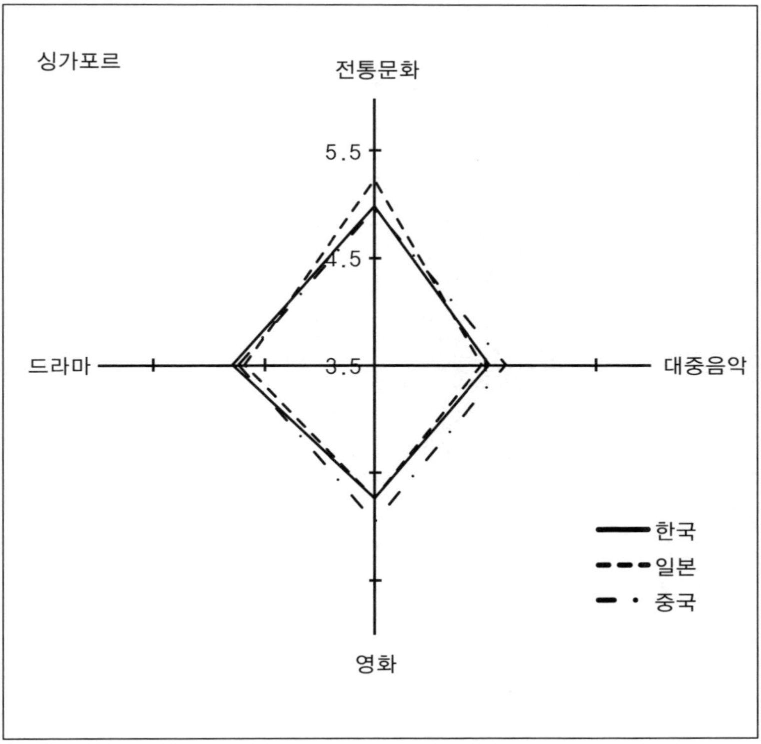

인도네시아

인도네시아에서는 한국과 일본의 문화에 선호도가 중국에 비해 높으며, 한국과 일본 문화간에서 유사한 수준으로 선호되는 것으로 나타났다. 장르면에서 한국은 드라마와 대중음악에서 우위를 보이고, 일본은 전통 문화에서 그리고 중국은 영화에서 선호도가 높았다.

한 · 중 · 일 3국의 장르별 선호도 비교

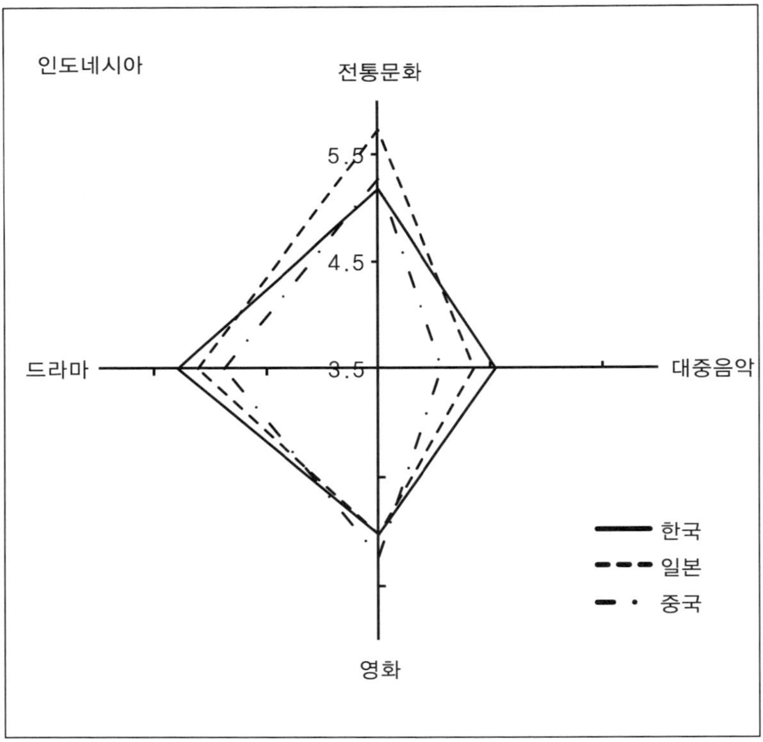

태국

태국에서는 일본 문화, 한국 문화 그리고 중국 문화의 순으로 선호되고 있는 것으로 조사되었다. 장르면에서 한국 문화는 다른 동남아 국가에서와 유사하게 드라마와 대중음악 면에서 강세를 보인 반면에 전통 문화에서 일본에 비해 열세를 보이는 것으로 나타났다.

한・중・일 3국의 장르별 선호도 비교

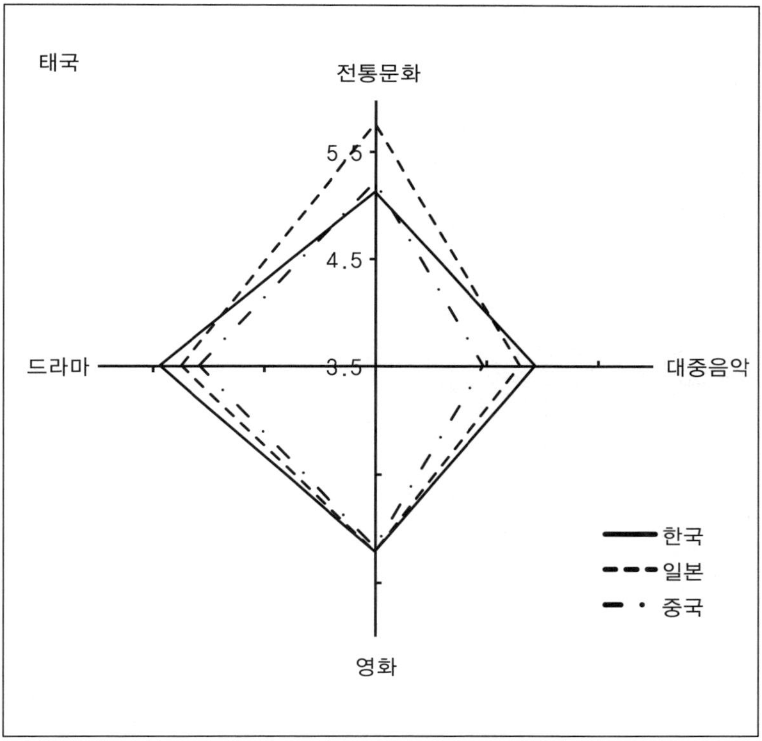

동남아 한류가 국가 이미지에 미치는 영향

① 문화 장르별 분석

문화 선호도와 국가 이미지와의 관계는 선행 연구에서 비교적 활발하게 연구되어 온 분야이다. 특히 한류는 국가이미지 형성에 영향을 미치는 것으로 알려져 있다 (한충민 · 진희 · 이상엽 2011). 따라서 동남아에서의 한 · 중 · 일 3국의 문화 선호도가 해당 국가의 이미지에 미치는 영향을 분석할 필요가 있을 것이다. 특히 어떠한 문화 장르가 국가이미지와 크게 연관되어 있는지에 관한 분석이 필요하다. 본 연구에서는 문화 장르별 영향을 규명하기 위해서 국가 호감도를 종속 변수로 회귀 분석을 수행하였다.[21] 그 결과는 아래에서 정리되어 있다.

문화 장르와 국가 호감도의 관계 – 회귀 분석

국가 호감도	표준화된 회귀 계수				
	전통문화	드라마	영화	대중음악	R^2
한국	.481*	.062**	.115*	.147*	.474
일본	.559*	.014	.147*	−.004	.421
중국	.509*	.015	.177*	.014	.421

주: * 5% 유의, ** 10% 유의.

21) 본 연구에서는 국가이미지와 문화 선호도간의 관계를 인과적 관계로 추정하고 회귀분석을 수행한 것은 아니다. 분석 편의상 문화장르간의 차이를 분석하기 위하여 다중회귀분석을 수행한 것이다. 물론 국가이미지와 문화 선호도간에는 인과 관계가 존재하는 것으로 추정된다. 그 관계는 순환적 인과 (recursive) 관계로 평가된다. 즉 국가이미지가 문화 선호도에 영향을 미치고, 문화 선호도도 국가이미지 형성에 영향을 미칠 수 있다는 것이다.

문화 장르와 국가 호감도의 관계를 회귀 분석을 통해 분석한 결과, 전통 문화가 국가호감도와 가장 밀접한 관계가 있는 것으로 분석되었다. 관계의 상대적 크기를 나타내는 표준화된 회귀 계수가 전통 문화에서 가장 크게 나타났다.[22] 이는 한국뿐만 아니라 일본과 중국에서도 공통적으로 발견되었다.

한국의 이미지와 관련하여서는 전통문화와 함께 대중음악과 영화의 영향이 통계적으로 유의한 것으로 나타났다. 흥미로운 결과는 한류를 주도하는 대중음악과 드라마가 한국 국가이미지에 미치는 영향이 전통문화에 비해 크지 않다는 점이다. 이는 한류가 젊은 층, 여성 그리고 학생 등의 계층에 제한되고 있어 전체 한국의 이미지에 미치는 영향은 기대와 달리 크지 않는 것으로 해석될 수 있다. 이에 따라, 앞에서 언급되었던 결과인 한국 문화의 선호도가 일본과 유사한 수준으로 높으나, 한국 국가이미지는 아직 일본의 이미지에 비해 낮은 경향이 존재하게 된 것으로 추정된다.

② 계층별 분석

한류의 장르가 한국의 이미지에 미치는 영향을 계층별로 상이할 수 있기 때문에 위의 회귀 분석을 계층별로 수행하였다. 예를 들면 회귀분석을 남성과 여성별로 별로도 수행하여 4개 문화 장르의 영향이 남성과 여성이 어떻게 다른지를 분석한 것이다. 그 결과는 아래에서 정리되어 있다. 문화 장르별 영향은 위의 분석과 마찬가지로 표준화된 회귀 계수로 추정할 수 있을 것이다.

---

22) 장르간 다중공선성이 일부 존재하여 전통 문화외 다른 장르의 회귀 계수가 높지 않게 나타난 점도 고려할 필요가 있다.

한류와 국가이미지의 관계 – 계층적 분석

계층	표준화된 회귀 계수				R^2
	전통문화	드라마	영화	대중음악	
여성	.427*	.143*	.061	.200*	.502
남성	.514*	.022	.156*	.097*	.461
학생	.419*	.154	.023	.240*	.479
비학생	.497*	.047	.125*	.139*	.481
29세 이하	.464*	.077	.109**	.203*	.533
30세 이상	.492*	.063	.105*	.111*	.438

주: * 5% 유의, ** 10% 유의.

한류와 국가이미지의 관계에 대한 성별 분석 결과를 살펴보면, 한류에 대한 선호도가 높은 여성은 남성에 비해 대중음악과 드라마의 영향이 크지만, 전통문화의 영향은 상대적으로 낮은 것으로 나타났다. 이 결과는 한류의 대중음악과 드라마는 여성 계층의 한국의 이미지 형성에 긍정적으로 작용하였지만, 남성에게 영향이 크지 않음을 시사해주는 것이다. 이러한 현상은 학생–비학생 계층과 29세 이하–30세 이상 계층 분석에서 유사한 것으로 나타났다. 즉 한류 선호 계층인 학생과 29세 이하의 젊은 계층에서는 대중음악이 한국의 이미지에 미치는 것으로 발견되었으나, 다른 계층에서는 그 효과가 제한적이었다.

이상의 결과는 종합하면, 현재 동남아에서의 한류는 여성, 학생과 젊은 계층에 제한되어 있어 한류가 국가이미지에 미치는 영향은 단기적으로는 높지 않을 수도 있다. 이 결과는 국가이미지 정책과 관련하여 2가지 가능성을 시사해주는 듯하다.

첫째, 그러나 특히 학생과 젊은 계층이 연령적으로 성숙하게 되면 한류의 영향이 범 계층적으로 확산되고 이에 따라 한국의 이미지도 범 계층적으로 개선될 수 있는 가능성이 있다. 두 번째의 가능성은 국가이미지를 큰 폭으로 개선하기 위해서는 한류를 대중음악과 드라마 중심에서 다른 장르로 확산시켜야 할 필요가 있음도 가능한 시나리오이다. 특히 전통문화에 대한 정책이 필요할 수 있다. 일본의 경우에는 전통문화에 대한 동남아의 선호도가 높고, 일본 전통문화가 일본의 이미지에 미치는 영향이 큰 것으로 분석되었다. 우리나라도 한국 이미지를 개선하기 위해서는 이와 유사한 현상이 발생해야 할 수도 있다.

3. 한 · 중 · 일 3국의 문화 경합 관계 분석

이장에서도 앞의 장에서 소개된 동남아 5개국 조사에서 분석되었던 내용을 소개한다. 특히 다음의 2가지 즉, ① 한 · 중 · 일 3국의 문화 선호 계층 분석과 ② 한 · 중 · 일 3국의 문화 경합도 분석이 이루어진다

① 한 · 중 · 일 3국의 문화 선호 계층

한 · 중 · 일 3국의 문화를 선호하는 계층을 주요 인구 통계적 변수인 성별, 연령별 그리고 직업별로 분석하였다.

성별 선호도

한 · 중 · 일 3국의 문화 선호도를 남성과 여성 표본으로 구분하여 분석하였다. 분석 결과는 한 · 중 · 일 3국으로 아래 표와 같이 정리되어 있다.

한국 문화는 상대적으로 남성보다는 여성이 선호하는 것으로 나타났다. 성별 선호도 차이는 4개 장르에서 모두 통계적으로 유의한 것으로 분석되었다. 상대적으로 한국 문화에 대한 여성 선호도는 드라마와 영화에서 높게 나타났다. 한편, 일본과 중국 문화에 대한 선호도는 평균적으로 남 · 여간 큰 차이가 없는 것으로 나타났다. 다만 일본 드라마는 여성 계층 그리고 중국 영화는 남성 계층에서 선호도가 높은 경향이 있는 듯하다.

한 · 중 · 일 3국의 문화 선호도 – 성별 비교

		평균	남	여	F값
한국	전통문화	5.095	5.032	5.164	2.72**
	드라마	5.110	4.827	5.423	38.35*
	영화	4.928	4.777	5.094	13.93*
	대중음악	4.632	4.518	4.757	6.10*
	장르평균	4.941	4.789	5.110	18.47*

		평균	남	여	F값
일본	전통문화	5.543	5.493	5.597	1.77
	드라마	4.875	4.766	4.996	7.43*
	영화	4.890	4.912	4.866	.35
	대중음악	4.489	4.875	4.890	.02
	장르평균	4.949	5.012	5.087	1.23

		평균	남	여	F값
중국	전통문화	5.093	5.126	5.057	.59
	드라마	4.948	4.922	4.977	.34
	영화	5.086	5.191	4.971	6.06*
	대중음악	4.370	4.343	4.400	.34
	장르평균	4.874	4.896	4.851	0.33

주: * 5% 유의, ** 10% 유의

직업군별 선호도

한 · 중 · 일 3국의 문화 선호도를 4개 직업군으로 구분하여 분석하였다. 직업은 분석 편의상 학생, 정규직, 자영업 그리고 기타로 구분하였다. 분석 결과는 아래 표에서 정리되어 있다.

한 · 중 · 일 3국의 문화 선호도 – 직업군별 비교

		평균	학생	정규직	자영업	기타	F값
한국	전통문화	5.097	5.353	5.062	5.152	4.948	2.51**
	드라마	5.111	5.403	5.114	5.097	4.858	2.61*
	영화	4.928	5.227	4.934	4.939	4.619	4.34*
	대중음악	4.630	5.143	4.590	4.582	4.403	5.66*
	장르평균	4.942	5.282	4.925	4.943	4.707	5.06*

		평균	학생	정규직	자영업	기타	F값
일본	전통문화	5.538	5.622	5.523	5.655	5.381	1.41
	드라마	4.875	5.092	4.842	5.042	4.612	3.76*
	영화	4.889	5.126	4.848	5.085	4.612	5.16*
	대중음악	4.485	4.656	4.454	4.685	4.216	3.48*
	장르평균	4.947	5.124	4.917	5.117	4.705	5.03*

		평균	학생	정규직	자영업	기타	F값
중국	전통문화	5.091	4.765	5.089	5.358	5.060	4.09*
	드라마	4.947	4.832	5.007	4.988	4.947	1.38
	영화	5.086	4.908	5.119	5.279	5.086	2.85*
	대중음악	4.369	4.286	4.442	4.430	4.369	2.36**
	장르평균	4.873	4.698	4.914	5.014	4.683	2.89*

주: * 5% 유의, ** 10% 유의

한국 문화에 대한 선호도는 학생 계층서 상대적으로 높은 것으로 분석되었다. 이러한 현상은 대중음악에서 가장 두드러지게 나타났으며, 영화와 드라마에서도 학생의 선호도가 뚜렷하였다. 한편, 일본 문화 선호도는 학생과 자영업 종사자에서 높게 나타났다. 흥미로운 결과는 중국 문화에 대한 선호도는 상대적으로 학생 계층에서 가장 낮은 것으로 나타나 한국 문화 선호도와 배치되는 결과를 보이고 있다는 것이다. 중국 문화에 대한 선호도는 자영업과 정규직에서 높아, 앞의 중장년 계층에서 중국 문화 선호도가 높다는 결과와 일치된다.

연령대별 선호도

한 · 중 · 일 3국의 문화 선호도를 2개 연령대별 분석하였다. 연령대별은 30세를 기준으로 유의미한 선호도 차이를 보여 29세 이하와 30세 이상으로 구분하였다. 분석 결과는 한 · 중 · 일 3국별로 아래의 표에서 정리되어 있다.

한 · 중 · 일 3국의 문화 선호도 – 연령대별 비교

		평균	~29세	30세~	F값
한국	전통문화	5.095	5.148	5.065	1.02
	드라마	5.110	5.195	5.061	1.73
	영화	4.928	4.945	4.918	.09
	대중음악	4.632	4.832	4.517	9.82*
	장르평균	4.941	5.030	4.890	3.19**

		평균	~29세	30세~	F값
일본	전통문화	5.543	5.596	5.513	1.05
	드라마	4.875	4.940	4.838	1.34
	영화	4.890	4.915	4.876	.22
	대중음악	4.489	4.566	4.445	1.74
	장르평균	4.949	5.004	4.918	1.53

		평균	~29세	30세~	F값
중국	전통문화	5.093	4.920	5.192	8.50*
	드라마	4.948	4.857	5.000	2.12
	영화	5.086	4.898	5.193	10.16*
	대중음악	4.370	4.272	4.426	2.27
	장르평균	4.874	4.737	4.953	7.40*

주: * 5% 유의, ** 10% 유의

위의 표에서 나타났듯이, 한국 문화 선호도는 29세 이하의 계층에서 30세 이상 계층에서 보다 높게 나타났다. 이러한 현상은 대중음악에서 두르러지게 나타났다. 이러한 결과는 앞의 직업별 분석에서 학생 계층에서 한국 문화의 선호도가 높은 결과와 유사한 것이

다. 즉 한국 문화의 선호도, 특히 대중음악에 대한 선호도는 젊은 학생 계층에서 높다는 것을 의미하는 것이다.

한편, 중국은 우리와 대체로 반대되는 경향을 보이고 있다. 중국 문화는 29세 이하 계층 보다는 30세 이상에서 선호되는 경향이 발견되었다. 이러한 현상은 영화에서 두드러지게 나타났다. 일본 문화 선호도는 연령층에 크게 다르지 않는 것으로 나타나 일본 문화는 대체로 폭 넓은 계층에서 선호되는 경향이 있는 점이 한국 문화와 다른 점이다. 반면에 한국과 유사한 점은, 일본 문화는 통계적으로는 유의하지 않지만 상대적으로 29세 이하 계층에서 다소 선호되고 있다는 것이다.

② 한 · 중 · 일 3국의 문화 경합도

계층별 경합도

위에서 동남아 국가에서의 한 · 중 · 일 3국의 문화를 선호하는 계층이 다소 다르다는 결과가 발견되었다. 좀 더 구체적으로 한국 문화를 선호하는 계층은 여성과 젊은 계층 (특히 학생)인 특성을 보이고, 중국은 남성과 30세 이상의 계층에서 선호되는 경향이 있었다. 한편 일본은 강하지는 않았지만 한국 문화 선호 계층과 유사한 특성을 보였다.

이러한 선호 계층 특성, 특히 연령과 성별을 중심으로 한 · 중 · 일 3국의 문화 경합 정도를 분석할 필요가 있다. 따라서 본 연구에서 동남아에서의 3국의 문화 경합도를 연령과 성별을 기준으로 포지셔닝 맵을 작성하였다. 그 결과는 아래의 그림에서 나타나있다. 아래 그림에서 Young – Old 축은 29세 이하와 30세 이상의 계층에서의 문화선호도 차이를 나타내며, 남 – 여 축은 남녀간의 선호도 차이를 표시한 것이다. 따라서 좌표 위치는 각각의 축에 표시되어 있는 계층에서 반대 축에 있는 계층에 비해 선호하는 정도를 나타내는 수치이다.

한 · 중 · 일 3국의 문화 포지셔닝 맵 – 인구 통계적 분석

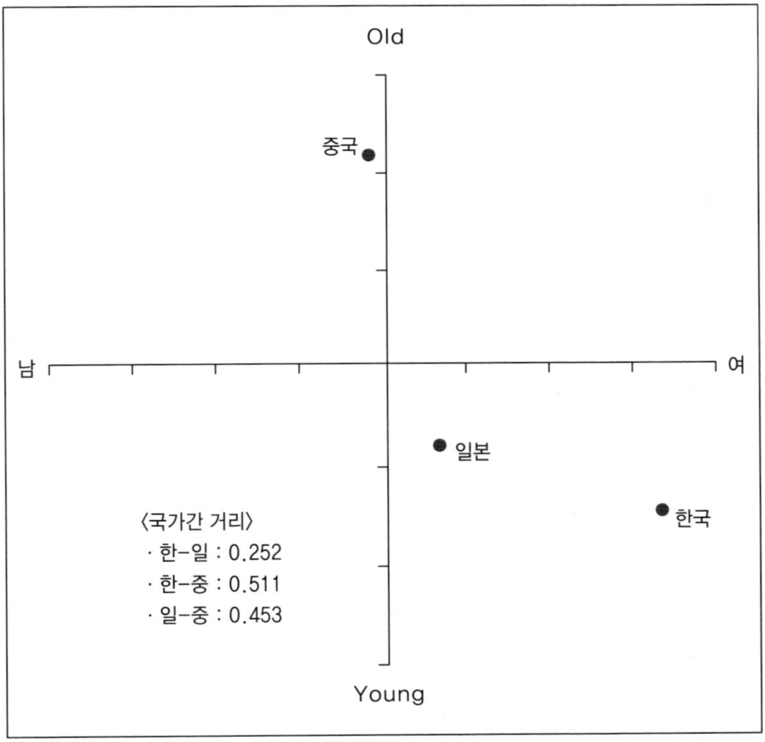

한 · 중 · 일 3국의 문화 포지셔닝 맵을 연령과 성별을 기준으로 작성한 결과, 한국 문화의 선호 계층은 여성과 젊은 계층으로 중장년 계층을 기반으로 하는 중국 문화의 선호 계층과 직접 경합하지는 않는 것으로 분석되었다. 한편 일본의 선호 계층은 한국과 중국의

중간적 위치이나 한국에 근접한 위치에 있는 것으로 나타났다.

국가간 거리를 분석하면, 한국과 일본은 0.252, 한국과 중국은 0.511, 그리고 일본과 중국은 0.453으로 계산되었다. 이 수치는 7점 척도에서 측정한 호감도 차이로 해석되는 것이다. 이 수치는 한국과 일본이 상대적으로 근접하여 있다는 것을 의미하는 것이다. 이상의 결과는 한국과 일본의 문화 선호 계층은 상당 중복이 되어 있어 한국 문화는 동남아에서 일본 문화와 경합하고 있음을 시사해주는 것으로 해석할 수 있는 듯하다.

종합적 경합도

한 · 중 · 일 3국의 문화 선호도를 종합적으로 분석하여 보면 위의 결과와 유사하나 다소 상이한 포지셔닝 맵이 작성되었다. 구체적으로 현지인의 3개국 문화 선호도의 상관계수를 기준으로 요인분석을 수행하였고, 요인분석으로 추출된 2개 요인을 중심으로 3개국의 문화 선호도를 좌표화하였다. 이러한 작업을 통해 한 · 중 · 일 3국의 문화 선호도의 경합 관계를 주요 기준별로 파악할 수 있으며, 3개 문화간 차이를 결정하는 잠재 요인을 추정할 수 있는 장점이 있다. 물론 좀더 과학적인 분석이 이루어지기 위해서는 3개 문화가 창출하는 가치에 대한 조사가 이루어져야 할 것이다.

한국과 일본 문화간의 상관계수는 0.736, 한국과 중국은 0.453, 그리고 일본과 중국은 0.474로 나타났다. 3개국 상관계수를 기준으로 분석한 경합도 결과는 아래 〈그림 3〉에서 정리하였다.

한 · 중 · 일 3국의 문화 포지셔닝 맵 – 선호도 기준

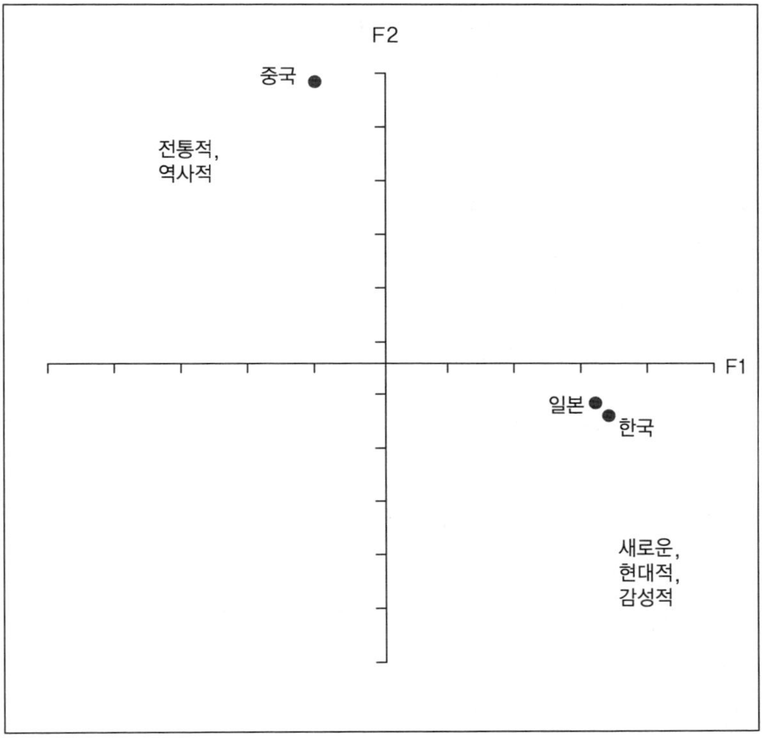

동남아 국가에서의 한 · 중 · 일 3국의 문화에 대한 전반적인 선호도를 경합 포지셔닝 맵을 분석하면, 한국과 일본의 문화 선호도는 매우 근접한 것으로 나타났다. 즉 한국 문화를 선호하는 사람은 일본 문화 선호도를 선호하는 경향이 매우 높은 것이다. 한편 중국 문화의 선호도는 한국과 일본의 문화 선호도와는 반대의 현상을 보이는 것으로 분석되었다. 즉 한국과 일본 문화를 선호하는 사람은 중국 문화를 선호하지 않는 경향이 있다는 것이다. 이 결과는 한국 문화와 일본 문화는 동남아에서 직접 경합하는 관계에 있으며, 중국과

는 경합하는 정도 매우 낮음을 시사해주는 것이다.

한편 한국과 일본 문화는 종합적으로 추정해볼 때, 동남아 현지인에게 새롭고, 현대적 그리고 감성적인 가치를 제공하는 것으로 보인다. 한편 중국은 전통적이고 역사적인 가치를 제공하는 것으로 추정된다. 이는 앞서 분석한 선호 계층과 선호 문화 장르 비교에서 추정한 것으로 조심스럽게 해석될 필요가 있다. 좀더 구체적인 분석을 위해서 현지인을 대상으로 각국 문화가 창출하는 문화적 가치에 대한 조사가 이루어져야 할 것이다.

4. 한류가 한국 국가브랜드와 제품 브랜드에 미치는 영향

한류가 국가브랜드와 개별 제품 브랜드에 미치는 영향이 어느 정도인가? 일반적으로 그 영향은 상당할 것으로 추정되고 있다. 이에 관련하여, 앞에서 28개국 조사에서 일부 살펴보았다. 이 장에서는 구체적으로 한류 효과를 추정하여 한류가 국가브랜드 그리고 우리 제품의 브랜드에 미치는 이유를 면밀히 살펴본다.

한류의 효과

한류는 통상적으로 중국을 중심으로 한 아시아권에서 일어난 한국 대중문화를 동경하고 추종하는 현상을 지칭하는 말이다. 이러한 한류는 1990년대 중반부터 TV드라마를 중심으로 시작하여, 가요, 영화를 거쳐 음식, 게임, 패션, 관광 등의 다양한 문화 분야로 그 영역이 확대되어 왔다.[23] 중국은 이러한 한류의 세계적 확산의 중심이다. 그러나 최근에는 한류가 특정 국가에 국한되지 않고 있으며, 한

23) 삼성경제연구소, 「한류지속과 기업의 활용방안」, 『CEO Information』, 제503호, 2005

류의 영역 또한 대중문화의 범위를 넘어 외국에서 외국인들의 관심을 끄는 한국과 관련된 모든 것을 한류로 간주하는 광의적 개념으로 정의하는 경향도 있다.

아시아에서의 한류는 한국 문화산업의 우수한 콘텐츠 품질, 마케팅 활동과 같은 한국의 문화적 요인과 같은 요인에 크게 기인한 것으로 평가되고 있다. 또한, 한류의 확산에는 아시아 지역의 소득 증가와 중산층 형성과 같은 사회 · 경제적 변화 과정에서 높아진 문화적 욕구를 현지 문화가 맞추지 못하여 발생한 현지 시장적 요인이 작용한 것으로 설명되기도 한다.[24]

한류의 효과는 크게 두 가지 요인에 의해 발생하고 있는 것으로 평가되고 있다.[25] 첫 번째는 TV 드라마, 가요, 영화 등의 한류 문화 콘텐츠에 대한 만족도이고, 두 번째는 콘텐츠보다는 한류 스타에 대한 호의적인 이미지의 형성이다.

한류 문화 콘텐츠의 효과

한국 TV드라마와 같은 한류 문화 상품에 대한 호감도가 한국에 대한 이해 및 한국에 대한 긍정적 이미지 형성에 도움이 되고, 이러한 이미지의 향상이 한국 제품 평가 및 구매에 연결될 수 있음이 여러 연구에서 보고되고 있다. 한류는 교육수준, 소득수준과 같은 인구통계학적 특성에 따라 각기 영향을 받을 수 있으며, 한국 문화 (드라마, 음악, 영화)에 대한 관심 정도와 접촉 빈도에 따라 달라질 수 있는 것으로 보고되고 있다.

국가이미지는 다양한 노출에 의해 형성될 수 있다. 국가이미지에 관한 기존 연구는 국가이미지에 영향을 미치는 노출로서 방송 보도,

24) 한홍석, 전개서, 2005; 이운영, 전개서 2006.
25) 한충민 외 2인, 전개서, 2011.

TV 드라마 또는 영화의 시청, 광고나 구전과 같은 간접적인 경험과 동시에 해당 국가로의 여행, 해당 국민과의 접촉, 그리고 해당 국가의 제품 경험과 같은 직접적인 경험을 제시하고 있다.[26] 한류의 효과도 다양한 문화 상품에의 노출, 콘텐츠에 대한 만족도, 그리고 그로 인한 한국 제품 경험, 여행 및 한국인과의 교류 등에서 발생할 수 있는 것이다.

이와 관련하여 김재휘 · 서종희(2006)가 흥미로운 연구 결과를 보고한 바가 있다. 그들의 실험 연구에 의하면 일본 TV드라마를 2주 동안 시청한 학생들이 시청하지 않은 학생들에 비하여 일본인에 대한 고정관념에 큰 변화가 있음을 발견하였다.[27] 이러한 결과는 TV 드라마가 보여주는 세상을 통하여 기존의 고정관념이 수정될 수 있다는 것을 의미한다. 이러한 국민 간, 민족 간의 커뮤니케이션은 태도 변화를 이끌어 내지만 반드시 긍정적인 태도를 형성시키는 것은 아니며, 부정적으로 평가된 자극에 대해서는 더 부정적인 평가가 발생한다는 결과도 있다. 따라서 TV드라마의 시청이 국가이미지에 긍정적인 영향을 미치려면 한국드라마에 대한 긍정적인 평가가 선행되어야 할 것이다.

한류 스타의 효과

한류 스타도 해외에서 한국을 알리고 한국에 대한 친숙도를 높여 국가이미지를 개선시키는 긍정적인 효과를 기대할 수 있다. 친숙도가 호감도로 이어진다는 점으로 앞에서 언급한 바가 있다. 이러한 인지적인 효과와 동시에 한류 스타에 대한 호감도도 감정 전이 (af-

26) Jaffe and Nebenzahl, op. cit., 2006.
27) 김재휘 · 서종희, 「일본 TV 드라마 시청이 일본인에 대한 고정관념에 미치는 영향」, 『한국심리학회지』, 제24권, 제4호, 2006, pp. 35-46.

fect referral)를 통해 한국에 대한 호감도가 좋아질 수도 있다. 감정 전이란 마케팅 학문에서 기존 형성된 감정이나 태도가 다른 대치물 (對置物)에 전이되는 현상을 의미한다.

한류 스타에 대한 호감도가 발생하는 이유는 한류 스타의 매력성에 크게 기인하는 듯하다. 중국의 일반 대중은 이들 한류 스타에 대해 아름답고 세련되었으면서도 친근하다고 생각하는 것으로 조사된 바가 있다[28] (곽수경, 2005). 최근 K-Pop의 인기에도 스타의 외형적 매력성이 크게 작용하고 있다고 지적되고 있다. 한류 스타의 매력성이 한국에 대한 태도로 전이될 수 있는 것이다.

한류의 효과에 대한 실증적 검증

한류가 국가이미지에 미치는 영향은 여러 연구에서 검증되어 왔다. 대체로 한류의 효과가 통계적으로 유의하게 나타났다. 최근 한충민 · 진희 · 이상엽 (2011)의 연구에서 한류 효과에 관하여 흥미로운 실증적 결과를 보고하고 있다.

한충민 외 (2011)의 연구에서는, 한류가 한국 브랜드의 이미지에 미치는 효과는 한류 스타를 활용하는 광고와 함께 한류에 의해 형성되는 호의적인 국가 이미지에 의해 발생한다는 가설을 제시하고 검증하였다. 그리고 한류를 한국 TV드라마 호감도와 한류스타 호감도로 구분하여 살펴보았다. 중국에서의 설문조사 자료로 검증한 결과는 그림에서 정리되어 있다. 영향력이 큰 효과는 굵은 선으로 표시되어 있다.

28) 곽수경, 「중국의 한국드라마와 한류스타 현상」, 『중국연구』, 제35권, 2005, pp .69-86.

〈한충민 외 연구 (2011)의 한류 효과 검증 모형〉[29]

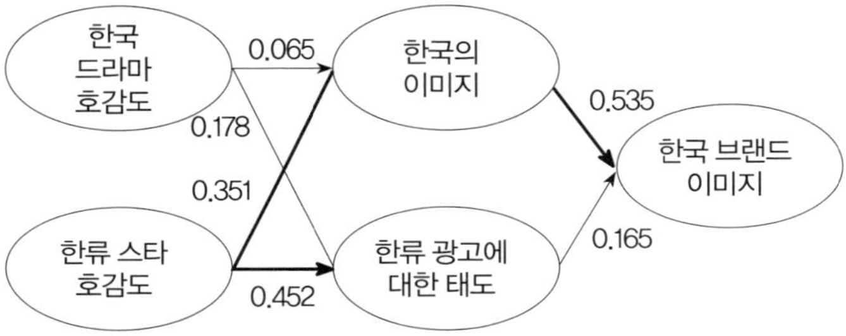

주: 상기 수치는 표준화된 회귀계수이며, 모두 5% 수준에 통계적으로 유의함.

주요 연구 결과를 살펴보면, 우선 한류가 국가이미지에 미치는 영향은 통계적으로 입증되었다. 한류 문화 콘텐츠와 한류 스타 모두 국가이미지에 영향을 미쳤지만, 상대적으로 한류 스타의 효과가 콘텐츠의 효과가 큰 것으로 나타났다. 둘째는 한류로 인해 향상된 우리나라 이미지가 우리나라 제품 브랜드에 미치는 영향이 통계적으로 유의한 것으로 나타났다. 흥미로운 결과는 이러한 원산지 효과가 한류마케팅 효과보다 큰 것으로 나타난 점이다. 한류 마케팅 효과이란 한류를 이용한 기업 촉진활동에 의해 발생하는 효과를 의미한다.

이 연구는 국가브랜드 관점에서 세 가지 측면에서 유익한 시사점을 제공하고 있다. 첫째, 한류가 우리나라 국가브랜드 뿐만 아니라 제품 브랜드에도 상당한 영향을 미친다는 점이 지적될 수 있다. 한류가 우리나라에게 매우 중요한 브랜드 자산으로 지속적으로 지원 · 관리되어야 하여야 함을 시사해준다.

둘째는 한류 스타가 국가브랜드에 미치는 효과가 한류 콘텐츠의 효과보다 큰 점이다. 이는 한류와 국가브랜드를 연결시키는 작업에서 한류 스타를 적극적으로 활용하는 것이 효율적인 전략임을 시사

29) 자세한 내용은 한충민 외 2인 (전개서, 2011) 참조.

해주는 결과이다. 마지막으로 국가브랜드가 한국 제품 브랜드에 미치는 효과가 한류 마케팅 효과보다 큰 점으로, 이는 역시 원산지 효과의 중요성을 다시 한 번 입증해주는 결과이다.

5. 한류 선호 계층의 특성 – 중국

한류를 전파하기 위해서는 한류를 선호하는 계층의 특성을 파악할 필요가 있다. 특히 한류를 선호하기 위해 한국어 능력이 얼마나 중요한가, 그리고 한국에 대한 노출이 얼마나 이루어져야 하는가를 파악할 필요가 있다. 동시에 자국민으로서의 정체성, 즉 중국인의 경우에는 중국인으로서의 정체성이 한류 호감도와 어떠한 관계가 있는지에 대한 의문이 생길 수 있다.

이 장에서는 중국인 대상으로 중국인 정체성, 한국어 능력 그리고 한국에 대한 노출 정도가 한류 호감도, 특히 한류 드라마에 대한 선호도 그리고 한류 스타에 대한 호감도와 얼마나 밀접하게 관련되어 있는지 소개하고자 한다. 이와 관련하여 필자가 최근 연구한 결과를 소개하고자 한다.[30] 상기 연구에서는 다음의 그림과 같은 결과가 발견되었다. 구체적인 내용은 아래에서 설명된다.

30) 한충민 · 리우위첸 · 김언정, 「조선족과 한족의 한국 제품 구매 형태의 매개 변수 효과에 관한 실증 연구」, 소비문화연구, 제17권 제3호, 2014년 9월, 1–21.

〈 중국인의 한류 호감도 요인 〉

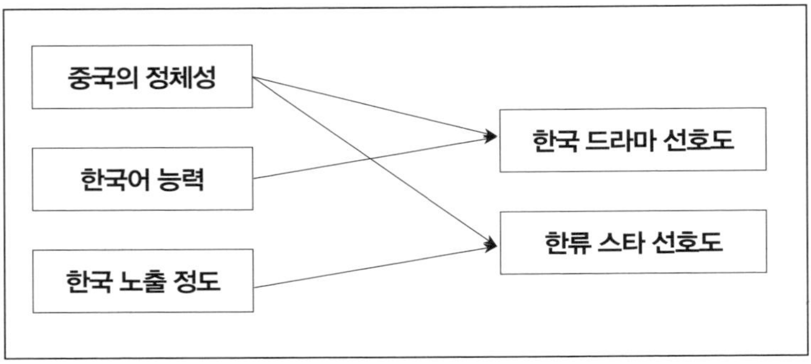

상기 연구에서는 연길에 있는 연변 대학교의 한족과 조선족 160명과 장춘에 있는 장춘공업대학교의 한족과 조선족 160명, 총 320명를 대상으로 설문조사를 실시하였다. 여기서 조선족을 포함시킨 이유는 조선족이 한족 보다 한류에 대한 호감도가 높은데, 이는 한족과 조선족의 차이 즉 중국인 정체성, 한국어 능력과 한국에 대한 노출(cf. 김진 2005; 예동근 2012)에 의한 것인지를 파악하기 위함이었다. 조사지역을 연변과 장춘으로 한 이유는 연변은 중국의 유일한 조선족 자치주로 조선족의 영향이 크며, 장춘은 길림성 내에서 조선족의 비율이 비교적 적은 지역이기 때문에 연구의 결과에 대한 신뢰성을 높일 수 있을 것으로 예상하였기 때문이다. 최종 320명의 응답자는 남성 비율이 조선족은 36.7% 그리고 한족 56.4%이였으며,[31] 조선족과 한족의 98%이상이 20 – 24세로 집계되었다.

① 중국인 정체성과 한류 선호도

국가정체성의 개념은 Tajfel and Turner (1979)의 사회 정체성

31) 조선족과 한족의 성별 차이는 뒤에서 수행된 다변량 공분산분석에서 통계적으로 유의하지 않은 것으로 나타나, 향후 분석에서 성별 차이를 통제하지 않았음.

이론을 기초로 발전된 것으로, 자신이 속해 있는 국가와 민족 집단에 대한 소속감을 의미한다. 개인이 심리적으로 국민의 일원으로 유대감과 연대 의식 및 자각을 보이는 정도를 나타낸다 (Kirloskar 2010). Evans and Kelly (2002)는 자국에 대해 갖는 감정, 즉 자긍심이나 애착심, 소속감 그리고 충성심 등으로 정의하고 있으며, 이러한 국가정체성은 역사적 영토, 자연환경, 문화적 유산, 역사적 기억, 공통의 대중문화, 공통의 언어 등에 의해 형성되는 것으로 보고되고 있다 (Smith 1993). 선행 연구에서는 Huntington (1993)의 사회적 구성요소인 종교, 역사, 관습, 사회적 기관을 바탕으로 국가정체성의 구성 요소를 신념 구조, 국가적 유산, 문화적 동질성, 소비자 자민족중심주의로 구분하고 있다 (Thelen and Honeycutt 2004; Cui and Adams 2002; Keillor, Hult, Erffmeyer and Babakus 1996).

인류학, 심리학 또는 마케팅 연구에서는 국가정체성이 소비자의 구매 행위에 영향을 미치는 것으로 보고되고 있다. 그 예로 국기, 대학 운동복, 기념품이나 천연자원 같은 상징적 제품들은 소비자가 자신의 국가정체성이나 사회정체성을 표현하는 수단으로써 구매하는 경향이 있다 (Berger and Heath 2007; Strang 2005). 또한 지역 전통음식과 전통의상처럼 역사, 지리, 전통 그리고 문화적인 요소를 가진 제품들이 민족적 주체성을 표현하는 수단으로 소비되는 경향이 있으며 (Cleveland et al 2011), 지역을 대표하는 제품의 소비가 국가정체성을 강화시켜 주는 경향이 있는 것으로 보고되고 있다 (Bulmer and Buchanan-Oliver 2010).

조사 자료를 분석한 결과, 위의 그림에서 보듯이 중국인 정체성과 한류 선호도가 밀접하게 관련되어 있었다. 구체적으로, 중국인 정체성이 낮을수록 한국 TV 드라마와 한류 스타에 대한 호감도가 높게 나타났다. 중국인 정체성이 높은 중국인은 상대적으로 자민족성향이 강하여, 한국을 포함한 외국 문화에 대한 수용도가 떨어진다는 선행 연구의 결과와 유사한 내용이 발견되었다. 따라서, 상대적으로 한류를 전파하기 위해서는 중국인 정체성이 상대적으로 낮은 계층 즉 개방성이 높은 계층을 공략할 필요가 있다, 대체로 젊고, 고 학력, 고 소득, 도시 거주민이 이에 해당한다 (한충민 · 김상묵 2013). 동시에 중국의 경우에는 상대적으로 조선족과 같은 소수 민족이 중국인 정체성이 낮고, 이 연구에서 조선족이 한족 보다 중국인 정체성이 낮게 나타난 바가 있다.

② 한국어 능력과 한류 선호도

중국인의 한국어 능력도 한류 선호도와 밀접한 관계가 있을 수 있다. 문화인류학 이론에 따르면, 언어는 공동체 집단, 특히 민족의 정체성을 형성하는 주요 기준으로 작용한다(May 2001; Crystal 2010). Orman(2008)은 언어에 따라 민족적 특성이 달라, 민족 구분에 가장 효과적인 지표가 언어임을 주장하기도 하였다. 언어는 집단의 공동체 의식과 구성원의 결속에 지대한 영향을 미치는 것으로 알려져 있다(Bamgbose 2000).

언어가 개인의 행동에 미치는 영향으로, 언어 능력을 보유한 개인은 의사소통 능력이 높아 특정 언어 문화에의 심리적 적응이 촉진되며, 동시에 해당 문화에 대한 친근감이 클 가능성이 높다고 지적되고 있다(Gudykunst, Ting-Toomey, and Chua 1988). 따라서 한국어 구사 능력을 갖춘 중국인은 한국과 한국 문화에 대한 이해가 높아지고, 이에 따라 한국, 한국인 그리고 한국 문화에 대해 호의적 태도를 형성하게 될 가능성이 높다.

조사 결과, 한국어 능력을 보유한 중국인은 상대적으로 한국 TV

드라마를 좋아하는 경향이 있는 것으로 나타났다. 이는 한국어 구사 능력을 갖추어 있기 때문에 한국 드라마를 이해할 수 있으며, 한국 문화에 대한 친근감이 높아지고 그에 따라 한국 문화 및 한국에 대한 호의적인 이미지를 형성할 가능성이 높다. 이 결과는 한글 교실 운영 등 해외에서의 한글 교육이 한류 확산에도 도움이 될 수 있음을 의미한다. 한편, 한국어 능력과 한류 스타에 대한 호감도는 크게 관련성이 없는 것으로 나타났다.

③ 한국에의 노출 정도와 한류 선호도

한국어 능력과 함께, 한국에의 노출 정도가 많은 사람이 한류를 선호할 가능성이 높다. 커뮤니케이션 이론에 따르면 문화적 그리고 그에 따른 정서적인 교류에 영향을 미치는 대표적인 변인으로는 미디어 사용행태 및 노출이 지적되고 있다 (Chaffee, et al., 1990; Jeffres, 1999; Johnson, 1996; Lee and Tse, 1994). 즉 미디어 노출이 높은 사람은 해당 국가에 대한 문화적 친근감과 친숙감이 높아진다는 것이다 (조창환 · 성윤희 2010). 이에 따라 해당 국가의 문화와 관련 대상에 대한 호감도가 높아질 것으로 예상할 수 있다. 예를 들면, 해당 국가에 친숙한 소비자는 해당 국가의 제품에 대한 구매 의도가 높아지게 되는 것이다 (Oberecker et al, 2008). 동시에 미디어는 프로그램에 수반되는 패션, 음악, 음식 등 문화적 요소를 동시에 유통시키며, 이미지 형성이나 방문을 유도하는데 있어 더욱 중요하며 (Kim and Richardson 2003), 방문에 따라 해당 국가의 문화에 대한 수용도도 높아질 수 있다.

실제, 조사 결과, 한국 미디어에 대한 노출이 높으며 한국을 방문하는 기회가 있는 중국인은 상대적으로 한류 스타를 좋아하는 경향이 있는 것으로 나타났다. 따라서, 가급적으로 한국 관련 노출을 확대하는 것이 장기적으로 한류 확산에 도움이 된다는 것이 확인되었다.

〈시사점〉

위의 논의한 결과는 한류 확산에 유익한 시사점을 제시할 수 있다. 우선, 시장세분화 전략 수립에 본 연구의 결과가 유용하게 적용될 수도 있다. 한류가 조선족과 조선족이 대규모 거주하는 지역에 상대적으로 확산되어 있는 점으로 보아, 이와 유사한 전략이 효과적일 가능성이 높다. 그러나 한류 시장 확대를 위해서는 조선족으로 기준으로 할 것이 아니라 중국인 정체성이 낮은 즉 대외개방성이 높은 계층, 그리고 한국어 구사 능력이 높고 한국과의 접촉 정도가 높은 소비자 계층과 지역을 표적으로 하는 전략이 바람직할 수 있다.

또 다른 시사점은 중국내 다양한 하위 문화가 존재하는 소수 민족 시장에의 진출에도 본 연구의 결과가 유용하게 적용될 있는 듯하다. 중국내 소수 민족들도 조선족처럼 중국인으로서의 정체성이 낮을 수 있으며, Taylor (1982)가 지적한 바와 같이 하위 문화 집단은 국가정체성이 낮은 경향이 있다. 따라서, 소수 민족 소비자는 한국을 포함한 외국 제품과 문화에 대한 수용도가 높을 수도 있기 때문이다. 이를 확인하기 위해서는 소수 민족에게도 중국인으로서의 정체성 정도에 관한 추가적인 연구가 필요하다.

국가 정책적인 시사점으로서 정부는 한류 확산과 한국 제품의 중국 진출을 지원해주기 위해서는 세종학당의 추가 설립 및 지원 등의 해외에서의 한국어 교육 강화가 필요할 수 있다. 동시에 한국어 방송을 확대하거나 외국인 관광객 유치를 적극 지원하는 것도 장기적으로 한류 확산과 한국 제품의 수출에 도움이 될 수 있을 것으로 추정된다. 즉 한국과의 교육 및 문화 교류가 장기적으로 한국 이미지 제고에 도움이 되는 요인이 될 수 있다.

3부
국가 브랜드 세계화 사업

제3부 국가 브랜드 세계화 사업

그 동안 대한민국 정부와 지방 도시에서 다양한 국가 및 도시브랜드 사업을 추진해왔다. 대체로 이들 사업들은 일부의 성과에 불구하고, 소기 성과를 달성하지 않은 것으로 평가된다. 이는 적절한 예산과 전문 인력이 투입되지 않아 구호성 사업으로 그친 경우가 많았고, 사업 비전 및 브랜드 정체성이 불명확하고, 사업 영역의 설정 및 사업 기획의 미숙에 기인한 것으로 추정된다.

국가브랜드 세계화에 있어 가장 큰 도전은 사업 과제를 설정하고 기획하는 문제일 것이다. 특히, 기업 브랜드와 달리 국가나 도시의 경우에는 정체성이나 가치를 확립하기가 용이하지 않다. 우선, 브랜드 정체성을 확립하기 위해서 다양한 이해관계 집단들과의 협의와 동의가 선행되어야 한다. 동시에 기업과 달리 국가나 도시에는 여러 가지 연상이나 가치가 혼재되어 있기 때문이다. 이러한 이유 때문에 국가브랜드 사업을 계획함에 있어 국가브랜드 사업의 특수성을 이해해야 할 것이다.

동시에, 국가브랜드 사업의 기획과 추진에 있어 효율성에 초점을 맞추어야 할 필요가 있다. 국가브랜드와 도시브랜드 사업은 단기간에 성과를 보이기가 어려운 사업이다. 따라서, 다른 사업에 비해 제한된 예산과 인력으로 효율적인 집행이 되기 위해서는 실체 변화보다는 이미지 강화에 초점을 둔 실현 가능한 사업 과제를 바탕으로 해야 할 것이다. 동시에, 적절한 타켓팅, 커뮤니케이션, 메시지 그리고 이해관계자 관리 전략도 마련되어야 할 것이다.

제3부에서는 우리나라의 국가브랜드와 도시브랜드 사업을 평가하고, 이를 바탕으로 국가브랜드 사업 기획과 효율적 추진을 위해서 필요한 과제를 주요 쟁점별로 분석하고 논의한다.

Ⅰ. 대한민국 국가 브랜드 사업 평가

우리나라의 이미지는 실체에 비해 상대적으로 저평가되어 있는 경향이 있다. 이러한 저평가는 선진국에서 두드러지게 나타나고 있는데, 이는 우리나라에 대한 인지도도 아직 낮으며, 인지도가 있는 경우에도 이미지 내용이 호의적이지 못한 경향이 큰 것으로 판단된다. 따라서 우리나라의 국가브랜딩에서 가장 우선적으로 다루어져야 하는 과제는 인지도 창출과 함께, 코리아 디스카운트 해소에 있어야 할 것이다.

그 동안 대한민국 정부와 지방 도시에서 다양한 국가 및 도시브랜드 사업을 추진해왔다. 대체로 이들 사업들은 일부의 성과에 불구하고, 소기 성과를 달성하지 않은 것으로 평가된다. 이는 적절한 예산과 전문 인력이 투입되지 않아 구호성 사업으로 그친 경우가 많았고, 사업 비전 및 브랜드 정체성이 불명확하고, 사업 영역의 설정 및 사업 기획의 미숙에 기인한 것으로 추정된다. 다음에서 국가브랜드와 도시브랜드 사업의 필요성을 다시 정리하고, 대한민국의 지역브랜드 사업을 조명해 본다.

1. 대한민국 국가 및 도시 브랜드 사업의 필요성

우리나라 국가브랜드 사업을 평가하기 전에 우리나라에 국가브랜드 사업이 필요한가에 관한 논의가 선행되어야 할 것이다. 이를 위해서는 우리나라 국가브랜드의 위상을 평가해야 할 것이다.

우리나라 국가브랜드 위상을 평가하기 위해서는 외국인이 지각하고 있는 한국의 국가이미지, 한국 제품에 대한 이미지 그리고 한국 문화에 대한 호감도를 평가해볼 필요가 있다. 이에 관한 자세한 평가는 제 2부에서 이루어졌다.

우리나라의 이미지는 전반적으로 살펴보면, 우리나라는 실체에 비해 상대적으로 저평가되어 있는 경향이 있는 것을 확인할 수 있다. 이러한 저평가는 선진국에서 두드러지게 나타나고 있다. 선진국에서는 우리나라에 대한 인지도도 아직 낮으며, 인지도가 있는 경우에도 이미지 내용이 호의적이지 못한 경향이 큰 것으로 판단된다. 따라서 우리나라의 국가브랜딩에서 가장 우선적으로 다루어져야 하는 과제는 인지도 창출과 함께, 코리아 디스카운트 해소에 있어야 할 것이다. 한국의 이미지에 관한 구체적인 평가는 제 2부에서 자세히 언급되어 있다.

해외 국가브랜드 사업 사례

우리나라의 국가브랜드를 관리하기 위해서는 우선 외국에서의 국가브랜드 관리 사례를 살펴볼 필요가 있다. 아래 〈표〉에 주요국의 국가브랜드 사업 사례와 특성이 정리되어 있다. 〈표〉에서 보듯이 다양한 국가들이 국가브랜드 관리를 위해 적극적인 노력을 전개하고 있다. 특히 여러 유럽 국가와 아시아 국가들이 상대적으로 적극적인 점을 알 수 있다.

주요국의 국가브랜드 사업

대상 국가	캠페인	특성
영 국	Cool Britannia	문화
스코틀랜드	Scotland the Brand	무역, 관광, 문화
독 일	DE (Deutchland Europa)	창의성 (지식산업)
덴마크, 스웨덴	Øresund	IT 산업, 국제협력
네덜란드	Destination Holland 2020	관광
이태리	Made in Italy	수출품
뉴질랜드	100% Pure	관광, 에코
미 국	Brand America	해외 공보 및 외교
일 본	Japaneseque Modern	디자인
대 만	Made in Taiwan	수출품
캐나다	Canada, Keep exploring	관광
태 국	Amazing Thailand	관광
말레이시아	Truly Asia	관광
	My Second Home Malaysia	은퇴이민
인 도	Incredible India	관광
싱가포르	Your Singapore	관광
인도네시아	Remarkable Indonesia	외국인 투자

유럽 국가들이 국가브랜드 사업에 적극적인 것은 우선 유럽이 EU로 통합됨에 따라 기업, 자본 및 인구의 이동에 따른 장벽이 제거되었고, 이에 따라 국가 간, 지역 간 유치 경쟁이 가속됨에 연유한 듯하다. 각국/지역 정부들이 지역 경제 개발과 고용 창출을 위해 적극적 국가/지역 마케팅을 전개할 수밖에 없기 때문이다. 유럽에서의 국가 브랜드 사업은 대체로 산업 및 수출 진흥, 그리고 지역의 거주 매력도를 높이기 위한 목적인 것으로 평가된다. 스코틀랜드, Øresund와 이태리의 캠페인은 산업 및 수출 진흥 목적인 크고, 독일이나 영국도 문화적인 매력도를 높여 관련 산업 즉 지식산업과 문화산업의 진흥에 초점을 둔 것이라 해석된다.

아시아 국가들도 국가브랜드 사업에 적극적인 것으로 보인다. 이 지역의 사업은 대부분 관광지와 거주지로서의 매력도 제고에 중점을 두고 있는 것으로 평가된다. 기타 지역의 국가브랜드 사업도 유사한 목적에서 추진되어 왔다. 다만 미국의 Brand America 사업은 해외에서의 미국의 대외 정책에서 비롯된 적대감을 해소하고자 하는 목적으로 진행된 바가 있다.

도시 브랜드 사업의 필요성

국가브랜드와 별도로 개별 도시브랜드를 개발해야 하는 이유는 무엇인가? 도시 브랜드으로 어떠한 실익이 있는가?

우선 우리나라 국가브랜드의 한계성을 지적할 수 있다. 대한민국 국가브랜드에는 긍정적인 면도 있지만 여러 가지 부정적인 연상이 존재한다. 소위 코리아 디스카운트로 외국인의 시각에서는 노조 문제와 전쟁 위험이 우리나라의 이미지에 강력하게 각인되어 있다. 최근 적대적인 북한의 행위에 의해 이러한 부정적인 효과는 확대되어 해외에 전달되고 있는 것이 사실이다. IBM의 경우에는 우리나라에서 오랜 기간 동안에 사업 활동을 수행하여 왔으나, 아직도 전쟁 리스크 때문에 우리나라에 생산 시설을 설립하지 않는 것으로 알려져 있다.

코리아가 우리나라 도시의 소위 마스터나 엄불렐라 (umbrella) 브랜드로서 실익이 있는지 면밀하게 평가할 필요가 있다. 물론 제3세계 국가에 대해서는 브랜드 코리아가 긍정적인 이미지를 전달할 수 있는 것은 사실이나, 외국인 투자 유치 관점에서 보면 주요 투자국인 선진국에서 코리아가 긍정적인 못한 것으로 평가되고 있다. 따라서 독자적인 도시 브랜드 개발로 브랜드 코리아의 한계를 어느 정도 중화시킬 수 있을 것으로 보인다. 대표적인 사례로 인도라는 불이익에도 불구하고 IT 도시의 이미지를 확보할 수 있었던 뱅가로르를 들 수 있다.

물론 지방 도시에 코리아의 마스터 브랜드로 혜택을 볼 수 있는 경우도 있다. 예를 들면, 부산이 한류 영화의 메카임을 강조할 수 있다. 이 경우에는 코리아의 마스터 브랜드와 함께 도시의 강점을 표현하는 서브브랜드 (subbrand)를 사용할 수 있다. 즉 국가 브랜드는 마스터 브랜드 역할 그리고 개별 도시의 정체성은 서브브랜드의 역할을 하는 것이다. 여기서 마스터 브랜드와 서브브랜드 중에서 어느 것을 강조할 것인가는 여전히 결정되어야 할 것이다.

국가브랜드의 또 다른 한계성은 국가브랜드 작업이 용이하지 않다는 점이다. 국가브랜드는 일반적으로 다양한 연상이 복잡하게 얽어져 있는 특성이 있다. MacKinnon (2003)는 브랜드 America 사업에 수반되는 어려움은 미국 이미지에 다양하고 복잡한 연상이 관련되어 있음에 지적한 바가 있다. 이러한 어려움을 MacKinnon는 다음과 같이 표현하고 있다.[1]

> "미국이라는 국가 브랜드는 수많은 이미지가 복잡하게 어울러있는 이미지의 은하계와 같은 메타 브랜드이다."

동시에 국가브랜드 작업에는 대외 경제 및 정치 관련 이해관계자 등 다양한 브랜드 표적이 있어 도시에 비해 브랜드화가 용이하지 않다는 단점이 있다.[2] 이러한 특성을 가진 국가브랜드에 비해 도시브랜드는 브랜드 연상과 표적이 제한적이기 때문에 브랜드 작업이 상대적으로 용이한 장점이 있다.

동시에 서울을 제외한 대부분의 도시는 기존에 형성되어 있는 이

1) McKinnon, J., "Brand America", San Francisco Chronicle, 2003.
2) Silver, S. and S. Hill, "Selling Brand America", Journal of Business Strategy, 23, 4, 2002, pp. 10–15.

미지나 연상이 강하지 않기 때문에 상대적으로 새로운 이미지 작업이 매우 어렵지 않을 수도 있다. 해외에 있어서의 부산의 인지도는 매우 낮은 편이다. 2010년 7월에 중국인과 일본인을 대상으로 실시한 부산발전연구원의 도시브랜드 조사 (표본 규모 400명; 온라인 조사)에서 대한민국 도시라고 하면 가장 떠오르는 최초 상기 응답률은 서울이 92.5%인 반면에, 부산만 4.5% 수준으로 나오고, 나머지 도시는 미미한 것으로 조사되었다. 동시에 최초 상기와 비보조 인지를 포함한 인지도가 서울은 96%인데 반해, 부산은 61%, 제주도 19%, 인천 17%이고, 나머지 도시는 거의 인지도가 형성되어 있지 않은 것으로 조사된 바가 있다. 중국인과 일본인 이외의 외국인의 경우에는 서울을 제외하고는 인지도가 상당 낮을 것으로 추정된다.

도시 브랜딩으로 발생하는 또 다른 장점으로, 지역의 특수성을 인식시킬 수 있으며 동시에 차별화를 달성할 수 있는 점을 지적할 수 있다. 예를 들면, 부산은 지역이 보유한 입지적인 강점을 부각시킬 수 있는 것이다. 항구, 일본과의 근접성, 바다와 온화한 기후의 자연적 장점, 영상 도시, 배후 제조업 기반 등의 장점이 브랜딩으로 표현될 수 있다. 입지적인 조건이 외국인, 특히 일본인 투자를 유치하는 데에 유리하게 작용할 수 있다. 동시에 앞에서 언급된 바와 같이 특히 바다와 온화한 기후는 인구 유입의 주요 동인으로 작용할 수도 있다.

지역 특산물의 경우에도 독자적인 지역 브랜드의 개발 필요성이 지적될 수 있다. IT 제품, 자동차 그리고 조선 산업을 강조하는 국가브랜드로 부터는 지역 특산물의 정통성을 확보하기가 용이하지 않다. 지역 특산물은 지역의 특수성이 명확히 부각되지 않으면, 그 정통성을 인식받기가 어려운 것이 일반적인 경향이다.

국가브랜드와 차별화된 독자적인 도시브랜드 개발이 가능하다. 특히 국가이미지보다 고급스러운 지역이미지의 구축을 달성한 사례가 다수 있다. 다음의 외국의 사례가 그 가능성을 시사해준다.

- 실리콘 밸리: 전형적으로 제조업 기반이 약한 북부 캘리포니아 지역에서 지식산업 클러스터를 유치하고 캘리포니아 이미지에서 탈피하고 독자적인 지역 브랜드 개발하여 성공한 사례
- 나파 밸리: 프랑스 와인에 비해 싸구려 이미지가 강한 미국 와인에서 탈피하여 프리미엄 이미지 구축에 성공
- 보로도 와인: 타 지역 프랑스 와인 대비 차별적 프리미엄 이미지 구축
- 방갈로르: 인도의 부정적인 산업 이미지를 극복하고 글로벌 IT 지역 클러스터 이미지 구축한 사례. 글로벌 IT 산업의 투자 유치를 계획하고 있는 제3세계에 유익한 시사점 제공.
- 발리, 퓨켓: 전반적으로 저급한 관광지 이미지가 강한 동남아시아에서 고급 리조트 이미지를 구축
- 외레순 (Øresund) 지역: IT 이미지가 약한 북유럽에서 IT 클러스터 이미지를 구축하고 글로벌 기업의 유치에 성공한 사례. 덴마크와 스웨덴의 국제 협력인 점이 동남권이나 서해권의 일본 또는 중국과의 협력에 유익한 시사점 제공.

독자적인 브랜드가 없는 도시들은 결국 코리아의 일개 도시로 인식될 수밖에 없다. 그리고 도시의 특수성과 차별적 경쟁력은 코리아라는 큰 브랜드 속에 묶여 버릴 가능성이 매우 높다. 물론 경우에 따라 코리아의 도시로 인식되는 것이 유리할 수도 있다.

2. 대한민국 국가 및 도시 브랜드 사업에 대한 평가

우리나라의 국가브랜드 사업은 지난 90년대 초반에 까지 거슬러 올라갈 수 있다. 당시 상공부에서 추진하였던 "Korea for Quality" 사업이 체계적인 사업으로서 최초라고 평가될 수 있다. 이 사업의 목적은 우리나라 수출품이 해외에서 품질을 인정받지 못해서 제 값을 받지 못하는 사례가 많아, 이를 시정하기 위한 사업이었다. 기본적으로 이 사업은 한국 제품의 우수성을 알리기 위한 홍보 사업이었다. 이 사업은 예산 및 인력 부족으로 큰 성과를 거두지는 못했지만, 정권 홍보가 아닌 국가 차원에서 국가이미지 사업이 필요하다는 인식을 남겨준 점은 높이 평가될 수 있다.

1994년 Business Week에 게재된 대한민국 홍보

그 이후 문화부와 공보처 등의 부서에서 범정부적인 브랜드 사업이 필요하다는 인식에서 좀 더 국가 차원의 사업이 추진되기 시작했다. 우선 2001년에 새로운 슬로건 "Dynamic Korea"가 공표되고,

2002년에 국무총리실 산하에 국가이미지제고위원회, 이후 2004년 국가이미지위원회로 개칭된 위원회 조직에 설립된 바가 있다. 이 위원회의 주요 역할은 다양한 부서에서 추진하는 국가홍보 또는 국가이미지 관련 사업을 조정하기 위한 것이었다. 이 시기의 국가브랜드 사업은 사업 기획과 집행에 관한 구체적인 계획이 없었고, 고유 사업을 개발하지 못한 아쉬움이 있었다. 이는 역시 예산과 전문 인력의 투입이 이루어지지 않았기 때문으로 추정된다.

이 기간 동안에 정부는 공보와 문화 관련 부처에서 외국 기자 초청 사업과 해외 한국 문화 홍보 사업들이 꾸준히 추진되어 왔다. 우선 외국 기자 초청 사업은 삼성과 LG 등에서 오랜 기간 활용하였던 사업으로 정부 차원에서도 채택된 것이다. 이 사업에 대한 평가는 민간 뿐만 아니라 정부에서도 대체로 긍정적이었다. 큰 비용 없이 외신 기자들을 초청하여 잘 알려지지 않은 한국의 산업 경쟁력, 문화, 그리고 현대화된 도시들을 보여줌으로써, 개도국 이미지에서 벗어나지 않은 한국에 대해 정확한 인식을 심어줄 수 있었다. 이를 통해, 한국에 관련된 잘 못된 기사를 바로잡고, 한국에 호의적인 기사를 게재하도록 할 수 있었던 것으로 평가된다.

해외 문화 홍보도 지속적으로 추진되었던 사업으로, 특히 해외 문화원 설립을 통해 현지에서의 문화교류 행사 및 외신 취재 지원 등의 사업을 추진해왔다. 해외문화홍보원에서는 문화교류 행사를 지원하기 위해서 해외홍보콘텐츠 제작에도 노력해왔다. 해외홍보콘텐츠 제작과 관련하여 제한된 예산으로 좀 더 체계적이고 표준화된 콘텐츠 제작이 필요하다는 지적이 제기되고 있다. 최근에는 해외문화홍보원은 2015년 현재 24개국에 28개 재외한국문화원을 설립 · 운영하고 있다. 재외문화원의 주요 업무는 문화홍보, 문화프로그램 운영, 문화 행사 개최 및 지원 등 한류 확산과 국가이미지 제고를 위한 활동 등이다.

마지막으로, 좀 더 체계적인 국가브랜드 사업은 이명박 정부 시절의 국가브랜드위원회 (2009년 – 2013년)의 출범으로 시도되었다. 관련 부서의 인력과 민간의 파견 인력으로 전문성과 인력 투입은 이루어져, 다양한 사업이 전개된 바가 있었다. 이 사업은 지금까지의 국가브랜드 사업 중 가장 체계적인 사업으로 평가되고, 국가브랜드의 중요성을 국민들에게 인식시키는데 큰 공헌을 한 점은 높이 평가될 수 있다. 그러나, 사후적으로 몇 가지 아쉬움을 남겼다. 주요 아쉬움은 특히 사업 기획과 관련된 것으로 다음과 같이 지적될 수 있다.

- 불명확한 국가브랜드 사업의 정체성: “국격”이라는 개념은 국가브랜드가 아닌 국가경쟁력 제고 또는 개발 사업의 목적과 유사
- 브랜드 사업에 걸맞지 않는 “배려하고 사랑받는 대한민국” 브랜드 슬로건
- 개도국 중심의 사업: 한국의 국가이미지가 상대적으로 취약한 선진국에 대한 사업이 부족.
- 국제협력 중심의 사업: 경제, 문화 등 다양한 사업에 우선하여 국제협력 사업이 추진
- 지나치게 홍보보다는 실체 개선 사업에 치중

• 사업 간의 연계성 부족 – 경제 · 문화 · 국제협력 사업 간의 시너지 창출이 부족

위의 국가브랜드위원회 활동은 박근혜 정부 출범과 함께 중단되었다. 박근혜 정부에서는 체계적인 국가브랜드 활동은 위축되었으나, 문화체육관광부에서 문화 및 관광 홍보 목적으로 지속되었고, 2016년 7월에서는 새로운 국가브랜드 "Creative Korea"를 발표하고 본격적인 활동을 추진한다고 밝힌 바 있다. 새로운 국가브랜드는 우리 국민이 생각하는 전통과 현대, 유 · 무형 자산에 담긴 핵심가치를 표현하고자 하였다.

2016년 새롭게 발표된 국가브랜드

"Creative Korea"가 박근혜 정부의 창조 경제와 유사한 개념으로 차기 정권에서 지속될 수 있을지 우려된다.[3] 그러나, 지속적인 국가브랜드 활동이라는 점은 긍정적으로 평가될 필요가 있다. 새로운 국가브랜드가 단순한 로고 발표에 그치지 않고 성공하기 위해서는 "Creative Korea"를 뒷받침하는 구체적인 브랜드 아이덴디티, 디자인 그리고 커뮤니케이션 프로그램이 개발되고 추진되어야 하며, 동시에 브랜드 비전에 걸맞는 브랜드 경험과 실체 프로그램 개발이

3) 뒤에서 논의될 내용으로, 국가브랜드 사업은 장기적인 사업으로 추진되어야 함에도 불구하고 정권 교체에 따라 폐기되는 점이 국가브랜드 사업의 구조적인 문제점으로 지적되고 있다. 따라서, 국가브랜드 사업의 지속성을 확보하기 위해서는 탈(脫)정치적 특성이 있어야 하며, 폭 넓은 구성원의 동의를 바탕으로 해야 한다.

수반되어야 할 것이다.

〈한국의 도시 브랜드 사업〉

국가브랜드 사업과 함께, 지방 정부에서도 지역브랜드 사업을 추진하여 왔다. 초기의 도시 브랜드 사업들은 서울의 "Hi Seoul,"부산의 "Dynamic Busan" 등 여러 도시에서 경쟁적으로 추진되었다. 최근 서울시에서는 기존의 브랜드 슬로건인 "Hi Seoul"을 "I Seoul You"로 교체하는 등의 의욕을 보이고 있다.

〈도시브랜드 초기 사업 〉

도시	브랜드	주요 업무
서울	Hi Seoul	– TV, 옥외광고, 홍보관 등 해외마케팅 집중 – Hi Seoul Festival, 청계천, 인사동 등 홍보
부산	Dynamic Busan	– 브랜드 기본계획 수립 – 홈페이지 콘텐츠 운영, 외국어 신문 운영 등
인천	Fly Incheon	– 브랜드 개발 – 교통, 홍보관, 관공서 등 홍보
울산	Ulsan for you	– 태화강 디자인 종합계획 및 시행 계획 수립 – 공공주택 외벽색채 및 브랜드 디자인 지원
대전	It's Daejon	– 공예, 의류 등 브랜드 상품 개발 – 민간, 지자체 기관들과 도시브랜드 홍보네트워크 구축
광주	빛의 도시	– 도시마케팅 중장기 발전 계획 수립 – 유니버시아드 등 국제행사 유치
대구	Colorful Daegu	– 슬로건 심벌 개발

출처: 현대경제연구원, 「도시브랜드가 국가경쟁력이다 – 한국 도시브랜드 가치 평가」, 2009. 3. VIP 리포트 09-08를 근거로 재작성.

이들 사업들은 일부 성과에도 불구하고 관련 실무자와의 면담에서 사업 추진과 관련하여 다음의 애로요인들이 지적되고 있다.

- 무엇을 해야 하는지 모르겠다, 즉 브랜드 사업의 범위가 너무 넓다.
- 돈이 너무 많이 든다.
- 사업비 투입이 되지 않아 새로운 구호에 그친다.
- 지역 개발 사업과 비슷하다.
- 도시 미화 사업과 같다.
- 국가브랜드의 한계를 넘어설 수 없다.
- 漢江投石과 같다 즉 효과가 나타나지 않는다.
- 사업의 영속성이 담보되지 않는다.

Ⅱ. 국가브랜드 세계화 사업 과제 및 기획

국가브랜드 세계화에 있어 가장 큰 도전은 사업 과제를 설정하고 기획하는 문제일 것이다. 특히, 기업 브랜드와 달리 국가나 도시의 경우에는 정체성이나 가치를 확립하기가 용이하지 않다. 국가의 경우에는 브랜드 정체성이나 가치를 변화시키기 위해서는 헌법이나 국시(國是) 그리고 정치 제도의 구조적인 변화가 수반되어야 한다.

동시에 브랜드 정체성을 확립하기 위해서 다양한 이해관계 집단들과의 협의와 동의가 선행되어야 하는데, 이해의 조정에는 상당한 시간과 노력이 투입되어야 가능하다. 브랜드 정체성 확립이 어려운 또 다른 이유는 기업과 달리 국가나 도시에는 여러 가지 연상이나 가치가 혼재되어 있기 때문이다. 이러한 이유 때문에 국가브랜드 사업을 계획함에 있어 국가브랜드 사업의 특수성을 이해해야 할 것이다. 다음에서 국가브랜드 사업을 효과적으로 기획하고 집행하기 위해서 필요한 사업 과제 및 핵심 쟁점 사항을 논의한다.

1. 국가브랜드 사업이 기업 브랜드 사업과 다른 점

우선 국가나 지역브랜드 사업에 있어 가장 관심이 있는 사항은 "국가나 지역도 기업이나 제품처럼 브랜드화를 달성할 수 있느냐"일 것이다. 이러한 궁금점을 해결하기 위해서는 기업이나 제품을 브랜드화 작업에 필요한 주요 과제를 살펴 볼 필요가 있다.

브랜딩에 필요한 과제

일반적으로 제품이나 기업의 브랜드화 작업에 있어서 필요한 과제들이 다양하게 제시되고 있다. 그중 국가와 도시 브랜드 작업과 밀접한 과제는 다음과 같이 정리될 수 있다.

① 브랜드 네이밍

새로운 브랜드명을 만들거나 기존 이름을 변경하는 방법이 있다. 동시에 기존 이름을 유지하면서 새로운 수식어 (예: 아이폰4, 조니워커 골드라벨)로 기존 브랜드에 새로운 정체성을 부여할 수도 있다.

② 브랜드 정체성 및 가치 확립

브랜드를 통해 달성하고 하는 정체성 (identity) 및 가치를 확립하여 한다. 브랜드 정체성에는 브랜드가 추구하는 비전와 브랜드가 고객에 제공하는 핵심 가치를 반영되어야 하며, 경쟁과의 차별성이 확보되어야 한다. 확정된 정체성을 좀 더 구체적인 브랜드 가치로 명확화시키는 동시에 이를 구현할 수 있는 마케팅 및 브랜드 전략이 마련되어야 할 것이다.

③ 브랜드 디자인

브랜드 정체성과 가치를 좀 더 단순하게 그리고 감각적으로 표현해줄 수 있는 브랜드 디자인이 마련되어야 한다. 구체적으로 패키징, 로고, 슬로건, tagline, 심벌, 캐랙터, 색채 등으로 브랜드 정체성을 표현하는 동시에 브랜드 표적과의 호감도를 창출할 수 있는 브랜드 디자인 작업이 뒤따라야 한다.

④ 브랜드 경험

브랜드 정체성이나 가치를 나타내고, 고객이 경험할 수 있는 제품, 이벤트, 프로그램 등이 마련되어야 한다. 일반적으로 제품 브랜딩에서는 새로운 브랜드 정체성에 부합하는 제품을 개발하는 것이 가장 중요한 작업으로 평가되고 있다.[4]

⑤ 커뮤니케이션 계획 수립

브랜드 정체성과 가치를 브랜드 표적에게 효율적으로 전달할 수 있는 커뮤니케이션 계획이 개발되어야 한다. 일반적으로 커뮤니케이션 계획에는 내부 직원, 주주 등의 이해 관계자에 대한 내부 커뮤니케이션과 함께 고객, 협력업체, 공중 등의 이해 관계자에 대한 외부 커뮤니케이션 계획이 포함되어야 한다. 내부 커뮤니케이션이 중요한 이유는 내부 관계자가 브랜딩에 있어서 필요한 내부 경영 혁신과 함께 외부 브랜드 확산에 중요한 역할을 수행하기 때문이다.

⑥ 브랜드 표적 설정

명확하고 그리고 구체적인 내부 및 외부 표적 설정되어야 한다. 표적은 내부적으로는 직원과 주주, 외부적으로 고객, 협력업체, 금융기관, 정부, 언론 및 공중 등의 이해 관계자로 포괄적으로 설정될 필요가 있다.

⑦ 통합적 마케팅 커뮤니케이션의 달성:

통합적 마케팅 커뮤니케이션 (integrated marketing communications: IMC)이 필요한 이유는 다양한 메시지나 채널에서

4) Aaker, David A. and E. Joachimsthaler, Brand Leadership, New York, Free Press, 2000.

발생할 수 있는 혼란과 불협화음의 제거하기 위함이다. 기업들은 IMC를 통해 통일된 이미지를 구축하고, 커뮤니케이션 효율성을 달성할 수 있는 것이다.

⑧ 품질 관리

브랜드와 관련 다양한 노출이나 활동을 브랜드 정체성과 추진 계획에 부합하도록 관리하는 노력이 필요하다. 이를 위해서는 내부 관계자의 브랜드 정체성에 관한 명확한 이해와 함께 추진 과정에서 적극적인 협력이 수반되어야 한다.

⑨ 브랜드 평가

지속적 브랜드 평가 (audit)를 통해 외부에서 인식하는 이미지와 정체성간의 격차를 축소하는 노력이 필요하다. 브랜드 평가에는 커뮤니케이션 활동에 대한 평가와 함께 호감도 및 연상 등의 이미지 평가가 포함된다.

국가/지역 브랜드에는 어떠한 브랜딩 작업이 가능한가?

이상과 같은 작업들이 국가와 도시 브랜드에도 가능한가? 주요 영역별로 가능성과 한계를 평가하면 다음과 같다.

① 브랜드 네이밍

기본적으로 국호 변경이 불가능하다. 단순한 정권 교체보다는 정권 이념이나 체제가 변하는 경우에 나라 이름을 바꾸는 경우는 있다. 예를 들면, 캄보디아가 크메르로, 그리고 다시 캄보디아로 변경하는 경우가 있다. 그러나, 정권 교체시 수식어 (descriptive)를 추가할 수는 있다. 예를 들면, 우리나라에서 문민 정부나 국민의 정부라는 수식어를 추가할 수 있다. 그리고 앞의 해외 국가브랜드 사업에서 보듯이 국가 이름에 추가되는 다양한 수식어가 가능하다. 또는 'Made in Italy'나 'Made in Taiwan'과 같이 국가 이름을 첨부한 새로운 사업 이름을 작명할 수도 있다.

도시 이름의 변경도 용이하지 않는 것은 사실이나 가능하다. 행정지역 개편이나, 비호의적 연상을 단절하기 위해 주민의 여론에 따라 변경이 이루어지는 경우가 있다. 마찬가지로 도시 이름을 변경하지 않고, 다양한 수식어를 추가하여 새로운 정체성을 표현할 수 있다.

② 브랜드 정체성 및 가치 확립

기업과 달리 국가나 도시의 경우에는 정체성이나 가치를 확립하기가 용이하지 않다. 특히 국가의 경우에는 브랜드 정체성이나 가치를 변화시키기 위해서는 헌법이나 국시(國是) 그리고 정치 제도의 구조적인 변화가 수반되어야 한다. 동시에 브랜드 정체성을 확립하기 위해서 다양한 이해관계 집단들과의 협의와 동의가 선행되어야 하는데, 이해의 조정에는 상당한 시간과 노력이 투입되어야 가능하다. 그러한 노력에도 불구하고, 강력한 중앙 정부가 수립되지 않는 한 이해 조정이 용이하지 않다. Ritson (2004)는 이러한 어려움을 다음과 같이 표현하고 있다.

> "국가나 도시는 기업과 다르다. 국가나 도시의 로고는 바꿀 수 있으나, 국가의 정신, 국가 체제 그리고 헌법은 변경이 어렵다."[5]

5) Ritson, M., "Mark Ritson on Branding: Liechtenstein's Five Steps to Superficial Change", marketingritson.com, 2004.

Dinnie (2015)도 유사한 주장을 하고 있다. Dinnie는 "국가브랜딩은 매우 복잡한 절차를 통해 이루어질 수 있으며, 다차원적 관점에서 이루어져야 한다"고 언급하고 있다.[6] 브랜드 정체성 확립이 어려운 또 다른 이유는 기업과 달리 국가나 도시에는 여러 가지 연상이나 가치가 혼재되어 있기 때문이다. 다양한 연상과 가치를 통일된 정체성으로 정리하기가 어려울 뿐만 아니라, 개별 연상과 가치를 대변하는 이해관계 집단의 의견을 조정하기가 용이한 과제가 아니다. MacKinnon (2003)는 브랜드 America 사업에 수반되는 어려움은 미국 이미지에 다양하고 복잡한 연상이 관련되어 있는, 즉 메타 브랜드의 특성에 기인한다고 지적한 바가 있다.[7]

Polunin (2002)는 국가나 도시들이 다양한 특성과 연상이 있는 것이 과거 역사나 기존 편견 때문이라고 지적하고, 이러한 혼재된 연상은 고객에게 혼란을 줄 뿐만 아니라 통합적인 브랜드 사업에 가장 큰 어려움이라고 지적하고 있다. 구체적으로 브랜드 정체성 확립의 어려움을 다음과 같이 설명하고 있다.[8]

> "[국가는] 역사와 기존 관념에 의해 형성된 다양한 개성들이 이미 존재한다. 이들 개성들은 다양한 동시에 상호 충돌적인 특성을 가지고 있기 때문에 일개의 정체성이나 비전으로 담아내기가 수월하지 않다. 브랜드 사업이 성공하기 위해서는 다양한 이해 관계자의 동의와 의견 수렴이 필요하다. "

앞에서 논의한 해외 국가브랜드 사업에서도 이해관계집단 간의

---

6) Dinnie, K., Nation Branding: Coconepts, Issues and Practice, 2nd ed., Routledge, Chapter 1., 2015.
7) MacKinnon, op. cit., 2003
8) Polunin, I., "Book Review: 'Destination Branding: Creating the Unique Destination Proposition'." Eclipse 7 Moonshine Travel Marketing, 2002, pp. 1–5. www.moonshine.es/ECLIPSE/E7.pdf.

갈등이 노출되고 있다. 예를 들면, 'Cool Britannia'는 디자인이나 문화 산업에는 도움이 될 수 있으나, 제조업이나 금융서비스업계에는 환영받는 정체성이 아니다. 유사한 예로, 뉴질랜드의 '100% Pure'도 관광업이나 축산업에는 적합하나, 환경 규제를 꺼려하는 외국인 투자의 유치에는 부정적일 수도 있다.

우리나라의 경우에도 관광업계와 산업계 사이에 갈등의 여지가 있다. 한국의 토속적 특성을 강조해야 하는 관광객 유치 캠페인은 모던성과 고급 기술성을 강조해야 하는 산업계의 이해와 충돌할 수 있다. 또한 역동성을 표현하는 'Dynamic Korea'는 경제 · 산업계에서는 환영받을 수 있으나, 문화계에게는 부정적일 수 있다.

③ 브랜드 디자인

국가와 도시 브랜드 사업에도 일반적인 제품의 브랜드화와 유사하게 다양한 BI 시스템 즉 로고, 슬로건, 심벌 그리고 tagline 등의 개발이 가능하다. 브랜드 디자인 개발에 중요한 것은 다양한 BI 시스템이 지역브랜드 정체성과 가치와 부합되게 개발하는 것이다. 지역 브랜딩에서 흔히 발생하는 문제점은 미학적인 관점에 디자인 개발에 치중한 반면에 브랜드 정체성과 가치와의 연계를 확립하지 않는 점이다.

우리나라 도시 브랜딩의 경우에는 도시 디자인에 치중하는 사업이 상대적으로 많은 것으로 보인다.[9] 지역브랜드 사업은 도시 미화사업이 아닌 점을 유념할 필요가 있다. 지역 브랜드 사업이 성공하기 위해서는 단순한 브랜드 디자인을 벗어나 통합적인 커뮤니케이션과 브랜드 가치 향상 노력이 수반되어야 한다.

---

9) 오재환 외 (2010, 전게서)에서 우리나라 도시 브랜드 사업의 주요 사업들이 설명되고 있음.

④ 브랜드 경험

국가나 도시의 지역 정체성을 반영하는 다양한 이벤트나 프로그램들을 개발하여 브랜드 경험을 창출하는 것이 가능하다. 그러나 제품 브랜딩에서는 새로운 브랜드 경험의 창출에 효과적이라고 평가되는 신제품 개발과 같은 방법을 지역 브랜딩에서 찾아내는 것이 용이하지 않을 수 있다. 앞에서 언급한 바와 같이, 일반적으로 제품 브랜드 사업에 있어 브랜드 가치를 제고시키기 위해 가장 효과적인 수단은 제품이나 서비스의 혁신적인 개선으로 지적되고 있다.

혁신적인 신제품 개발에 해당하는 브랜드 경험을 개발하기 위해서는 국민과 지역 주민의 적극적인 참여가 필수적이다. 이를 위해서는 지역 브랜드 사업에 다양한 이해관계자 집단을 포함시켜야 하는 동시에 다양한 이해관계자간의 협력 분위기가 조성되어야 한다. 지역브랜드 사업은 '우리 모두의 협력 사업'이라는 인식이 있어야 할 것이다. Hankinson (2004)도 지역브랜드를 'relational network brand'로 접근해야 할 것으로 주장하고, 지역브랜드의 공동 개발과 공동 소유의 중요성을 강조하고 있다.[10]

⑤ 브랜드 표적

국가 브랜드 사업의 또 다른 도전은 제품 브랜딩과 달리 다양한 표적이 관련되어 있다는 점이다. 앞에서 지적하였듯이 국가브랜드의 표적은 해외 소비자, 기업, 금융기관, 정책입안자, 관광객 등 상이한 요구 조건을 가지고 있는 다양한 표적이 포함된다. 따라서, 국가브랜드 사업은 다양한 표적으로 인해 전달해야 메시지나 커뮤니

10) Hakinson, G., "Relational Network Brands: Towards a Conceptual Model of Place Brands," Journal of Vacation Marketing, 10, 2, 2004, pp. 109–121.

케이션 채널이 달리해야 할 필요성이 제기될 수 있어, 표적 간의 조정과 통합에도 상당한 어려움이 수반될 수 있다. 이와 관련하여 Silver and Hill (2002)는 국가브랜딩에는 다음과 같은 어려움이 있음을 지적하고 있다.[11]

> "…… 국가브랜딩은 …… 매우 복잡한 사업이다. 이해관계자 집단이 다양하고, 다양한 집단의 이해를 충족시키기 위해서 다양한 가치와 비전을 제시해야 하며, 마케팅 기법도 단순히 홍보나 로고 제작 이상으로 다양해야 한다."

도시브랜드도 국가브랜드보다는 다소 표적이 제한적이지만, 여전히 다양한 표적이 관련되어 있다. 특히 지역개발 사업이 관련되어 있는 경우에는 표적간의 이해관계가 첨예하게 대립할 수도 있다.

⑥ 커뮤니케이션 계획

국가브랜드에는 다양한 연상이 관련되어 있기 때문에 이를 고려한 커뮤니케이션을 기획해야 한다. 특히 상호 충돌하는 연상이 존재하거나, 기존 연상이 확고하게 각인되어 있는 경우에는 기획에 어려움이 따를 뿐만 아니라 특정 연상을 변경하기가 용이하지 않다.

커뮤니케이션 추진 주체와 관련하여, 국가브랜드 사업에서는 일반 국민의 역할이 매우 중요하다. 싱가포르의 정보통신문화부 장관인 Chan Yeng Kit는 싱가포르 브랜드 사업에 있어서의 주민의 커뮤니케이션 역할에 대해서 다음과 같이 언급하고 있다.[12]

---

11) Silver, S. and S. Hill, "Selling Brand America", Journal of Business Strategy, 23, 4, 2002, pp. 10–15.

12) Challenge Online, 2011. 7. 18.

"[국가브랜드 사업은] 구성원을 단결시킬 뿐만 아니라, 국내외에서 국가의 홍보 대사 역할을 자임할 수 있도록 해야 한다."

⑦ 통합적 마케팅 커뮤니케이션

국가브랜드 사업에는 다양한 이해관계자들이 관련되어 있음은 앞에서 논의한 바가 있다. 따라서, 정부는 통합적인 마케팅 커뮤니케이션을 달성하기 위해서는 이들 관계자들을 브랜딩 과정에 적극적으로 참여시키는 동시에 일관적인 메시지 전달에 협조하도록 노력해야 할 필요가 있다. 이러한 작업에도 여러 가지 어려움이 수반될 수 있다. 예를 들면, 우리나라 기업이나 산업 관련된 국가브랜드 사업에 일부 대기업들은 소극적일 가능성이 있다. 그 이유는 이들 기업들에게 한국과의 연상이 기업 이미지에 부정적 영향을 미칠 수 있다는 우려 때문일 것이다.

⑧ 품질 관리

국가내의 다양한 기관과 주체들이 각자 사업 목적에 따라 전개하는 사업 활동과 홍보가 해외에서 한국의 이미지에 영향을 미칠 수 있다. 따라서, 효율적인 국가브랜드 사업을 위해서는 이들 사업과 홍보 활동들을 국가브랜드 사업 목적과 브랜드 정체성에 부합하도록 관리할 필요가 있음은 자명한 일이다. 그러나, 이러한 필요성에 불구하고, 이를 감독하고 관리하기가 용이하지 않을 수 있다. 이 또한 제품 브랜드 사업에서와 달리 국가나 도시와 같은 지역 브랜드 사업에서 겪는 어려움일 것이다.

2. 국가브랜드 사업의 주요 과제 및 추진 체계

국가브랜드 사업을 추진함에 있어 고려해야 할 주요 사업 과제를 정리할 필요가 있다. 특히 국가브랜드 사업에 있어 다루어져야 할 핵심 요소와 요소 별 주요 추진 과제를 아래에서 논의한다.

국가/지역 브랜드 사업의 핵심 요소

국가나 도시의 지역브랜드 사업을 효율적으로 추진하기 위해서는 4가지 요소에 대한 이해가 선행되어야 한다. – ① 브랜드 비전, ② 브랜딩, ③ 커뮤니케이션, 그리고 ④ 실체 개선. 이 4가지 요소 중에서 어느 하나라도 소홀히 다루어지게 되면 소기의 지역브랜드 사업의 성과를 거두기 어려울 것이다. 그림에서 보듯이 브랜드 비전을 중심으로 나머지 3가지가 상호 유기적으로 연결되어야 한다.

〈지역 브랜드 사업 체계〉

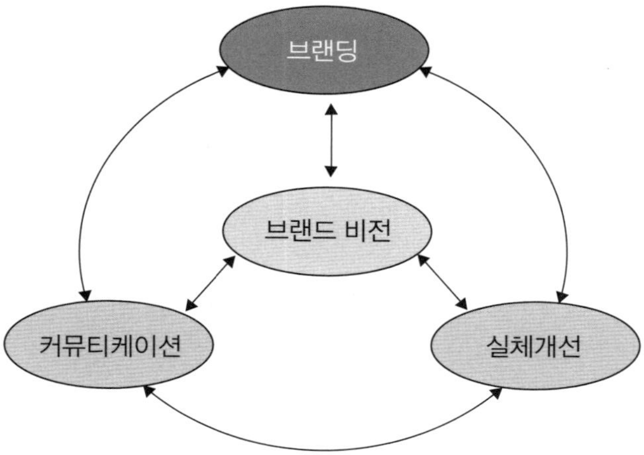

① 브랜드 비전

브랜드 비전은 지역브랜드 사업을 통해서 달성하고자 하는 목표 상태를 의미한다. 예를 들면, 국가브랜드는 IT 강국, 문화 강국, 글로벌 허브, 글로벌 파트너로서의 국가 위상을 확보한다든지, 도시브랜드의 경우에는 창조도시, IT 도시, 메디컬 허브 등으로서의 도시 이미지를 확보하겠다는 목표가 명확하게 설정되어야 한다.

비전은 가급적이면 다음의 요건을 갖추어야 할 것으로 판단된다.

- 명확한 동시에 의사소통 가능하여야 (communicable) 한다. 다양한 이해관계자가 상이하게 해석하게 되면 브랜드 혼란이 발생하게 되는 동시에 특히 통합적인 브랜드 개발 및 관리가 어렵게 된다. 브랜드 비전은 이해관계자간에 용이하게 설명되고, 이해되고, 전달될 수 있는 내용이어야 한다. 지나치게 어려운 개념의 비전은 의사소통 가능성을 떨어뜨릴 가능성이 높다.

- 국가 또는 도시의 개발 비전과 연결되어야 한다. 지역브랜드 사업은 결국 지역이 추구하는 발전 비전을 달성하기 위해 추진되는 수단이다. 지역의 역량을 공통된 목표에 집결하고, 발전 비전을 효과적으로 표현하는 동시에 다양한 표적에게 효율적으로 의사소통하기 위한 사업이 지역브랜드 사업의 목표인 것이다.

- 달성 가능성이 보여야 한다. 다소 비현실적이고 이상적인 비전으로는 이해관계자의 적극적인 협력을 확보하기가 어려울 것이다. 또한 이상적인 비전으로 발생하는 지나치게 과도한 자원 투입을 경계해야 한다. 동시에 지나치게 장기적인 투자가 소요되는 비전이 제시되면 지역브랜드 사업이 중도 중단될 가능성

도 있다. 중도 중단은 반쪽의 성과가 아니라, 미미한 성과 그리고 때로는 부정적인 이미지만 남기는 결과가 발생할 수 있다.

• 포괄적이어야 한다. 브랜드 비전에는 다양한 이해관계자 집단의 의견을 포함시켜야 한다. 다양한 이해관계자간의 협력 분위기가 조성되고, 지역브랜드 사업이 '우리 모두의 협력 사업'이라는 인식이 있도록 비전이 포괄적이어야 할 것이다. 소수의 영향력이 큰 집단 중심으로 비전이 설정된다면 사업의 영속성이 떨어질 수 있다.

• 측정 가능하여야 한다. 비전에는 미래에 달성하고자 하는 목표가 구체적이고 측정 가능하여야 한다. 측정 가능한 목표는 이해관계자들이 공동의 목표를 위한 협력을 유도할 수 있는 동시에 사업 평가에 필요한 관리 지표로서 사용될 수 있다.

② 브랜딩 작업

앞에서 설정된 브랜드 비전을 대상으로 브랜딩 작업을 수행해야 할 것이다. 브랜딩 작업에서 유의해야 할 점은, 첫째 설정된 브랜드 비전과 부합되어야 한다. 이는 통합적인 국가/지역브랜드 사업을 위함이다. 둘째는 실체 개선과 커뮤니케이션과 유기적으로 연결되어야 한다. 실체 개선이 없는 브랜딩 작업은 단순한 분식을 위한 디자인 개발에 그칠 가능성이 높다. 또한 커뮤니케이션이 없는 브랜딩은 의도하는 이미지 확보에 실패할 것이다.

구체적으로 브랜드 사업에는 다양한 브랜딩 작업이 필요하다. 간략하게 정리하면 다음과 같다.

- 브랜드 정체성 확정
- 브랜드 가치 정교화 (elaboration)
- BI 시스템 개발
- 브랜드 스토리의 개발
- 브랜드 상징의 개발
- 주민 참여 시스템 구축
- 브랜드평가 시스템 구축

브랜드 정체성 확정

브랜드 사업의 목적과 비전을 브랜드 정체성으로 명확하게 표현할 수 있어야 한다. 브랜드 정체성에는 사업을 통해 창출하고자 하는 고객 가치와 경쟁 지역과의 차별성이 반영되어야 함. 브랜드 정체성은 통합하는 것이 가장 이상적이나, 사업 목적과 지역 여건에 따라 복수 정체성도 가능하다. 이에 관한 구체적인 내용은 다음 장(제 3부, II)에서 언급된다.

브랜드 가치 정교화

브랜드 정체성에는 어떠한 가치가 포함되어야 하는지 정교화해야 한다. 예를 들면, 싱가포르는 2010년 통합적인 브랜드 정체성을 새롭게 발표한 바가 있디. 새로운 정체성은 'The Spirit of Singapore'로 설정하고, 브랜드 가치로 네가지로 발표한 바가 있다. – "nurturing," "transforming," "collaborating"와 "daring-to-dream."

브랜드 가치는 기능적인 가치와 감성적/경험적 가치가 있을 수 있다. 기능적인 가치는 대체로 수출, 산업 진흥, 외국인 투자 유치와 관련 브랜드 사업에서 흔히 사용되는 반면에, 관광 진흥, 인력 유치와 관련된 사업은 감성적 가치를 강조하는 경향이 있는 듯하다. Govers and Go (2009)는 관광 상품은 기본적으로 경험적인 특성이 강하기 때문에 환상 (fantasy), 감정 (emotion), 과 사회성 (social interactions)이 강조되어야 한다고 주장한 바가 있다.[13] 기능적인 가치와 감성적인 가치를 강조한 지역브랜드 사례를 들면 다음과 같다.

• 기능적 가치의 예: 'Talent Capital, Singapore," "100% Pure, New Zealand," DE Deutchland," "Japaneseque Modern," "Only in San Francisco," "Toronto, Unlimited," "Pittsburgh – imagine what you can do here," 등.

• 감성적/경험적 가치의 예: "Cool Britannia," "Incredible India," "Amazing Thailand," "Canada, Keep Exploring," "Malaysia, Truly Asia," "YourSingapore," "What happens in Vegas, stays in Vegas," "Seoul, Soul of Asia," 등.

추가적으로, 브랜드 가치를 표현하는 데에 반드시 추상적인 개념보다는 구체적인 사물이나 행위로 정교화하는 것이 의사소통에 유리할 수도 있다. 예를 들면 디트로이트 도시브랜딩에서는 "The D" 라는 새로운 BI에 다섯 가지 가치로 정교화했다 – 자동차, 문화, 카지노, 음악과 스포츠.

BI 시스템 개발

---

13) Govers and Go, op. cit., 2009.

브랜드 정체성에 부합하는 슬로건, tagline, 핵심 키워드, 브랜드 디자인 및 브랜드 매뉴얼 개발이 수반되어야 한다. 상당수의 지역브랜드 사업들이 BI 시스템을 개발함에 있어 지나치게 미학적인 측면을 강조되는 경향이 있다. 미학적인 측면 뿐만 아니라 BI로서 전략적 그리고 커뮤니케이션적 가치를 면밀하게 평가해야 할 것이다. 구체적으로 다음의 특성을 반영하도록 노력할 필요가 있다.

- 브랜드 표적들이 인지하고 학습하기가 용이한가?
- 추구하는 브랜드 가치가 반영되어 있는가?
- 긍정적인 이미지가 연상되는가? 부정적인 연상은 없는 것인가?
- 차별적인가? 고객의 관심을 끌 수 있는가?
- 브랜드 이름, 슬로건, tagline, 디자인 등의 BI 요인들이 충돌하지는 않는가?

브랜드 스토리의 개발

브랜드가 구체적으로 어떤 의미가 있는지를 브랜드 스토리로 표현함으로서 브랜드의 정체성과 가치를 브랜드 표적에게 좀 더 효과적으로 전달할 수 있다. “Soul of Asia", "Dynamic Korea"가 무엇을 뜻하는지를 명확하지 않을 수 있다. 브랜드 스토리는 고객의 브랜드에 대한 지식 그리고 호감도를 높일 수 있는 수단으로 활용될 수 있다. 특히 감성적/경험적 가치를 추구하는 브랜드의 경우에는 그 중요성이 커질 수밖에 없다. 예를 들면, ”Incredible India,"나 "What happens in Vegas, stays in Vegas“ 같은 브랜딩은 무엇이 ”incredible"한지, 그리고 무엇이 “happen"하고 "stay"한지 보여줄 필요가 있다.

브랜드 상징의 개발

브랜드를 좀 더 구체적으로 표현해줄 수 있는 상징적 사물, 행사나 인물을 개발할 필요가 있다. 예를 들면, 파리 – 에펠탑, 삿포로 – 눈 축제, 그리고 바르셀로나 – 가우디 등을 들 수 있다. 상징물의 개발은 신규 투자가 반드시 수반될 필요가 없다. 기존 정통성이 있는 사물, 행사와 인물들을 브랜드 자산화할 수 있기 때문이다. 그리고 상징물은 가끔 복수로 선정하는 경우가 많은데, 이는 지역의 다양성을 수용하기 위해서 필요할 수 있다.

국민 참여 시스템 구축

국가와 도시의 지역브랜드 사업에는 국민 또는 지역 주민의 공감과 함께 적극적인 참여가 중요함은 수차례 지적한 바가 있다. 브랜드 기획 단계부터 구성원의 의견을 반영하도록 노력할 필요가 있다. 결국은 브랜드는 구성원의 소유물이기 때문에 구성원의 애착과 공감을 확보할 수 있어야 한다. 국민 및 지역 주민의 적극적인 참여를 유도하기 위한 방안에 관하여 다음 장에서 구체적으로 언급된다.

브랜드평가 시스템 구축

브랜드 경쟁력을 수시 점검하고 대응할 수 있는 시스템을 구축할 필요가 있다. 이를 위해서는 고객과 주민의 의견을 정규적으로 수렴하고 평가해야 할 것이다. 이는 주민을 대상으로 한 공청회나 고객과 주민이 참여하는 위원회를 통해 달성할 수 있다. 브랜드의 강점과 약점 그리고 사업 효과를 평가함에 있어서 가급적이면 객관적이고 과학적인 조사 자료에 의존하는 것이 중요하다.

두 가지 사항에 경계할 필요가 있다. 첫째는 지역 브랜드 사업에 엄청난 투자를 함에도 불구하고 정작 성과 측정에는 소극적인 사례가 흔히 발생한다. 둘째, 평가 조사는 객관성이 확보되어야 한다. 브랜드 사업을 합리화시키고자 하는 유혹을 경계해야 한다.

③ 커뮤니케이션

앞에서 설정된 브랜드 비전과 그에 부합하여 개발된 브랜드와 BI 요소를 알리는 작업이 필요하다. 상당수의 국가나 도시 브랜드 사업은 브랜딩 작업 후에 커뮤니케이션에 투자하지 않은 경우가 많다. 또한 뒤에서 언급할 실체 개선 사업에 지나치게 자원을 투입하여 커뮤니케이션을 위한 자원이 없는 경우도 발견된다. 효과적인 커뮤니케이션이 없이는 확보하고자 하는 지역 이미지의 확보가 어려운 것은 자명한 사실이다.

지역브랜드 사업의 커뮤니케이션은 외부뿐만 아니라 내부를 겨냥한 커뮤니케이션 활동이 필요하다. 내부 커뮤니케이션의 주요 목적은 국민 및 이해관계자의 적극적 참여와 협조를 확보하기 위한 것이다.

〈내부 커뮤니케이션〉

• 정보 제공
  – 공청회 및 설명회
  – 국민 및 지역 주민을 위한 홈페이지
  – 내부용 홍보물 제작

• 참여를 통한 사업 이해
  – 브랜드위원회 구성 – 의결 기구 또는 자문 기구 성격의 위원회 구성.
  – 브랜딩 기획 단계부터 참여시키도록 한다. 다양한 이해관계

자 집단과 구성원을 단순한 포커스그룹 조사의 참여자가 아닌 기획팀의 구성원으로 참여시키는 것이 바람직하다.

〈외부 커뮤니케이션〉

• 오프라인 홍보 및 마케팅
  - 홍보 자료 제작 – CF, 카다로그, 포스터, 티셔츠 및 액세서리 제품 개발
  - 해외 오프라인 매체를 통한 홍보 활동
  - 해외 미디어 활용 – 기자단 초청, 기사 제공 등
  - 해외 전시회 및 세미나 참가 계획
  - 행사 후원

• 온라인 홍보 및 마케팅
  - 외국어 홈페이지 제작
  - 해외 검색엔진을 통한 마케팅
  - SNS 매체 활용하는 홍보 – 외부 블로거 조직 확보

〈커뮤니케이션 조직〉

• 전담 기구 구성 – 내부에 커뮤니케이션을 추진하고 평가하고 관리하는 전담 부서를 신설하거나 전문 인력을 확보할 필요가 있다. 전문성 확보를 위해 외부 인력 및 컨설팅 기관의 도움을 활용하는 것이 보편화되어 있다.

• 국민과 지역 주민이 참여하는 커뮤니케이션
  - 국민의 블로거
  - 국민 브랜드 홍보단

• 커뮤니케이션 효과 평가 시스템 구축
  – 평가 항목: 브랜드 및 사업 인지도, 이미지, 구매 의도 (방문, 투자, 이주, 구매 등)
  – 국민 및 지역 주민의 참여도도 함께 평가할 필요가 있음.
  – 예산 대비 효율성 등.

④ 실체 개선

국가브랜드가 성공하기 위한 네 번째 조건으로 사업 목적에 부합하는 여건 개선 즉 실체 개선이 있어야 할 것이다. 즉 고객에게 제공하고자 하는 고객 경험과 가치를 창출할 수 있어야 하는 것이다. 실체 개선에는 구성원의 적극적인 참여가 필요하다. 특히 감성적이고 경험적인 가치를 창출해야 하는 관광 브랜드 사업에는 가치 창출 주체가 국민이기 때문에 국민의 협력이 절대적으로 중요하다.

실체 개선에는 상당한 자원 투입이 이루어져야 가능한 경우가 많다. 많은 국가와 도시의 지역브랜드 사업이 이러한 이유 때문에 꺼려되거나, 추진이 어렵게 되는 경향이 크다. 특히 대규모 시설이나 기반 시설에의 투자가 필요하거나, 국가 및 지역 문화나 의식 변화가 필요한 경우에는 단기간에 실체 개선이 달성되기 어렵다. 이러한 사업은 엄밀한 의미에서 토목 건설 중심의 국가/지역 개발 사업이지, 브랜드 사업이라고 정의하기가 어려울 것이다. 브랜드는 단순히 보조 역할을 한다고 규정해야 할 사업이다.

따라서 실체 개선 작업에서 가장 우선적으로 검토되어야 할 점은 대규모 자원 투입이 필요 없는 실체를 파악하는 것이다. 국가가 보유하고 있는 자산 중에서 저평가되어 있는 실체를 발견하여, 이를 고객 기호에 맞춰 변화 또는 개선하는 작업이 우선적으로 추진될 필요가 있다.

실체 개선을 위한 사업 목적에 따라 달라질 수 있다.

- 주거 환경 개선 – 구성원의 거주 만족도를 높이기 위한 쾌적 시설 (문화 시설, 주민 편의 시설 등), 교육 시설, 교통 시설, 친환경 사업 등.

- 관광 여건 개선 – 관광 자원 개발 및 정비, 대표 축제 및 장소 개발, 관광 인프라 개선 (숙박 및 음식점 등), 기타. 특히 관광객의 편의 및 지역 차별성을 확보하기 위한 자원 및 시설 개선에 초점을 맞출 필요가 있음.

- 투자 환경 개선 – 국내외 기업의 투자를 유치하기 위해서 개선한 시설 및 지역 여건. 산업 편의 시설, 공단 조성, 인력 훈련 시설, 물류 및 교통 인프라 등. 특히 투자 기업을 위한 편의와 함께 비용 경쟁력을 확보하기 위한 실체 개선이 중요함.

- 특산물 브랜드 여건 개선 – 경쟁력이 있는 국가 또는 지역 특산물을 생산, 제품화, 브랜드화를 위한 여건 개선. 생산 시설 정비, 품질 개선 노력, 품질 관리 시스템 구축 등.

- 교육 여건 개선 – 학교 시설 개선, 학생 편의 시설, 우수 교사 확보에 필요한 여건.

3. 국가브랜드 정체성과 브랜드 아키텍처

국가/지역 브랜드 사업에 있어 많은 실무자들이 고심하는 작업 중의 하나는 브랜드 정체성의 도출이다. 특히 앞서 국가브랜드 사업의 특수성에 언급하였듯이, 국가나 도시 브랜드 사업에서 단일 브랜드 정체성이 과연 가능한가? 이에 관한 논의가 필요하다. 효율적인 커뮤니케이션과 자원 배분을 위해 여러 사람들이 한 목소리를 내는 것이 가장 이상적인 것은 기존 브랜드 학자의 일반적인 의견이다. 그러나 통합적인 단일 브랜드 정체성이 우리에게 가능할 것인가? 이는 두 가지 요인에 달려있다고 판단된다.

첫째, 지역브랜드를 하나의 정체성으로 충분히 지역의 비전을 담을 수 있느냐를 평가해야 할 것이다. 이는 지역의 다양성과 지역 브랜드 사업의 목적에 따라 달라질 수 있다. 포괄적인 정체성은 지역의 다양성을 반영시킬 수 있는 장점이 있는 반면에, 사업 추진에 어려움을 겪을 수 있다. 구체적으로, 개선해야 하는 실체 대상도 넓고, 정체성의 포괄성으로 브랜딩과 커뮤니케이션의 효율성이 떨어질 수 있다.

또한 포괄적인 정체성으로는 지역의 차별성을 부각시키기가 어려울 수도 있다. 예를 들면 국가브랜드의 경우에는 어떠한 가치를 추구하는 것이 바람직한가? 실효성이 있는 국가브랜드 개발을 위해서는 앞에서 논의한 바와 같이 급속한 글로벌리제이션에 따른 경제지형의 변화에 적극적으로 대응할 수 있는 정체성을 모색해야할 것이다. 특히 앞에서 지적한 Richard Florida (2002)의 '창조 도시'와 유사한 특성을 보유한 '창조 국가'의 비전이 단일 정체성의 일개 대안이 될 수 있다. '창조 국가' 이미지에는 우리의 과학, 엔지니어링, 교육, 문화, 예술 등 창조 산업의 강점이 부각되어야 할 것이다. 최소한 우리의 강점인 IT산업과 우리 문화의 매력을 강조할 필요가 있다.

이러한 정체성에 대한 국가적 공감대가 형성되면 단일 정체성이 가능할 수도 있을 것이다. 그러나 많은 국가들이 유사한 브랜드 개념을 추구하고 있어서 차별성이 떨어진다는 주장도 있을 수 있다. 또한 국가의 발전 비전이 단순할 수 없고 다양한 이해관계를 반영해야 하기 때문에 단일 정체성이 적절하지 않다는 지적도 가능하다.

두 번째는 다양한 이해관계자의 의견을 조정하는 것이 얼마나 가능한지를 평가해야 할 것이다. 앞에서 지적한 바와 같이 이해관계자의 의견 조정이 국가 브랜드 사업의 가장 어려운 과제이다. 불가능하다는 주장도 가능하다. 다양한 이해관계가 충돌되고 있고 사회적 갈등 해결이 원활하지 않은 우리나라의 현실을 보아 불가능 주장이 가능하다. 적어도 단기적으로는 용이하지 않고, 큰 규모의 사회적 비용이 발생할 가능성이 높다.

구체적인 가능성을 살펴보자. 관광업계와 산업계 사이에 갈등의 여지가 있다. 한국의 토속적 특성을 강조해야 하는 관광객 유치 캠페인은 모던성과 고급 기술성을 강조해야 하는 산업계의 이해와 충돌할 수 있다. 또한 역동성을 표현하는 "Dynamic Korea"는 경제 · 산업계에서는 환영받을 수 있으나, 문화계에게는 부정적일 수 있다. "사랑과 배려"를 강조하는 이명박 정부의 국가브랜드 정체성은 국제 협력 차원에서 바람직하나, 일부에서는 그에 따르는 경제적 부담과 과제의 시급성에 대해 우려할 수도 있다. 통합적인 브랜드 정체성을 도출하기 위해서 오랜 기간의 의견 수렴과 함께 브랜드 당국의 고도의 정치적 역량이 절대적으로 필요하다.

이상과 같은 어려움 때문에 동일 국가 내의 다양한 복수 브랜드가 존재하는 경우가 발생한다. 그리고, 복수 브랜드를 채택하는 경우에 브랜드들 간의 관계 즉 브랜드 아키텍처(architecture)를 어떻게 설정할 것인가도 중요한 기획 과제이다. 복수 브랜드 전략은 우선 사업의 특수성을 충분히 반영할 수 있는 장점이 있고, 상대적으로 시간적으로 그리고 비용 규모면에서 사업 추진이 용이할 수 있다. 그러나 이 전략은 다양한 국가 브랜드 사업 간의 시너지가 떨어지며, 커뮤니케이션 효과가 낮을 수 있는 단점이 있음에 유의할 필요가 있다.

한편, 도시브랜드의 정체성은 상대적으로 통합하기 용이하다는 주장이 제기될 수 있다. 상대적으로 지역 개발 과제가 단순하고 지역적 다양성이 낮기 때문이다. 그러나 이 또한 용이한 과제가 아니다. 도시브랜드 사업에 수반되는 실체 개선과 관련된 기반 시설 투자에 대해 내부적으로 이해관계가 첨예하게 대립할 수 있기 때문이다.

패밀리 브랜드 전략

우리의 대안은 패밀리 브랜딩 (family branding) 일 수 있다. 즉 국가나 도시 브랜드의 정체성과 가치를 큰 방향에서 설정하고, 개별 이해관계자 또는 브랜드 사업 수행자의 독립적인 정체성에 반영시키는 것이다. 이 경우에는 개별 이해관계자의 의견을 반영하여 복수 정체성이 개발되고, 정부에서 개별 정체성 개발에 반드시 포함되어야 할 가치와 방향에 대한 가이드라인을 제시하는 것이다. 예를 들면 피츠버그 도시브랜드 사업에서 분야에 따라 다양한 정체성을 인정하지만, 통일된 브랜드 가치인 'imagine'는 공통적으로 사용하는 사례를 들 수 있다.

사업의 목적에 따라 유연한 브랜드 정체성이 필요하다는 주장은 Han (2009)의 제주평화포럼에서의 주제 발표에서 제기된 바가 있다. 즉 국가 브랜드에 복수의 세부 정체성을 허용한다는 주장이다. 또한, Dinnie (2015)도 국가브랜드를 상위 브랜드와 하위 브랜드들

간의 관계를 만들어 가는 브랜드 아키텍처 개념으로 이해될 필요가 있다는 유사한 주장을 하고 있다.[14]

브랜딩 관점에서 논의하면 국가의 큰 가치는 마스터 또는 엄브렐라 (umbrella) 브랜드 역할 그리고 개별 이해관계자의 정체성은 서브브랜드 (subbrand)의 역할을 하는 것이다. 여기서 중요한 결정 사항은 마스터 브랜드와 서브브랜드 중에서 어느 것을 강조하느냐이다. 이는 통합적인 브랜드 정체성에 따른 시너지가 어느 정도로 발생할 수 있는가에 달려있을 것이다. 그러나 여기서도 마스터 브랜드의 역할과 정체성에 대한 구성원의 공감을 확보하는 것도 용이한 과제가 아니다.

국가 여건에 부합하는 마스터 브랜드의 정체성과 역할을 결정함에 있어 외부 전문가의 도움을 받는 것이 하나의 대안이 될 수 있다. 복잡하게 얽어 있는 내부 구성원을 설득하는 데에 외부 전문가의 전문 지식 그리고 내부 이해관계에 연루되어 있지 않은 객관성이 유리하게 작용할 수 있다. 또한 객관적이고 과학적인 조사 자료를 바탕으로 국가나 지역의 강점과 약점을 충분히 인지할 수 있도록 설득하는 노력이 수반되는 것이 중요하다.

4. 국가브랜드가 국가개발 사업과 다른 점

국가와 도시의 지역브랜드 실무자이나 관련 인물들이 지역브랜드 사업이 지역 개발 또는 경쟁력 강화 사업으로 혼동되는 경우가 흔히 있다. 그 이유는 지역브랜드 사업에 지나치게 지역 개발 즉 실체 개선이 강조되기 때문이다. Anholt는 국가브랜드 사업은 "sub-

14) Han, op. cit., 2009; Dinnie, K., op cit., Chapter 2, 2015.

stance" 즉 실체 개선이라고 강조한 바가 있다.[15] 실체 개선의 필요성에 대해 필자는 동의하나, 이는 국가브랜드 사업의 일부이다. 즉 실체 개선이 중요하나, 지나치게 강조되어서는 안 된다는 것이 필자의 주장이다.

실체 개선이 중점인 사업은 개발 사업 즉 입지 경쟁력 강화 사업이지 브랜드 사업이 아니다. 오히려 실체 개선이 강조되기 때문에 브랜드 사업이 어려워질 수 있다. 첫째, 지나치게 큰 규모의 자원 투입이 필요해지기 때문이다. 둘째는 자원 배분이 실체 개선에 투입되어 브랜드 사업에 반드시 필요한 다른 작업 특히 커뮤니케이션에 소홀하게 될 수 있기 때문이다. 이런 점은 위에서 언급되었고, 실체개선 vs. 이미지 향상의 논의에 뒤에서 자세히 논의할 계획이다.

지역브랜드와 지역개발 사업은 유사한 점이 있는 것은 사실이나, 근본적으로 다른 사업이다. 사업 목적, 사업 추진 전략 그리고 사업의 특성에서 차이가 난다. 〈그림〉에서 보듯이 지역개발 사업은 실체 개발에 초점을 두는 반면에, 지역브랜드 사업은 브랜딩, 커뮤니케이션 그리고 실체 개선이 필요한 사업이다. 지역브랜드 사업에서의 실체 개선은 상당 부분 실체 재조직으로 발생한다. 실체 개선이란 다양한 실체를 고객 지향적으로 그리고 브랜드 정체성에 부합하게 정리하고 통합하는 작업을 의미한다.

15) 제주 평화포럼 (2009)에서의 기조연설. "substance"에 관한 구체적인 내용은 Anholt, S., Places: Identity, Image, and Reputation, Palgrave Macmillan, 2010 참조 바람.

〈국가/도시 브랜드 사업의 형태〉

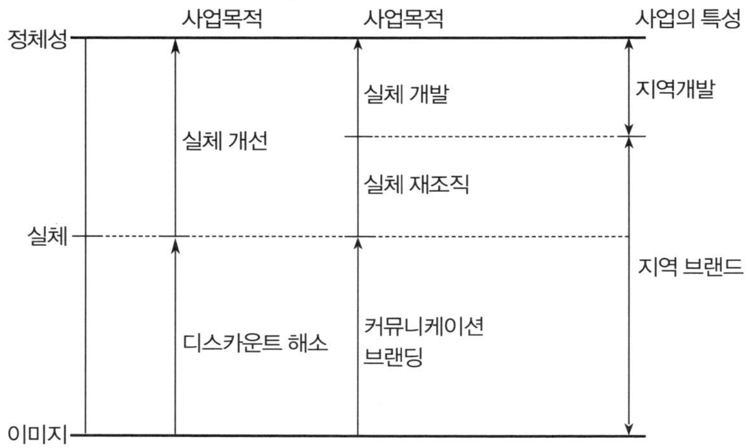

국가/도시 브랜드 사업의 내용을 잘 이해하기 위해서 다음의 용어를 숙지할 필요가 있다.

- 정체성 (identity): 국가나 도시가 지향하는 가치나 목표
- 실체 (reality, substance, real value): 국가나 도시가 제공하는 실제 가치
- 이미지 (image, perceived value): 국가나 도시의 지역 서비스에 대한 고객의 인식 또는 지각된 가치

정체성, 실체 그리고 이미지가 어떠한 관계에 있느냐에 따라 사업의 성격이 달라진다. 즉 지역브랜드 사업일 수 있고, 지역개발 사업이 될 수 있으며, 지역브랜드 사업인 경우에도 사업의 목적과 성격이 달라질 수 있다. 정체성, 실체와 이미지의 관계는 다음의 시나리오와 같이 정리될 수 있다.

① 정체성 = 실체 〉 이미지
② 정체성 = 이미지 〉 실체
③ 정체성 〉 실체 〉 이미지
④ 정체성 〉 실체 = 이미지
⑤ 정체성 〉 이미지 〉 실체

① 정체성 = 실체 〉 이미지

브랜드 정체성과 실체는 거의 비슷한 수준이나, 이미지는 이에 미치지 못하는 경우이다. 이 경우에는 지각된 가치를 실제 가치로 끌어올리는 작업이 필요하다. 이러한 디스카운트 해소에는 브랜딩과 커뮤니케이션 작업이 필요하나, 큰 폭의 실체 개선은 필요 없다.

실체 개선이 이루진 후 실체 개선을 알려야 하는 경우도 이 시나리오에 해당한다. 브랜딩과 커뮤니케이션은 실체 개선이후 발생한 실체와 이미지의 격차 해소에 초점을 맞추는 작업 중심으로 추진된다.

② 정체성 = 이미지 〉 실체

이 경우는 이미지가 실체보다 좋은 소위 프리미엄이 발생하는 경우이다. 단기적으로는 이러한 현상이 지속될 수 있지만, 결국 프리미엄이 사라질 가능성이 크다. 따라서 이 경우에는 실체 개선이 필요하다. 실체 개선 방향은 이미지와 정체성에 부합되도록 이루어져야 할 것이다.

③ 정체성 〉 실체 〉 이미지

이는 일반적인 지역브랜드 사업에 해당하는 시나리오이다. 이 경우에는 실체 개선과 함께 이미지 개선이 필요하다. 이미지 개선에는 실체와 이미지 차이를 극복하는 디스카운트 해소와 새로운 실체 개선에 합당한 이미지 확보를 목적으로 이루어진다. 구체적인 작업 내용은 앞의 〈그림〉에 나타나 있다.

④ 정체성 〉 실체 = 이미지

이는 우선 실체 개선이 필요하고, 동시에 실체 개선을 홍보하는 브랜딩과 커뮤니케이션이 필요한 경우이다. 이 경우에는 디스카운트 이미지 문제는 발생하지 않는다.

⑤ 정체성 〉 이미지 〉 실체

우선 이미지를 정체성 수준으로 끌어올리는 작업이 필요하고, 대폭적인 실체 개선이 필요한 시나리오이다. 이 경우의 실체 개선은 다른 시나리오에서 보다 실체 개선의 필요성이 크다.

이상과 같이 국가나 도시 브랜드 사업을 기획하기 전에 현 지역 상황 즉 정체성, 실체 그리고 이미지가 어느 시나리오에 해당하는지를 면밀히 평가하는 것이 중요하다. 이를 파악하여야 어느 정도의 실체 개선과 이미지 개선이 필요한지를 파악할 수 있을 것이다.

5. 국가브랜드의 중점 사업 – 실체 개선 vs. 이미지 향상

성공적인 국가브랜드 사업을 위해서 실체 개선이 우선적으로 이루어져야 한다는 주장이 있는가 하면, 실체 개선은 브랜드 사업의 핵심이 아니고 브랜딩과 커뮤니케이션을 기반으로 한 이미지 개선에 초점을 맞추어야 한다는 주장이 있다. 이는 앞의 장에서 논의된 쟁점으로, 상반된 주장을 면밀하게 평가할 필요가 있다.

국가나 지역브랜드 사업을 시작하게 되면 여러 가지 변화가 필요하다. 단순한 브랜딩 작업을 넘어서 다양한 영역에서의 변화가 수반되어야 한다. Baker (2007)는 지역브랜드 사업이 성공하기 위해서는 내부의 반대를 극복하는 동시에 규정, 법, 제도, 예산, 자원 확보, 그리고 인력 충원 등 여러 가지 영역에서의 변화가 이루어져야 한다고 지적한 바가 있다.[16]

기존과 다른 새로운 변화에는 변화 대상에 따라 변화를 추진해야 할 폭과 어려움이 달라질 수 있다. 특히 실체 변화가 필요한 경우에는 대규모 투자와 큰 폭의 변화가 수반되어야 한다. 예를 들면, 뉴욕의 타임스퀘어 재개발과 같은 브랜드 사업에는 대규모 재개발 사업이 필요하다. 대규모 투자와 내부 반대를 극복해야 함은 당연한 것이다. 실제로 1980년 후반에 시작한 4개 고층 건물 건축이 2000년 후반에야 완공될 수 있었다. 20년 이상의 장기간 투자가 소요된 것이다.

북경시도 유사한 사례이다. 북경 올림픽 당시에 엄청난 규모의 건설과 토목 사업이 필요했다. 이는 단순한 올림픽 행사를 치르기 위한 것이 아니고, 중국과 북경을 해외에 알리고, 대외 이미지를 개선하는 동시에 내부적으로 중국의 자긍심을 높이기 위한 작업이었다. 이는 중국의 특수성 때문에 가능한 것이다. 중국 이외 국가에서는 엄청난 내부 반발이 있을 수 있고, 이러한 같은 규모의 투자 및 변화가 불가능할 수도 있다.

어느 정도의 변화와 투자가 가능한가?

국가브랜드 사업에 실체 개선이 필요한 것은 사실이다. 그러나 실

16) Baker, op. cit., 2007, Chapter 1.

체 개선에 지나치게 초점을 맞추면 그 만큼은 사업이 어려워질 수 있다. 대규모 실체 개선에는 큰 폭의 투자와 내부 변화를 감수해야 한다. 지나치게 야심찬 국가나 도시의 지역브랜드 사업은 성공하기 어려울 수도 있다. 오히려 현실적 사업이 성공 가능성이 높을 수 있다. 어느 정도의 자원 투입이 가능하고 어느 정도의 변화를 도출할 수 있는지에 대한 명확한 평가가 이루어질 필요가 있다.

예를 들면, 뉴욕시가 뉴욕시의 이미지 개선을 위해서는 뉴욕시의 가장 큰 단점으로 지적되는 범죄나 안전 문제를 해결해야 하지만, 이는 중 · 단기적으로 달성할 수가 어려울 뿐만 아니라, 지역 경제 활성화 등의 외부 환경의 변화가 없이는 어려운 과제이다. 오히려 뉴욕시가 보유하고 있는 강점 즉 문화, 예술, 편의 시설 등의 도시의 매력을 강조하여 단점을 보충하여 도시 브랜드의 가치를 높이는 것이 오히려 효율적인 방안이 될 수 있다.

지역브랜드 사업에 필요한 투자 규모 및 변화 정도는 무엇을 개선하느냐에 따라 달라진다. 예를 들면, 국가나 도시의 지리적 환경이나 역사는 바꾸는 것이 거의 불가능하다. 그리고 문화적 가치를 바꾸는 것도 매우 어렵다. 문화는 인류학자에 따르면 구성원의 오랜 기간 동안 습득된 가치 체계와 행동의 종합체로 정의되고 있다. 따라서 문화는 단기간에 변화하기 어려운 특성을 보인다. 구성원의 문화에 배태된 의식이나 행동은 좀처럼 바꿀 수 없을 것이다.

〈국가/도시 브랜드 사업의 변화관리 대상〉

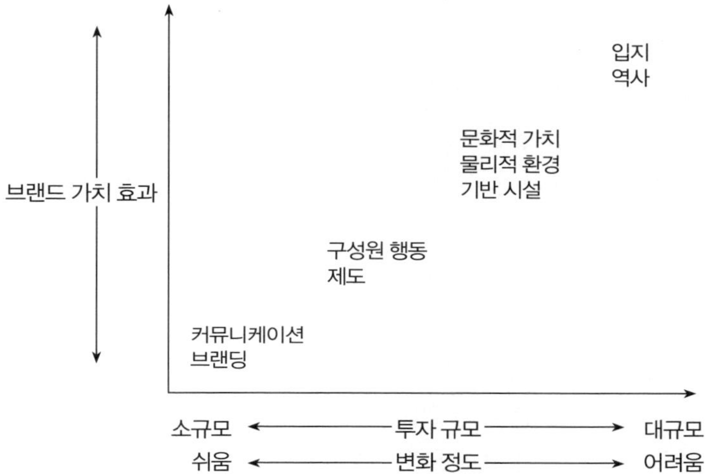

문화적 가치의 변화와 함께, 물리적 환경이나 기반 시설의 개선에도 큰 규모의 투자가 필요하다. 물리적 환경이나 기반 시설에 대한 지나친 투자는 오히려 지역브랜드 사업의 성공 가능성을 떨어뜨릴 수도 있다. 지역브랜드 사업에 필요한 브랜딩이나 특히 커뮤니케이션에 대한 자원 배분이 어려울 수 있기 때문이다.

물리적 환경의 큰 폭의 개선이 없이도 지역브랜드 사업은 가능하다. 2개의 대표적인 사례를 지적할 수 있다. 첫째는 라스베가스 도시브랜드 사업이다. 앞에서 언급한 바와 같이 라스베가스 도시브랜드 사업은 도시가 고객에게 제공하는 가치를 명확화시키고, 이를 브랜딩과 커뮤니케이션을 통해 성공한 사례이다. 대규모의 실체 개선이 반드시 필요한 것이 아니다. 둘째는 바르셀로나의 사례이다. 바르셀로나는 도시가 보유하고 있는 자산 특히 가우디 작품을 브랜드 자산화시켜 성공한 사례이다. 올림픽을 치르는 다른 도시와 같이 대규모의 실체 개선 투자가 필요하지 않았다.

실체 개선이 이루어지면 브랜드 가치에 미치는 효과는 높아진다. 그러나 반대 급부로서, 큰 규모의 투자와 변화가 수반되어야 한다. 〈그림〉에는 지역브랜드 사업에 있어 필요한 변화관리 대상이 나타나 있다. 브랜딩과 커뮤니케이션은 상대적으로 큰 규모의 투자와 변화가 필요가 없다. 물론 실체 개선이 수반되지 않기 때문에 브랜드 가치에 미치는 효과는 낮고, 지속성이 떨어질 수 있다. 물론 창의적인 브랜딩이나 커뮤니케이션으로 효과를 높일 수는 없다.

따라서 지역브랜드 사업이 성공하기 위해서는 우선 달성하고자 하는 목표를 명확하게 설정해야 한다. 목표는 지역의 미래 비전을 반영해야 하지만 현실적이어야 한다. 즉 어느 정도의 투자가 가능하고, 어느 정도의 변화를 관리할 수 있는지에 면밀한 평가가 이루어져야 할 것이다. 이로서 효율적인 자원 배분이 이루어지고 내부 반발도 극복할 수 있을 것이다.

우리나라의 국가브랜드 사업에 관한 제언

우리나라 국가 브랜드 사업에서도 마찬가지일 것이다. 국가 브랜드 가치의 실질적 변화를 위해서 실체 변화가 있어야 한다는 주장이 가능하다. 예를 들면, 우리 산업의 경쟁력을 높이고, 문화 역량을 배양하고, 우리 시민 의식을 선진화시키는 사업 등이 이와 관련된 과제로 지적될 수 있다.

그러나 큰 폭의 실체 개선에는 상당한 시간과 투자가 필요하고, 중 · 단기적으로 달성하기 어려운 것이 사실이다. 따라서 국가브랜드 가치 제고를 위해서 실체 변화보다는 이미지 강화에 초점을 두어야 한다는 주장이 가능하다. 재언하면, 우리가 보유하고 있는 강점을 발굴하여, 이를 자산화하며 해외 홍보하는 것이 현실적으로 유리한 방안이 될 수 있다. 물론 장기적으로는 실체 개선에도 노력해야 함은 의문의 여지가 없다.

마찬가지로, 개도국 대상 사업과 관련하여 "뭔가를 보여줘야 한다!"는 개발원조 확대가 국가브랜드 제고에 도움이 될 수 있는 것은 사실이다. 개도국 개발원조 사업은 인도적인 차원 그리고 우리나라의 외교 역량 강화를 위해 반드시 필요한 것에는 의문의 여지가 없다. 그러나 순수 홍보적인 관점에서 보면, 아시아 특정 지역에서는 한류 문화를 확산시키는 것이 오히려 국가브랜드 가치 제고에 단기적으로는 더 효율적일 수도 있다. 한류의 효과에 관하여서는 뒤에서 구체적으로 언급된다.

이상의 내용을 정리하면, 국가브랜드 사업의 핵심은 실체 개발이 아니다. 한국의 경우에는 효율적인 브랜딩과 커뮤니케이션을 통한 이미지 개선과 코리아 디스카운트 해소에 있다. 물론, 위의 4장에서 논의하였듯이, 실체 재조직이 수반되어 효과적인 사업 효과가 발생할 수 있다. 이 경우에도 실체 개발보다 실체 재조직에 초점을 두어야 효율적 예산 집행이 이루어질 수 있을 것이다.

6. 국가브랜드의 가치 제안 – 정통성 개발과 대중성 확보

국가브랜드 사업을 추진함에 있어 브랜드 자산화 가능한 분야를 발굴해야 한다. 여기서 "정통성 (authenticity)을 확보해야 하는가?," 아니면 "대중성을 추구해야 하느냐?"도 중요한 쟁점 요인이다. 정통성은 차별성이고 경쟁력이고, 대중성은 상업성이고 영향력과 밀접하게 관련되어 있다.

우리의 제품, 문화 그리고 관광 자원이 국내외에서 인정을 받기 위해서는 정통성을 확보되고, 그 가치를 인식되어야 함을 앞에서 논의된 바가 있다. 즉 우리나라 또는 도시들이 다른 지역에 얻을 수 없는 지역 서비스나 경험을 제공할 수 있다는 차별적인 브랜드 자산을 확보하고 있어야 한다는 것이다.

우리 지역의 정통성을 제대로 인정받지 못하면 코리아 디스카운트와 같은 현상이 발생하게 된다. 따라서 지역브랜드 사업의 주요 과제가 정통성에 관한 고객의 인식을 확보하고자 노력하게 된다. 이를 위해서는 우선 우리 지역이 절대적인 우위에 있는 차별적인 자산을 발굴하여 브랜드 자산화하는 작업이 우선적으로 필요하다.

지나친 정통성은 대중성을 약화시킬 수 있다.

정통성을 확보하는 것은 모든 지역브랜드 사업의 출발점이 될 수 있다. 그러나 정통성이 과도한 차별적인 자산은 대중성이 결여될 가능성이 높다는 것이다. 예를 들면, 한국의 차별적인 불교 문화와 예술은 그 가치를 인정받지만, 대부분의 문화 · 관광 소비 대중은 다른 아시아 지역의 불교 문화와 예술과의 차별성을 인지하지 못할 수 있다. 즉 대중성이 떨어지는 것이다. 따라서 한국의 불교 문화를 우리 국가브랜드의 주요 자산화하고자 하면 소수의 전문가 집단을 제외하고는 그 영향력이 낮을 수 있다. 한국적 불교 문화는 박물관 자산으로 타당하지만, 국가브랜드 자산화에는 적절하지 않다는 주장이 가능하다. 물론 공격적인 커뮤니케이션을 통해 정통성 이미지를 확보하고, 대중성을 창출할 수는 있다. 그러나 이 경우에는 커뮤니케이션 비용이 부담스러울 수 있다.

정통성은 높지만 대중성이 떨어지는 또 다른 예로서, 우리의 살붙이 전통 춤을 들 수 있다. 살붙이 춤은 우리의 한(恨)과 우리의 정신 세계를 표현하는 우수한 우리의 차별적인 자산임이 분명하나, 외국인의 눈에는 살붙이 춤 보다 부채춤이 더 매력적일 수 있다. 아무리 예술성이 높아도 고객이 이해할 수 있고, 고객의 가치에 부합하는 의미성 (relevance)이 있어야 국가브랜드 자산으로 가치를 인정받을 수 있는 것이다. 이러한 갈등은 다른 문화 분야에도 발생한다. 예술성이 높은 오페라는 대중적인 팝 뮤직보다 지역브랜드 자산으로서 영향력이 낮은 것은 놀라운 사실이 아니다.

대중성을 간과하기 쉬운 분야는 위에서 언급한 예와 같이 문화 브랜딩 사업에서 발생할 가능성이 높다. 우리나라의 문화적인 매력도를 높이기 위해서는 우선 우리의 전통에서 독창적인 문화의 발굴에서 출발할 수 있다. 그러나 문화적 다양성과 관용도 간과해서는 안 될 것이다. 특히 우리의 전통적인 문화를 강조하다가 문화의 폐쇄적이거나 배타적인 이미지가 각인되지 않도록 노력할 필요가 있다.

문화의 전통성과 함께 대중성 확보를 위한 현대성과 글로벌성을 동시에 추구하는 것이 문화의 이국성과 함께 문화적 다양성과 관용을 확보하는 방안일 것이다. 실제 최근 우리 대중문화 중심으로 한 한류의 성공은 우리의 전통성과 함께 현대성과 글로벌성이 있기 때문에 가능한 것으로 평가된다. 다양하고 관용적인 문화 이미지를 확보하기 위한 방안으로 우리의 민주화 스토리도 알릴 필요 있다. 우리 사회의 민주화는 산업화와 함께 세계적인 성공 스토리로 우리의 매력적 국가이미지 형성에 도움을 줄 것으로 여러 전문가들이 지적하고 있다.

대중성의 함정

그렇다고 무작정 대중성을 추구할 수도 없다. 대중성과 상업성을 추구하다 보면 정통성을 상실할 수 있다. 예를 들면 홍대 앞에 가면 홍대 문화가 없다는 것이다. 1980년대부터 예술가들의 작업실이 하나 둘 생기고 음악을 즐기는 사람들이 몰리면서 홍대 앞은 인디 문화 등 독특하고 실험적인 문화를 생기게 되었다. '예술의 거리', '문화 해방구'라는 명성을 얻게 되고 사람이 찾기 시작하면서 급속한 상업화가 이루어지게 되었다. 이로 인해 예술가들은 점점 외곽으로 쫓겨나고, 홍대 앞에서만 유일하게 느낄 수 있는 홍대 문화가 사라지는 것이다.

인사동도 유사한 현상이 발생하고 있다. 인사동에 있는 한국화 화랑은 좀처럼 찾기 어렵고, 화장품 가게와 커피 전문점은 쉽게 발견할 수 있는 것이 사실이다. 정통성을 계속 유지하는 것이 용이한 과제가 아니다. 물론 정통성을 고집하다가 대중성을 확보하지 않으면 상업성이 떨어질 뿐만 아니라 고객에게 필요한 지역 서비스에 소홀하게 된다.

대중성과 상업성이 있으나 정통성이 결여되어 있으면 지속성이 떨어지게 된다. 예를 들면, 신발 산업의 경우에 우리나라가 90년대에는 세계 최대 생산국으로 경쟁력을 확보하고 있어나, 정통성이 있는 브랜드 개발에 실패하여 결국 경쟁력을 상실하게 된 점이 이러한 경우에 해당한다. 최근 큰 인기를 얻고 있는 K-Pop나 비보이 공연도 정통성과 독창성을 확보하지 못하면 반짝 인기에 끝날 수도 있다.

정통성이 결여하면, 크게 두 가지 어려움에 직면하게 된다. 첫째는 지속성이 결여될 수 있다. 정통성이 없기 때문에 경쟁 지역으로부터의 차별성을 확보하기 어렵다. 따라서 경쟁 지역에서의 공격적인 마케팅이나 경쟁력이 향상된 서비스 개발로 인해 시장을 잠식당할 수 있는 것이다. 둘째는 디스카운트 현상이 발생할 수 있다. 예를 들면 우리나라 수출품이 해외 시장에서 제 값을 받지 못하는 경우가 이에 해당된다. 고객들에게 품질이나 기술력 보다는 가격으로 승부할 수밖에 없다. 따라서 이러한 분야는 고객으로부터 정통성을 인정받는 것이 지역브랜드의 중요한 과제가 될 것이다.

정통성과 대중성을 동시에 확보하는 방안을 찾는 것이 지역브랜드 사업의 숙제이다. 정통성이 있는 분야는 대중성을 확보하고, 대중성이 높은 분야는 정통성을 확보하는 것이 지속적인 글로벌화를 달성할 수 있는 방향일 것이다.

지역 브랜드의 글로벌화 방향

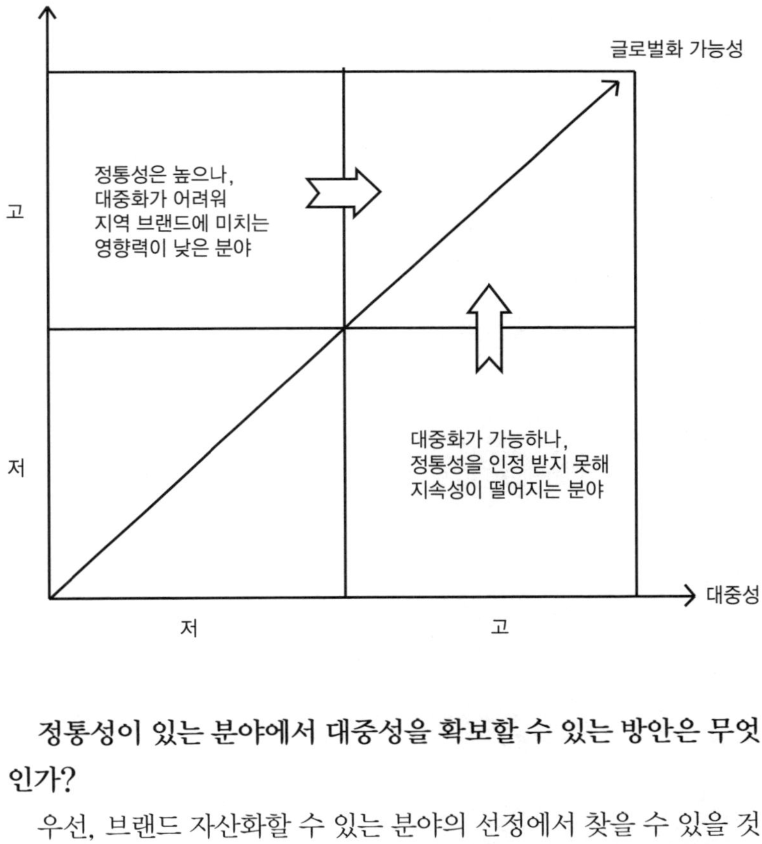

정통성이 있는 분야에서 대중성을 확보할 수 있는 방안은 무엇인가?

우선, 브랜드 자산화할 수 있는 분야의 선정에서 찾을 수 있을 것이다. 지나치게 세분화된 분야는 충분한 시장의 규모를 확보하기 어려울 것이다. 마케팅에서의 세그멘테이션 (segmentation) 기법을 활용하여, 해당 분야가 고객에게 의미가 있으며, 시장 규모가 충분한 동시에 성장 가능성이 높은지를 면밀히 검토할 필요가 있다. 효과적인 세그멘테이션을 위해서 시장 조사가 절대적으로 중요하다. 문화적 자존심보다는 고객의 입장에서 대중성을 평가해야 할 것이다.

둘째는 고객에게 의미가 있도록 (relevant) 정통성을 살리되 현지화를 시도할 필요가 있다. 고객에게 의미가 있도록 하기 위해서 고객 지향적인 커뮤니케이션과 함께 브랜딩의 creative 분야를 현대적으로 그리고 현지 정서에 부합하도록 현지화를 추구하는 방안이 있을 수 있다. 예를 들면 현대적인 브랜드 스토리를 개발한다든지, 브랜드 디자인, 심볼, 로고 등을 외국인의 시각에서 개발하는 방법을 고려할 수 있다. 실제 최근 우리 대중문화 중심으로 한 한류의 성공은 우리의 전통성과 함께 현대성과 의미성 (relevance)이 있기 때문에 가능한 것으로 평가된다. K-Pop이 대중성을 확보할 수 있었던 것도 현지 작곡가와의 협력 등을 통한 현지화가 크게 기인하였다고 지적되고 있다.

셋째는 문화적 다양성에 대한 수용도가 높은 계층을 겨냥하는 방안이 있다. 젊은 세대는 기성 세대에 비해 다문화주의에 익숙하고 한국에 대한 편견이 상대적이 낮은 경향이 있다. 이와 함께 대도시 주민을 겨냥하는 것도 하나의 대안이 될 수 있다. 글로벌한 대도시 주민들은 상대적으로 외국 문화에 비교적 친숙하고, 다양한 문화에의 접근이 용이하기 때문이다. 실제로 한식의 조기 채택자들이 대체로 대도시 거주자인 점이 이러한 전략의 적절성을 간접적으로 입증해주고 있다.

넷째는 문화적 거리 (cultural distance)가 낮은 지역을 겨냥하는 방안도 고려할 수 있다. 문화적 거리는 지리적 거리를 반드시 의미하지 않는다. 예를 들면, 우리와 문화적으로 유사한 지역, 우리 교민이 집단적으로 거주하는 지역, 우리와 경제적 · 문화적으로 교류가 활발한 지역이 이에 해당된다.

대중성이 있는 분야에서 정통성을 확보하는 방안은 무엇인가?

우선 커뮤니케이션을 통해 브랜드 자산적 가치를 인지시키는 것이 중요할 것이다. 앞에서 지적한 바와 같이 우리나라와 우리나라의 대표 제품이나 문화에 관한 해외 인지도는 낮은 편이다. 인지도 제고를 통해 우리의 이미지를 개선할 수 있다.

둘째, 우리의 정통성을 인지하고 있는 전문가나 조기 채택자(early adopter)를 활용하는 방안이 있다. 이들의 보증이 정통성 이미지 제고에 도움이 될 수 있다. 예를 들면 한국 음식이 건강식이고 사회지도층이 즐겨 먹는 음식이라는 인식을 확산시키는 방안이 이에 해당한다. 온라인 게임 매니아들이 한국 온라인 게임을 즐기는 모습도 정통성 인식 확산에 도움이 될 수 있다.

셋째, 우리의 대표적인 글로벌 성공 사례를 알리는 방법도 있다. 예를 들면, 우리 수출 제품의 디스카운드 문제를 해결하기 위해서 글로벌하게 성공적인 대기업의 협조가 필요할 수 있다. 문제는 이들 기업들이 한국과의 연상이 기업 이미지에 불리할 수 있다는 우려 때문에 소극적일 수 있다는 점이다. 대안적으로 대기업의 성공적인 제품과 관련된 경험을 창출하는 방안을 고려할 수 있다. 예를 들면 IT 관련된 이벤트나 프로그램을 개발하여 대기업이 가지고 있는 긍정적 연상을 국가브랜드로 연결하는 방안을 모색할 수 있다.

넷째, 정통성 개념을 지속적으로 변화시키는 방법이 있을 수 있다. 신흥 정통성 (emergent authenticity), 즉 정통성은 주어진 것이 아니고, 사회적으로 창출되고 합의될 수 있는 점을 인식할 필요가 있다.[17] 예를 들면, 루브르 미술관 앞의 피라미드 구조가, 프랑스적 가치가 결여되어 있다는 초기의 비난에도 불구하고 지금은 파리의 문화적 아이콘으로 자리 잡은 점은 이런 가능성을 시사해준다.

17). Cohen, op. cit., 1988.

Ⅲ. 국가브랜드 세계화 추진 전략

국가브랜드 사업을 효율적으로 추진하기 위해서는 사업 기획과 함께 효율적인 추진 전략이 마련되어야 할 것이다. 우선, 가장 시급한 추진 과제가 기획된 브랜드 비전과 철학을 어떠한 방식으로 표현할 것인가이다. 적절한 슬로건, 태그라인, 심벌, 컬러, 인물 등 브랜드 BI(아이덴디티) 체계를 수립하는 것인데, 상당수의 국가브랜드와 도시브랜드 사업이 시장 지향적 그리고 이해관계자 지향적 관점에서 이루어지지 않고, 정책결정자의 개인적인 비전과 이념을 바탕으로 두어 추진되는 경우가 많다. 이를 지양하기 위해서는 적절한 브랜딩 절차를 살펴볼 필요가 있다.

동시에 국가브랜드 사업이 단기간에 성과를 보이기가 어려운 사업이다. 따라서, 다른 사업에 비해 제한된 예산과 인력으로 효율적인 집행이 되기 위해서는 적절한 타켓팅, 커뮤니케이션, 메시지 그리고 이해관계자 관리 전략이 마련되어야 할 것이다. 다음에서 국가브랜드 사업의 효율적 집행과 관련하여 핵심 쟁점 사항을 논의한다.

1. 브랜딩 추진 절차

국가나 도시의 지역 브랜딩 추진 절차도 제품이나 기업의 브랜딩 절차와 크게 다르지 않다. 다른 점은 브랜딩 과정에서 고려해야 할 환경 요인이 다르고, 사업의 이해관계가 복잡하게 연관되어 있다는 점이다. 지역 브랜딩 절차는 다음의 과정을 통해 추진될 수 있다.

〈국가/도시 브랜딩 절차〉

① 환경 분석
② 경쟁 분석 및 역량 평가
③ 브랜드 사업의 목적 명확화
④ 브랜드 표적의 설정
⑤ 브랜드 가치 설정
⑥ 전략적 협력의 필요성 평가
⑦ 브랜드 정체성 확정
⑧ 브랜드 구체화 및 정교화
⑨ 브랜드 사업의 목표 설정
⑩ 브랜드 활성화 방안 설계
⑪ 브랜드 평가 시스템 구축

우선 브랜드 개발에 앞서 환경 분석부터 시작해야 할 것이다, 환경 분석에는 전 세계 메가트렌드가 무엇이며, 그에 따라 지역에 미치는 영향이 무엇인지를 파악해야 할 것이다. 메가트렌드는 글로벌, 국가적, 지역적, 환경적, 사회적, 기술적 환경의 변화에 근거하여 검토되어야 할 것이다. 동시에 내부적으로 어떠한 변화가 발생하고 있는지에 대한 감지 및 평가도 있어야 한다. 예를 들면, 인구 구조, 실업률, 경제성장율, 주민들의 거주 만족도, 그리고 글로벌화 등의 내부 환경 변화에 대한 평가가 필요하다. 환경 분석을 통해 지역 관점에서 기회 요인과 위협 요인이 파악되어야 될 것이다.

둘째는 경쟁 분석으로, 경쟁이 어느 지역이고 경쟁에 비해 지역이 보유한 입지적 강점과 약점을 평가해야 할 것이다. 입지 요인에는 지리적 환경, 물리적 환경, 산업적 환경, 문화적 환경, 사회적 제도, 인적 자원 및 정부의 정책 등이 포함될 수 있다. 경쟁 평가는 객관적인 자료에 근거해야 하며, 이를 위해 외부의 객관성과 전문성을 확보하도록 노력할 필요가 있다.

셋째, 브랜드 사업의 목적이 무엇인지 명확하게 설정되어야 한다. 앞에서 논의한 바와 같이 브랜드 사업은 다양한 목적으로 추진될 수 있다. 수출 진흥 또는 지역 특산물 판매, 국내외 투자 유치, 산업 진흥, 관광객 유치, 거주 환경 개선을 통한 주민 유치, 우수 인력 유치, 그리고 교육 도시 등이 주요 사업 목적으로 추진될 수 있다. 목적에 따라 브랜드 사업의 성격이 달라질 수 있다.

넷째는 브랜드 사업의 고객인 표적을 명확하게 설정한다. 표적에 따라 지역브랜드 사업의 성격이 달라진다. 표적은 내부와 외부 표적이 포함되어 할 것이다. 내부적으로 어느 이해관계 집단이 관련되어 있는지 파악하고, 외부적으로는 브랜드 사업이 표적으로 하는 국가나 지역이 어디이며, 어느 산업 또는 어떠한 특성의 고객을 겨냥해야 하는지를 구체화할 필요가 있다.

다섯째, 표적에게 어떠한 가치를 제공해야 하는지를 파악해야 한다. 물론 경쟁에 비해 지역이 제공하는 가치가 얼마나 경쟁적이고 지속적인지도 평가해야 할 것이다. 브랜드 가치를 구체화하기 위해서는 다양한 이해관계 집단의 의견의 수렴이 필요하다.

여섯째, 공동 사업으로 가능한지를 검토한다. 국제적, 국가적 그리고 인근 지역과의 가능한 협력이 무엇이며, 협력을 통해 발생하는 시너지와 비용은 무엇인지를 평가해야 할 것이다. 공동 사업의 장점에 관하여서는 제 3부, II에서 다시 논의된다.

일곱째, 브랜드의 정체성을 확정한다. 브랜드 정체성은 지역이 고객이 제공하는 가치를 통합적으로 개념화를 통해서 설정되는 포괄적인 핵심 가치나 개념으로 설정된다. 물론 브랜드 정체성은 사업 목적과 표적에 부합하는 개념이어야 할 것이다.

여기서 브랜드 정체성은 사업 목적을 설정하는 세 번째 단계에서 검토될 수 있으나, 이 단계에서는 잠정적인 정체성일 가능성이 높다. 브랜드 정체성은 브랜드 표적에 따라 달라질 수 있어, 브랜드 표적을 확정한 후에 명확하게 된다. 또한 브랜드 정체성은 브랜드 가치가 구체화된 이후에 설정하는 것이 바람직하다. 정체성은 다양한 브랜드 가치를 포괄할 수 있어야 하기 때문이다.

여덟 번째는 브랜드 정체성을 구체화시키고 정교화시키는 작업이다. 앞에서 자세히 논의한 바와 같이 슬로건, tagline, 여러 가지 시각적인 BI 요소와 브랜드 매뉴얼, 그리고 브랜드 상징, 브랜드 스토리가 포함된다.

아홉 번째, 브랜드가 지향하는 목표를 설정한다. 목표는 구체적이고 측정 가능하여야 하며, 관리 지표로 활용 가능하여 할 것이다.

열 번째, 활성화 전략을 기획해야 한다. 구체적인 기간별 추진 계획, 인력 및 자원 투입 계획과 주민을 참여시키는 계획 등이 마련되어야 할 것이다. 동시에 이 단계에서 중요한 것은 통합적인 커뮤니케이션을 확보하기 위한 계획이 마련되어야 한다. 지역브랜드 사업의 가장 큰 어려움은 다양한 집단이 한 목소리를 내는 것이다. 동일한 이슈에 대해서 각자 다르게 해석할 수 있고, 따라서 다른 목소리를 낼 수 있는 것이다. 이를 위해서는 구성원간의 빈번한 소통이 이루어지는 것이다.

마지막으로 브랜드성과를 어떻게 측정할 것인지를 명확하게 설정해야 한다. 구체적으로 어떠한 수치를, 어떻게 측정하고, 어떠한 방식으로 평가하며, 평가 결과를 브랜드 사업에 어떻게 반영할 것인지를 사전에 계획하는 것이 바람직하다. 평가 지표 및 방법에 관하여서는 이해관계 집단의 공감대를 확보하는 것이 중요하다. 특히 무엇이 성공적으로 되고 있고, 무엇이 부족한지에 관한 명확한 인식이 필요하다.

2. 타겟팅 전략

국가나 도시의 지역브랜드 사업에 있어 발생하는 또 다른 어려움은 앞에서 지적한 바와 같이 브랜드 표적이 넓고 다양하다는 점이다. 다양한 표적을 대상으로 하느냐, 아니면 구체적인 표적을 대상으로 하느냐를 결정해야 한다. 일반적으로 마케팅 학문에서는 불특정 다수보다는 특정 계층을 표적으로 타겟팅을 추천한다. 그 이유는 자원의 효율적 이용에 있다.

불특정 다수를 표적으로 하는 경우에는 세부 표적에 따라 상이한 사업이 필요하다. 즉 실체 개선 분야도 다르고, 브랜딩과 커뮤니케이션도 표적의 특성에 따라 달리해야 하는 어려움이 있다. 대규모의 자원 투입이 필요한 것이다. 동시에 사업 관리 및 평가에도 어려움이 따른다. 따라서 타겟팅이 훨씬 효율적인 전략일 것이다. 그러면 타겟팅을 위한 세분화 즉 세그멘테이션 (segmentation)을 어떻게 하는 것이 효과적인가? 세분화는 다양한 방식으로 진행될 수 있다. 아래에서 세분화와 타겟팅에 관한 대안들이 논의된다.

선진국 vs. 개도국

우선 지역으로 전 세계를 표적하는 대신에 특정 지역을 1차 표적으로 선정하여 추진할 수 있다. 글로벌 표적에는 관리의 어려움과 제한된 자원 및 예산의 분산이라는 단점이 있을 수 있다. 그러면 지리적 타겟팅 전략에 있어 선진국을 겨냥하느냐, 아니면 개도국을 겨냥하느냐가 우리 지역브랜드 특히 국가브랜드 사업에 있어 중요한 타겟팅 의사결정 과제일 것이다.

선진국 vs. 개도국의 결정을 위해서는 지역별 지역브랜드 사업의 필요성과 사업 성과가 지역 이익에 미치는 영향을 평가해볼 필요가 있다. 우선 선진국 타겟팅 주장의 근거는 다음과 같다.

- 우리의 이미지가 취약해서 우리나라와 도시의 디스카운트 해소 필요성이 높다. 디스카운트 해소는 수출 제품뿐만 아니라 국가 및 도시 신용도에 큰 도움이 될 수 있다.
- 경제적으로 투자 유치 및 자본 조달의 필요성이 크다. 글로벌 경제 협력에는 미국과 유럽이 절대적인 영향력을 가지고 있다. 지난 글로벌 금융위기시 선진국의 협력이 유용하게 작용한 바가 있다.
- 선진국의 고급 인력의 유치가 가능하다.
- 관광객, 특히 일본 관광객 유치의 필요성이 크다.
- 외교 · 안보적으로 선진국의 도움이 중요하다.

한편, 개도국을 타겟팅을 해야 한다는 주장의 근거는 다음과 제시될 수 있다.

- 현지 진출한 우리 기업에 도움이 될 수 있다.
- 한류 등의 영향으로 우리의 이미지가 좋아 지역브랜드 사업을 추진하기가 수월하다. 효과도 클 수 있다.
- 중국과 동남아 관광객의 방한이 늘어나고 있다.
- 지역의 성장 잠재력이 높다.

지역별 장단점을 평가하면, 지역브랜드 사업의 필요성은 선진국에서 높아 보이는 반면에 개도국에서는 사업 추진의 용이성이 장점으로 축약할 수 있다. 한편, 선진국에서는 커뮤니케이션의 필요성이 큰 반면에 개도국에서는 실체 개선 특히 현지 진출한 한국 기업의 CSR (사회적 책임) 활동이나 국제 협력 사업을 확대할 필요가 있어 보인다. 상대적으로 개도국의 실체 개선에 따른 자원 투입이 선진국에서의 브랜드 사업보다 클 수 있다. 이러한 가능성은 적어도 국가브랜드 사업에서 높을 것으로 판단된다.

글로벌성이 높은 고객에의 타겟팅

타겟팅의 또 다른 중요한 의사결정 과제는 "선정된 표적 지역 내에서 어느 계층을 타겟팅을 해야 하는가?"일 것이다. 기본적으로 여론선도 층이나 젊은 층 등 특정 계층에 초점을 맞추는 방법도 고려할 필요가 있다. 왜냐하면, 이들 계층이 글로벌성이 높은 동시에 커뮤니케이션 효과와 구전 효과가 높을 수 있기 때문이다.

지역브랜드 사업은 결국 우리나라나 도시가 지역 서비스를 해외에 파는 것이다. 따라서 우리의 지역 서비스를 구입하는 계층은 글로벌성이 높은 특성을 보일 수밖에 없다. 글로벌성이 높은 개인이나 기관들이 우리 제품을 구매하고, 한식을 즐기고, 한국 문화를 체험하기를 원하며, 동시에 한국에 투자할 가능성이 높다.

행위 즉 지역서비스의 구매의 글로벌성은 개인이나 기관의 가치의 글로벌성에 따라 달라질 수 있다. 마케팅 문헌에 따르면 글로벌성 관련 가치로서 소비자 자민족주의 (ethnocentrism), 소비자 애국심, 대외지향성 (cosmopolitanism), 변화 개방성 (openness to change), 혁신성 (innovativeness) 및 물질주의 (materialism)

등이 제시되고 있다.[18]

자민족주의와 애국심은 상대적으로 자국 지역 서비스를 선호하거나 의도적으로 선택하게 하는 가치이며, 대외 지향성, 변화 개방성과 혁신성은 외국 문화나 제품에 대한 수용성이 높은 개인이나 기관의 가치를 의미한다. 한편, 물질주의도 개인의 가치 글로벌성이나 행위 글로벌성과 밀접한 관계가 있는 것으로 지적되고 있다.

그리고 이러한 가치의 글로벌성은 소비 주체의 특성에 따라 달라질 수 있다. 즉 개인의 경우에는 대체로 연령적으로 젊을수록, 교육 수준이 높을수록, 소득 수준이 높을수록, 그리고 도시 거주민인 경우 가치의 글로벌성이 높은 경향이 있다. 기업의 경우에는 기업 규모가 클수록 그리고 글로벌 사업 규모가 높을수록 글로벌성이 높을 수 있다.

〈행위의 글로벌성에 영향을 미치는 요인〉

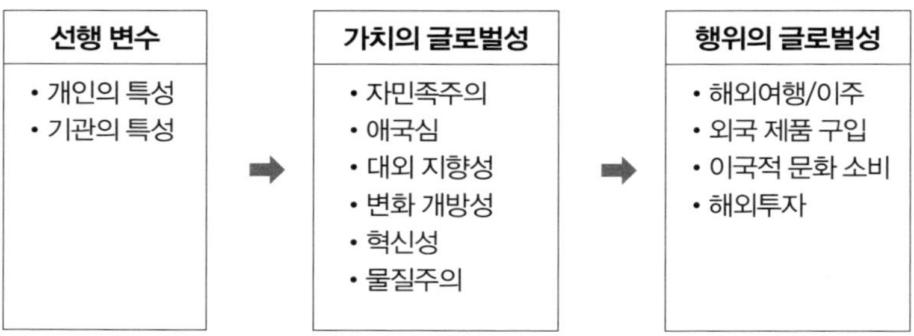

18) 글로벌 지향적 가치에 관한 다양한 개념은 다음 문헌에서 설명되고 있음. Steenkamp, J. E. M. and M. G. de Jong, "A Global Investigation into the Constellation of Consumer Attitudes Toward Global and Local Products," Journal of Marketing, 74, 2010, pp. 18–40; Cleveland, M., M. Laroche, and N. Papadopoulos, "Cosmopolitanism, Consumer Ethnocentrism, and Materialism: An Eight-Country Study of Antecendents and Outcomes," Journal of International Marketing, 17, 1, 2009, pp. 116–146; Han, C. M., "The Role of Consumer Patriotism in the Choice of Domestic versus Foreign Products," Journal of Advertising Research, 28, 3, 1988, pp. 25–32.

효율적인 지역내 타겟팅을 위해서는 글로벌성이 높은 계층을 겨냥하는 전략이 바람직하다. 이들 계층이 상대적으로 대외 지향적 커뮤니케이션 행위를 보이기 때문에 커뮤니케이션 효과가 높을 가능성이 크다. 동시에 이들 계층이 여론 선도적 역할을 수행하는 경향이 높기 때문에 구전 효과도 높을 가능성이 높다. 실제로 한류가 젊은 계층 중심으로 확산되고 있는 것은 젊은 계층의 온라인 커뮤니케이션 행태와 함께 소셜미디어 (social media)에 있어 주요 역할을 수행하기 때문으로 지적되고 있다.

한편 지역브랜드 사업을 최종 표적에 맞추는 대신에 중간 채널에 중점을 두는 방법도 있다. 최종 표적이 넓고 다양하기 때문에 직접 소통하기에는 비용 및 관리 측면에서 비효율성이 발생할 수 있다. 따라서 중간 채널인 대중 매체 및 소셜미디어를 표적으로 하는 간접 커뮤니케이션이 더 효율적인 방안이 될 수 있다.

내부 구성원 vs. 외부 고객

브랜드 표적을 내부 구성원을 겨냥하는 사업과 외부 고객을 타겟팅하는 사업으로 구분할 수 있다. 내부와 외부 표적에 따라 지역 브랜드 사업의 목적 및 사업 추진 방식에 차이가 난다.

내부용 사업은 국민/주민이나 지역 내의 다양한 이해관계자를 겨냥한 사업인 반면에 외부용 사업은 고객 즉 지역 제품의 소비자, 관광객, 기업, 투자가, 정책입안자, 외부 언론 등을 표적으로 하는 사업이다. 사업 목적의 차이를 보면, 외부용 사업은 순수 지역서비스 판매를 위한 마케팅적 목적이 강한 반면에 내부용은 다소 정치적인 성향을 보일 수 있다.

내부용과 외부용 지역브랜드 사업의 차이를 정리하면 다음의 표와 같다.

〈지역 브랜드 사업 – 내부용 vs. 외부용〉

	내부용 브랜드 사업	외부용 브랜드 사업
표적	국민(주민) 밑 내부 이해관계자	• 외부 고객 (소비자, 관광객, 기업, 투자가, 정책입안자, 언론 등)
목적	• 구성원의 협력 유도 • 성과 홍보	• 지역 서비스 판매 (수출, 관광, 투자, 이주 유치 등)
지역브랜드 사업 영역	• 실체 개선 • 이해관계자의 갈등 관리	• 이미지 개선 • 지역 마케팅 활동
구성원의 역할	• 실체 개선	• 홍보 및 실체 개선
브랜드 정체성 및 가치	• 공동체 의식 • 구성원의 자긍심	• 지역서비스의 정통성 • 고객 지향적 이미지

통상적인 지역브랜드 사업은 내부와 외부 중 어느 한 쪽만 표적으로 하여 진행되지 않는다. 양 쪽의 균형이 중요함은 앞에서 여러 차례 논의된 바가 있다. 그러나 지역서비스의 판매를 목적으로 하는 지역브랜드 사업의 통상적인 취지를 이해하게 되면, 지역브랜드 사업의 1차 표적은 외부 고객이어야 한다. 내부 구성원은 지역서비스를 판매하기 위해 필요한 실체 개선 및 내부 역량 집결을 위한 지원적 역할에 그치는 점을 이해해야 할 것이다.

물론, 내부 구성원을 대상으로 하는 브랜드 사업이 필요할 수도 있다. 그러나 순수 내부용 사업은 엄밀한 의미에서 브랜드 사업이 아닐 수 있다. 이는 새마을 운동과 같이 실체 개선을 위한 내부 역량을 집결시키기 위한 캠페인성 사업으로 보아야 할 것이다.

가장 이상적인 지역브랜드 사업은 내부와 외부를 아우를 수 있는 통합적인 사업일 것이다. 그러나 내부용과 외부용 지역브랜드 사업에서 추구되어야 할 브랜드 정체성과 가치가 서로 다를 수 있는 문제점이 발생할 수 있다. 한 가지 대안으로 내부용과 외부용 정체성을 달리 설정하는 방법이 있을 수 있다. 그러나 이 경우에도 내부용과 외부용에 반드시 포함되어야 하는 브랜드 정체성과 가치 그리고 BI 요소 등은 명확하게 설정될 필요가 있다.

3. 커뮤니케이션과 메시지 전략 – 이미지와 스토리텔링

국가브랜드 사업에 있어서의 커뮤니케이션과 메시지 전략과 관련하여 여러 가지 주장들이 지적되고 있다. 특히 "감성적 · 체험적 이미지에 초점을 맞추어야 한다," 그리고 "스토리텔링 (story telling)이 필요하다," 등의 주장들이 제기되고 있다.

반면에 이러한 전략은 우리나라에게는 지나치게 고급스럽고 앞서가는 전략이라, 우리에게 적합하지 않다는 주장도 가능하다. 우리에게는 우리의 여건에 맞는 전략이 필요하다는 지적도 제기되고 있다. 이러한 주장과 함께 지역브랜드 사업에 있어서 제기되고 있는 주요 쟁점들을 평가해 볼 필요가 있다.

① 인지도 vs. 이미지 내용

우리나라의 이미지는 크게 2가지 작업이 필요하다.

첫째는 인지도를 창출하는 것이다. 우리나라의 인지도는 최근 크게 향상된 것은 사실이나, 여전히 한국을 제대로 인지하는 사람이 많다. 통상적으로, 국가 인지도와 관련하여, "한국이라고 하면 무엇이 머리에 떠오르느냐?"와 같은 최초 상기 (top of mind)에 관련 질문에 무응답이거나 잘못된 상기를 하는 경우에 인지도도 형성되지 않았다고 평가한다. 흔히 심리학에서 스키마 (schema)가 형성되지 않았다는 의미이다. 그리고 우리나라의 도시와 관련하여서는 인지도가 더욱 낮다. 서울을 제외한 대부분의 도시의 해외 인지도가 형성되어 있지 않다.

둘째는 차별적이고 호의적인 이미지 내용을 개발하는 것이다. 우리의 이미지가 해외, 특히 선진국에서 뚜렷한 인식을 가지고 있지 않을 뿐만 아니라 이미지 내용도 매우 호의적이지 못하다. 우리의 이미지는 중국과 일본 사이에서 차별적인 이미지를 확보하지 못하고 있는 것이 사실이다.

인지도 결여에 따른 불이익

우선 인지도가 형성되지 못해서 발생하는 불이익은 우선 지역 서비스 소비자가 우리가 제공하는 지역 서비스에 대해 확신하지 못하기 때문에 발생한다. 어떠한 서비스 그리고 어떠한 서비스 품질을 얻을 수 있는지를 확신하지 못하는 것이다. "한국에 가면 무엇이 있고, 내가 원하는 서비스를 얻을 수 있는지 모르겠다!"는 소비자 불안이 생기는 것이다. 이 경우에는 소비자들은 불확실성에 대한 불안 때문에 해당 사물을 낮게 평가하는 경향이 있다.

또한 소비자들은 앞에서 지적한 후광 효과에 의해 기존에 형성되어 있는 해당 지역의 이미지에 의존하여 평가하게 될 것이다. 우리나라의 경우에는 우리나라의 해당 사물에 친숙하지 않은 소비자들은 불확실성에 대한 디스카운트와 기존 형성된 비호의적인 이미지 때문에 우리나라의 사물을 낮게 평가할 수밖에 없을 것이다.

심리학 이론에서도 사물에 대한 친숙도가 높아지면 사물에 대한 태도도 호의적으로 변하게 된다고 지적하고 있다. 소위 "자주 보면, 정이 든다"는 이야기이다. 따라서 인지도가 높아지면 소비자의 호감도가 높아지는 것이다.

호의적인 이미지를 창출하는 것은 쉬운 과제가 아니다. 소비자에게 여러 가지 호의적인 연상을 각인시키기 위해서 창의적인 브랜드 커뮤니케이션과 함께 높은 비용이 장기간에 투자되어야 한다.

이러한 이유 때문에 이미지에 앞서 인지도를 먼저 창출해야 하는 것이 대부분의 커뮤니케이션 분야에서 공통적으로 지적하는 내용이다. 인지도 문제는 지방 도시의 경우에는 더욱 심각하다. 앞서 지적한 바와 같이 서울을 제외한 대부분의 지방 도시는 인지도가 거의 결여되어 있는 것이 사실이다. 따라서 지역브랜드 사업의 초기 커뮤니케이션 목표를 인지도 창출에 두고, 해외에서 잘 알려지지 않은 우리의 강점을 발굴하여 홍보하는 작업부터 시작하는 것이 현명한 전략이 될 수 있다.

브랜딩과 커뮤니케이션 측면에서 인지도를 창출하기 위한 전략은 이미지를 개발하기 위한 전략과 다르다. 우선 우리의 지역 브랜드를 소비자들이 쉽게 기억하고 발음할 수 있어야 한다. 또한 브랜드 디자인 및 BI 요소들도 소비자가 쉽게 인지할 수 있도록 개발하여야 할 것이다. 커뮤니케이션도 지나치게 자세한 내용보다는 강조하고자 하는 브랜드 이름이나 핵심 요소에 치중하는 노력이 효율적일 것이다.

② 시각적 이미지 vs. 스토리텔링

우리나라의 지역 브랜드를 성공시키기 위해서는 브랜드 스토리를 개발하여 한다고 지적이 많은 사람들에 의해 제기되고 있다. 그 이유는 지역 서비스의 핵심은 체험적/감성적 가치에서 발생하기 때문이라고 주장한다. 지역 서비스 소비자들은 환상, 재미 그리고 감성적인 가치를 추구하는 경향이 있다는 것이다. 특히 고객 충성도를 창출하기 위해서 단순한 이미지로서는 어렵고, 소비자의 기호와 라이프스타일에 부합하는 체험적 · 감성적 가치가 중요하다. 실제

K-Pop의 인기는 소비자들이 같이 춤을 추고 노래들 부를 수 있는 체험적 가치에 상당 비롯되는 것도 사실이다.

또한 스토리텔링이 커뮤니케이션 효과 면에서 유리하다는 것이다. 심리학 이론에 의하면 사람들은 이야기 형태로 정보를 저장하는 경향이 있다고 한다.[19] 스토리텔링이 인간의 정보 학습, 저장 및 검색에 유리할 수 있다.

스토리텔링의 한계

스토리텔링이 반드시 유리한 점만 있는 것이 아니다. 불리한 점은, 첫째 소비자의 기호에 맞는 스토리를 개발하기 용이하지 않다는 것이다. 심도 높은 소비자 조사가 이루어져야 하는 동시에 전문가의 도움도 필요하다. 상당한 투자가 필요하고, 성공 가능성에 상당한 불확실성이 존재한다.

둘째는 커뮤니케이션 측면에서 스토리에 대한 소비자의 관심을 끌기가 쉽지 않을 수 있다. 스토리가 소비자에게 각인되기 위해서는 장기간의 소비자의 관심을 유지할 수 있어야 한다. 이와 함께, 우리가 가지고 있는 스토리가 과연 외국인의 흥미를 유발시킬 수 있는가도 현실적으로 평가할 필요가 있다. 우리나라가 서구 국가에 비해 문화적으로 불리하고, 글로벌성이 떨어지는 것은 사실이다.

시각적 이미지의 역할

이러한 스토리텔링의 한계 때문에 시각적 이미지가 중요하다는 주장도 제기될 수 있다. 그 근거는, 첫째 시각적 이미지의 개발에 높은 비용이 들지 않을 수 있다. 시각적 이미지는 적은 비용으로 가능할 수 있다. 훌륭한 사진 몇 장으로 엄청난 이미지 효과를 창출할 수

---

19) Grovers and Go, op. cit., 2009, Chapter 11.

있다. 아름다운 사진이 들어 있는 보로슈어, 카다로그, 포스터, 온라인 등도 저비용 고효과 매체가 될 수 있다.

시각적 이미지가 중요한 또 다른 이유는, 소비자들이 시각적 이미지로 지역 서비스를 선택하는 경향이 있다는 것이다. 특히 관광지 이미지에 가장 영향력이 큰 요인 중의 하나로 시각적 이미지가 흔히 지적되고 있다. John Urry (1990, 2002) 교수는 관광객은 기본적으로 평소에 접하기 어려운 시각적 경험을 찾고자 한다고 주장하고 있다.[20]

뉴욕을 방문하는 관광객은 자유의 여신상, 월스트리트, 엠파이어스테이트 빌딩 등 우선 보고자 한다는 것이다.「백조의 성」의 아름다운 사진이 관광객의 관심을 끌 수 있고, 사진에서 보았던 시각적 경험을 접하기 위해 수많은 관광객들이 방문하게 될 수 있는 것이다.

동시에 시각적 이미지는 상대적으로 소비자들이 정보 처리에 유리할 수 있다. 스토리텔링이 되기 위해서는 소비자의 관심을 장기간 유지해야 하는 반면에, 시각적 이미지는 즉각적인 정보 처리가 될 수 있다. 사람들은 여성의 아름다움에 우선 끌리는 경향이 있는 것이 사실이다. 여성의 성격과 능력은 나중의 문제일 수 있다.

시각적 이미지가 한계가 있는 것은 사실이다. 시각적인 이미지는 사물을 지나치게 단순화시켜 사물의 가치를 제대로 표현하는 데에 제한적인 경향이 있다. 즉 정보적 가치가 높지 않다는 것이다. 또한 고객 충성도를 높이는 데에도 한계가 있다. 즉 반복 구매로 이어지기 위해서 만족스러운 내용과 체험적 가치가 있어야 하는 것이다. 여성의 아름다움이 사람의 주목을 끌 수 있지만, 성공적인 관계를 이루기 위해서는 관계의 내용이 중요할 수 있다.

종합적으로 평가하면, 초기 단계에서는 시각적 이미지가 스토리

---

20) Urry, John, op. cit., 2002.

텔링 보다 더 효율적일 가능성이 높다. 우리나라의 경우에는 대부분의 지역들이 아직도 소비자에게 뚜렷한 이미지를 가지고 있는 상황에서는, 높은 비용이 수반되는 고급스러운 스토리 보다는 시각적 이미지 개발에 노력하는 것이 유리할 수 있다. 일단 소비자의 관심을 확보한 후에는 지속적인 시장 기반을 구축하기 위해서 스토리텔링이 반드시 필요할 수 있다.

③ 기능적 이미지 vs. 감성적 이미지

브랜드 이미지는 기능적인 가치와 감성적/체험적 가치에 기반을 둘 수 있다. 이와 관련하여 우리나라와 우리 도시 이미지를 어떻게 설정하는가도 또 다른 쟁점중의 하나이다. 실제 상당수의 사업에서 감성적 이미지 구축에 노력하고 있는 것이 사실이다. 과연 감성적 이미지가 우리에 적합한 이미지인지는 면밀히 검토될 필요가 있다.

감성적인 이미지가 필요하다는 주장의 근거는 위에서 언급한 바와 같이 지역 서비스의 핵심은 체험적/감성적 가치에서 발생한다는 것이다. 지역 서비스 소비자들은 환상, 재미 그리고 감성적인 가치를 추구하는 경향이 있다는 것이다. Govers and Go (2009)는 지역 서비스 상품은 기본적으로 경험적인 특성이 강하기 때문에 환상(fantasy), 감정 (emotion), 과 사회성 (social interactions)이 강조되어야 한다고 주장한 바가 있다.[21]

그러나 감성적 이미지를 개발하는 데에 여러 가지 어려움이 뒤따른다. 가장 큰 어려움은 감성적인 이미지는 문화적인 요인에 크게 좌우될 수 있다는 점이다. 우리와 소비자의 문화가 유사한 지역을 대상으로 하는 경우에는 감성적 가치를 발굴하기가 용이할 수 있으나, 선진국 소비자에게 감성적 가치를 소구하는 데에는 상당한 도전이 필요하다. 더구나 우리나라 문화가 앞에서 논의한 바와 같이

21) Govers and Go, op. cit., 2009.

서구 문화에 비해 불리하고, 글로벌성이 떨어지는 상황에서 매력적인 감성적 이미지를 개발하기 위해서는 상당한 노력과 투자가 필요하다.

오히려 기능적 가치를 강조하는 것이 유리할 수 있다. 경제성, 품질, 기술성, 아름다움, 기후 등과 같은 인류 보편적 가치에 부합하는 속성이 알리기에 유리할 수 있으며, 탈문화적 가치인 장점이 있다. 적어도 이미지 개발 초기에는 기능적 이미지가 더 효과적일 수 있다.

에를 들면, 한식에 문화적인 가치를 어느 정도 담을 수 있는 것인가? 한식이 문화적 상품인 것은 사실이나, 소비자들이 한국 문화를 체험하기 위한 주요 수단으로 한식을 선택하는지는 불분명하다. 건강식이나 다이어트 음식과 같은 기능적인 가치를 강조하는 것이 한식의 세계화에 유리한 것이 아닌지, 문화적인 가치를 투입하는 것이 오히려 한식을 꺼려하게 하는 요인이 아닌지를 검토할 필요가 있다. 유럽 음식은 문화적인 가치가 높은데, 그 것은 서구 문화에 대한 동경심이 높기 때문일 수 있다. 우리나라에 대한 문화적인 가치가 높지 않은 상황에서 한식에 문화적인 가치를 부여하는 것은 한식의 대중화에 불리할 수도 있다는 주장도 가능하다. 물론 한국의 문화적 매력도가 높아지게 되면, 한식에 문화적 가치를 담을 수 있을 것이다.

그러나 기능적 가치는 브랜드의 차별성과 충성도를 확보하는 데에 한계가 있는 것은 사실이다. 소비자를 흥분시키는 힘이 부족하다는 것이다. 파리나 프랑스 문화가 열정적인 프랑코필(francophile; 프랑스 팬)을 만드는 힘은 감성적인 가치에서 나온다고 볼 수 있다.

종합적으로 평가하면, 초기에는 기능적 이미지가 더 효과적인 전략이 될 수 있다. 그러나 차별적이고 지속적인 브랜드 정체성을 확보하기 위해서는 고객과의 관계에 기반을 두는 감성적 가치가 필요하다. 또한, 이성적인 가치와 감성적 가치의 적합성은 지역브랜드 사업의 목적에 따라 달라질 수 있다. 기능적인 가치는 대체로 수출, 산업 진흥, 외국인 투자 유치와 관련 브랜드 사업에서 흔히 사용되는 반면에, 관광 진흥, 인력 유치와 관련된 사업은 감성적 가치를 강조하는 경향이 있는 듯하다.

4. 이해관계자 관리 전략

앞에서 논의된 바와 같이 성공적인 국가나 도시의 지역브랜드 사업을 위해서는 제품이나 기업 브랜딩과 달리 다양한 구성원들의 이해관계를 반영하는 동시에 참여와 협력을 끌어낼 수 있어야 한다. 다양한 이해관계자 집단을 사업 추진 과정에 포함시켜야 하는 동시에 다양한 이해관계자간의 협력 분위기가 조성되어야 하는 것이다. 지역브랜드 사업이 소수의 영향력이 큰 집단 중심으로 추진된다면 영속성이 떨어질 수 있어, '우리 모두의 협력 사업'이라는 인식이 확보되는 것이 중요하다. 지역브랜드 사업은 통상적으로 정치적으로 영향을 크게 받고, 동시에 정권 교체가 일어나면 브랜드 사업이 크게 훼손될 수 있다. 그러나 지역의 대표성과 다양성을 확보하면 이러한 정치권의 변화에서 상당 자유로울 수 있다.

지역의 대표성과 다양성을 확보하기 위해서는 우선 지역 브랜드 사업을 좀 더 민주적이고 탐색적 방식으로 추진하어야 한다. 아무리 훌륭한 계획이라고 해도 다양한 구성원의 동의와 협력이 없이는 집행하기가 어려운 것이 사실이다. 공청회나 설명회 그리고 위원회 개최 등의 적법한 절차가 지켜지는 것이 바람직하다. 또한 사업 추진 과정에서 구성원의 반대가 있을 수 있다. 구성원 다수의 지지 확보가 없이는 이러한 반대에 의해 사업이 위협받을 수 있음에 유의할 필요가 있다.

국민/주민과의 효과적인 파트너십을 구축하기 위해서 van Gelder (2011)는 다음의 가이드라인을 제시해주고 있다.[22]

- 포괄성과 대표성이 확보되어야 한다.
- 장기적인 비전을 가지고 추진되어야 한다.
- 비전의 공유가 이루어져야 한다.
- 책임이 공유되어야 한다.
- 상호 신뢰가 확보되어야 한다.
- 공조 체제 유지되어야 한다.
- 다양한 집단이 한 목소리를 내야 한다.
- 브랜드 사업에 대해서 잘 알고 있어야 한다.
- 사업 효과를 측정하여야 한다.

van Gelder의 가이드라인에서 강조되는 내용 중의 하나는 비전과 책임 의식의 공유 그리고 상호 신뢰를 바탕으로 하는 공조 체제 유지 등의 공동체 의식이다. 공동체 의식을 확보하는 것은 용이한 일은 아니지만, 주민과의 효과적인 의사소통으로 어느 정도 가능할 수 있다.

국민/주민과의 소통 방법

성공적 지역브랜드 사업에 필요한 국민/주민의 대표성과 다양성 그리고 공동체 의식을 확보하기 위해서는 위에서 언급한 절차의 정당성과 함께 적극적인 의사소통이 필요하다. 구체적으로, 다음의 방안이 고려될 필요가 있다.

22) van Gelder, Sicco, "City Brand Partnership," in Dinnie, op. cit., 2011.

- 브랜딩 기획 단계부터 참여시키도록 한다. 다양한 이해관계자 집단과 주민을 단순한 포커스그룹 조사의 참여자가 아닌 기획팀의 구성원으로 참여시키는 것이 바람직하다.

- 선제적인 의사소통이 필요하다. 구성원이 찾아오기 전에 먼저 의견을 구하는 노력이 필요하다. 특히 구성원이 다양할수록 선제적인 의사소통이 중요하다.

- 브랜딩의 효과와 편익 중심으로 주민과 현지 기관들에 알리고, 브랜딩 필요성을 설득하는 노력이 필요하다. 특히 정치인들에 대한 의사소통이 특히 중요할 수 있다. 미래의 반대를 사전에 예방하는 효과가 있는 것이다. 지역브랜드 사업의 정부 또는 지방자치단체 수장의 교체에 따라 사업이 좌초될 수 있는 것도 사실이다. 이 경우에는 주민과 지역 유지의 관심을 유지해야만 이에 대비할 수 있을 것이다.

- 객관적인 자료 준비할 필요가 있다. 객관적이고 과학적인 조사자료를 바탕으로 지역의 강점과 약점을 충분히 인지할 수 있도록 설득할 필요가 있다. 특히 반대를 설득할 수 있는 객관적 자료 준비와 적극적인 소통이 중요하다.

구성원과의 의사소통을 활성화시키고 구성원들의 적극적 협조를 확보하기 위해서 공청회를 개최하거나 브랜드(자문)위원회 기구를 활용하는 방안이 있다. 특히 의결기구 또는 자문기구의 성격을 띠는 브랜드(자문)위원회를 활용하는 사례가 늘어나고 있다. 이의 성격 및 구성에 관하여 살펴볼 필요가 있다.

브랜드(자문)위원회

의결 기구 또는 자문 기구 성격의 위원회를 구성하여 다양한 이해관계자 집단과 다양한 전문 인력을 포함시킬 필요가 있다. 위원회 구성에 있어서 일부 위원은 객관성과 전문성을 확보하기 위해 외부에서 위촉할 필요가 있다. 외부 위원은 내부 이해관계자 집단 간의 갈등을 조정할 수 있는 동시에 내부에서 확보하기 힘든 객관성과 전문성을 보완해주는 역할을 수행할 수 있어야 할 것이다.

브랜드(자문)위원회의 규모는 사업의 성격과 규모에 따라 달라질 수 있다. 이해관계의 다양성 정도 그리고 내부의 역량 등이 고려되어야 할 것이다. Baker (2007)는 소규모 브랜드자문위원회는 8-12명 정도가 적절하다고 주장하고 있다.[23] 지나치게 많으면, 크게 중요하지 않은 이슈들이 논의되고, 사업 진행이 늦어지는 동시에 브랜드 사업에 필요한 객관성과 협력이 상실될 수도 있다는 것이 그의 주장이다. 이와 함께, Baker는 위원회를 다음과 같은 위원으로 구성될 것을 추천하고 있다.

- 객관적이고 열린 마음을 가진 인물
- 특정한 이해관계에 집착하지 않는 인물
- 지역 발전에 큰 애착을 가지고 있는 인물
- 단기적 성과에 집착하지 않는 미래지향적 인물
- 구성원으로부터 존경받는 인물
- 새로운 의견을 추구하고 폭 넓은 사고를 하는 인물
- 사업의 성과에 어느 정도 이해관계가 있는 인물
- 외부적인 시각에서 조명할 수 있는 인물

23) Baker, Bill, Destination Branding for Small Cities, Creative Leaps Books, Portland, Oregon, 2007.

위의 위원회 구성에는 외부 인력이 포함되지 않는 것으로 보이나, 외부 인력의 위원회 참여도 필요하다. Baker도 외부 인력의 도움이 필요하다고 인정하고 있다. 특히 외부 전문가의 도움이 필요하다고 주장하고 있다. 이는 객관성과 고객 지향성을 확보하기 위한 것으로, 내부 인력을 활용할 때보다 내부 반발 또는 저항이 적을 수도 있는 장점이 있다. 지역에서 성장하고, 교육을 받고 생활하는 사람은 지역에 대한 애착 때문에 객관성을 상실할 수 있으며, 외부 특히 고객의 시각에서 조명함에 한계가 있을 수 있다. 특히 중소도시에서는 전문 인력을 지역 내에서 확보하기가 수월하지 않기 때문에, 가급적이면 표적으로 하거나 표적 고객에 가까운 지역에 소재하는 외부 인력을 활용하는 것이 바람직할 수 있다.

5. 공동브랜드 전략

지방의 지역브랜드 사업에서 공동브랜드가 필요할 수 있다. 그 이유는 지역 브랜드 사업을 추진하기 위해서는 큰 규모의 비용과 자원 투입이 수반되어야 하기 때문이다. 투입되어야 하는 비용과 자원에 관하여서는 앞에서 상세히 언급된 바가 있다. 이러한 비용은 중소규모의 도시에게는 부담이 될 수 있다. 대도시인 경우에도 사업 성격상 결과물의 규모가 크지 않는 경우에는, 대규모 자원 투입이 어려운 경우도 발생할 수 있다. 이러한 경우에는 지역 간의 협력을 통해 공동브랜드 사업을 추진할 수 있다.

예를 들면, 부여, 공주, 논산 등 여러 지방자치단체에서 공동으로 추진되고 있는 백제문화 사업이 이에 해당한다. 공동브랜드 사업은 국제적인 협력을 통해 추진될 수도 있다. 덴마크와 스웨덴이 공동으로 추진하고 있는 외레순 지역의 국제 협력의 예를 들 수 있다.

공동브랜드의 사업 유형

지역 간의 공동브랜드 사업은 다양한 형태로 추진될 수 있다. 새로운 브랜드를 개발하는 방법과 공동으로 사용하는 인증 브랜드(endorsing brand)를 개발하여 독자적인 지역브랜드와 함께 사용하는 방법이 있다. 협력 형태에 따라 연합 체제를 구축하여 폭 넓은 협력을 추진할 수 있는 반면에 부분적으로 업무 제휴 형태로 추진할 수도 있다. 공동브랜드 사업을 관리하는 주체에 따라서도 다양한 형태의 협력 유형이 있을 수 있다.

〈지역 공동브랜드 사업 유형 및 내용〉

분류 기준	유형
브랜드	• 새로운 브랜드 • 연합 인증 브랜드
협력 형태	• 연합 체제 • 업무 제휴 (공동 홍보, 공동 마케팅, 공동 유통)
관리회사 주체	• 독립 기구 설립 • 외부 기관에 위임 • 공동 위원회 운영

공동브랜드 사업의 경제성 평가

이러한 공동브랜드 사업은 단독으로 추진하는 사업과 비교하여 여러 가지 장 · 단점이 있다. 주요 장 · 단점은 다음과 같이 지적되고 있다.

〈공동브랜드의 장점〉

• 비용을 공유할 수 있다

• 사업 규모를 확대시킬 수 있으며, 확대된 규모를 인해 대규모 기반 시설 투자 및 외부 전문 인력의 확보가 가능해진다.
• 외부 홍보 효과가 커 질수 있다. 동시에 중앙 정부로부터 예산 확보에 우군이 생겨 유리할 수 있다.
• 내부 시장이 커진다.

〈공동브랜드의 단점〉
• 지역 간의 조정 비용이 늘어난다.
• 사업의 경영을 감독하는 비용이 늘어난다.
• 지역 간의 갈등 발생시, 갈등 관리의 어려움이 생긴다.
• 실체 개선에 어려움이 커진다. 이해관계가 복잡하게 되고, 자기 지역의 사업이라는 인식이 떨어져 구성원의 참여가 떨어질 수 있다.
• 향후 지역 간의 이해관계가 달라질 수 있다.
• 변화에 대응하는 역량이 떨어질 수 있다.

공동브랜드 사업이 분명 유리한 점이 있지만 불리한 점도 있다. 공동브랜드 사업을 착수하기 전에 공동브랜드 사업의 경제성을 면밀히 평가할 필요가 있다. 위에 언급한 장 · 단점을 종합하면, 공동브랜드와 단독 브랜드 사업 간에는 다른 특성의 비용이 발생한다. 간략하게 정리하면, 단독 브랜드 사업은 초기 고정 비용이 크게 발생하는 반면에, 사업 추진에 따라 발생하는 변동 비용은 상대적으로 높지 않다. 한편, 공동브랜드 사업은 초기 고정 투자를 공유할 수 있어 초기 고정 비용을 줄일 수 있는 장점이 있으나, 사업 추진에 따르는 다양한 조정, 감독, 갈등 관리 등의 변동 비용이 발생하게 된다.

결국은 단독 vs. 공동 브랜드 사업의 선택은 고정 비용 vs. 변동 비용의 선택으로 압축될 수 있을 것이다. 각각 사업에 따르는 비용은 〈그림〉에 있는 총비용 곡선으로 도식화될 수 있다. 따라서 단독 vs. 공동 사업의 경제성은 시간에 따라서 즉 지역서비스 판매 규모에 따라서 달라질 수 있다. 중 · 단기적으로는 공동 사업이 경제적이나, 장기적으로는 단독 사업이 더 경제적일 가능성이 높다. 대부분의 공동 사업이나 전략적 제휴는 장기간 지속되기가 어려운 것이 사실이다. 지속성을 확보하기 위해서 조정, 감독, 갈등 관리 등과 관련된 변동 비용을 관리할 역량을 확보해야 할 것이다.

〈공동 지역브랜드의 경제성 분석〉

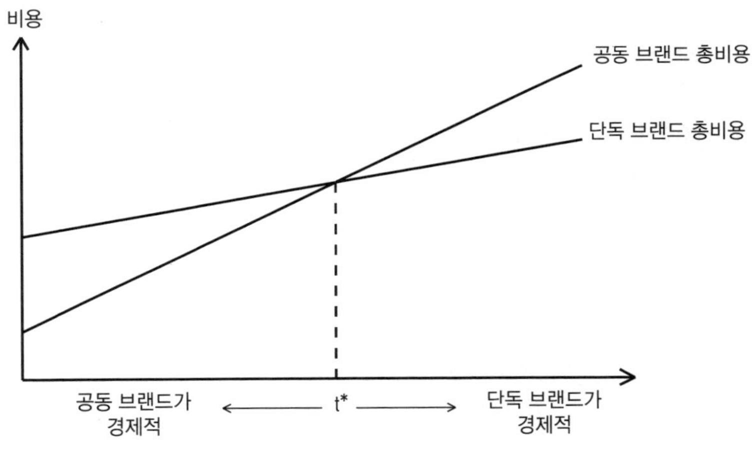

공동브랜드 사업의 성공 조건

구체적으로 공동브랜드 사업이 성공하기 위해서는 어떠한 노력이 필요한가? 한충민 (2011)는 기업 간의 공동브랜드 사업이 성공하기 위해서 필요한 조건을 제시하고 있다.[24] 이 조건은 기업들뿐만 아니라 지역 그리고 다양한 사업 주체간의 공동 브랜드 사업에도 적용될 수 있다.

- 공동브랜드 사업에 따르는 투자 리스크를 면밀히 검토해야 한다.
- 참여 주체간의 상호보완적 (complimentary) 자산을 확보하고 있어야 한다.
- 배분의 정의에 관한 공통 인식과 경영의 투명성이 확보되어야 한다.
- 효과적인 통제와 감사가 이루어져야 한다.
- 공동체 의식이 필요하다.

이상의 성공 조건과 함께 사업성 평가도 수반되어야 할 것이다. 공동브랜드 사업의 사업성 평가와 관련하여 Baker (2007)는 다음의 체크 리스트 (checklist)를 제시하고 있다.

- 표적 시장이 상호 유사한가?
- 상대 지역의 전략과 비전이 우리와 유사한가?
- 공유된 가치, 목표 및 열정이 있는가?
- 공동 사업으로 새로운 시장 기회가 발생할 수 있겠는가?

24) 한충민, "공동브랜드 사업 운영에 따르는 문제점과 향후 과제," 수출중소기업, 파워브랜드로 무장하라, 중소기업청 / 중소기업관리공단, 2011, 제 9장.

- 과거 협력 실적이 만족스러운가?
- 비용 절감 효과가 발생하는가?
- 상호 경쟁 관계에 있는 것은 아닌가?
- 공동 사업으로 새로운 브랜드 가치가 창출될 수 있는가?
- 상대 지역이 투자 여력과 의지가 있는 것인가?
- 홍보, 기술 및 지식 공유, 물류 및 자원 투입에 시너지가 발생하는가?
- 정치적인 이유나 과거의 관례에 따라 협력하는 것은 아닌가? 즉 사업성이 정말 있는 것인가?

참고 문헌

김재휘, 서종희, 「일본 TV 드라마 시청이 일본인에 대한 고정관념에 미치는 영향」, 『한국심리학회지』, 제24권, 제4호, 2006, pp. 35-46.

김진, 「중국 연변지역 수용자의 한국 텔레비전 드라마 이용: 한족과 조선족의 차이를 중심으로」, 『커뮤니케이션과학』, 제24권, 단일호, 2005, pp. 133-150.

곽수경, 「중국의 한국드라마와 한류스타 현상」, 『중국연구』, 제35권, 2005, pp .69-86.

남영숙, 「기업의 사회적 책임의 글로벌 트렌드와 지역별 동향 연구」, 외교통상부 연구용역 결과보고서, 2011년 11월.

고정민, 강신경, 이안재, 하송, 「한류지속과 기업의 활용방안」, 『CEO Information』, 삼성경제연구소, 제503호, 2005, pp. 1-20.

오재환, 김형균, 김율성, 『부산시 도시브랜드 및 마케팅 활성화를 위한 기초 조사』, 부산발전연구원, 제2010-05호, 2010.

예동근, 「조선족의 도시 이주적응과 다민족관계」, 『디아스포라연구』, 제6권, 제1호, 2012, pp. 39-60.

조상현, 이승준, 한충민, 「한국 수출 제품의 해외 시장에서의 디스카운트 현황 조사」, 한국무역협회, 국제무역연구원, 제11권 제1호, 2011. pp. 1-39.

조창환, 성윤희, 「국내 체류 외국인의 한국문화적응과 모국 문화친화도에 영향을 미치는 요인」, 『한국언론학보』, 제54권, 제4호, 2010, pp. 374-397

최경수, 「외국인 인력 및 이민 유입의 경제적 효과」, 『KDI 정책포럼』, 제239호, 2011. 8. 4.

한국은행, 「국제경제정보」, 제2011-18호, 2011. 5. 6

한충민, 『한국의 대외 이미지 현황과 경제적 파급 효과』, 한양대학교 경제연구소, 1994.

______, 『산업별 고유브랜드 육성 방안』, 산업자원부 · 한국디자인진흥원, 2001.

______, 『브랜드 세계화의 성공 조건: 전략적 마케팅과 조직 역량』, 한양대학교 출판부, 2009.

______, 『글로벌리제이션과 지역 브랜드 - 국가와 도시도 브랜드화

가 가능한가』, 한양대학교 출판부, 2011.

______, 「공동브랜드 사업 운영에 따르는 문제점과 향후 과제」, 『수출중소기업, 파워브랜드로 무장하라』, 중소기업청 / 중소기업관리공단, 제9장. 2011.

______, 김상묵, 「동남아에서의 한 · 중 · 일의 문화 선호도 비교 연구」, 『제4회 한류미래전략연구포럼, 한국경영학회』, 2013.

______, 김언정, 「한국 브랜드의 원산지에 대한 소비자 혼동에 관한 실증 연구」, 『경영학연구』, 제44권 제1호, 2015, pp. 129-150.

______, 리우위첸, 김언정, 「조선족과 한족의 한국 제품 구매 형태의 매개 변수 효과에 관한 실증 연구」, 『소비문화연구』, 제17권 제3호, 2014, pp. 1-21.

______, 박잔디, 「외국 기업의 사회적 책임에 대한 소비자 기대에 관한 실증연구; 유럽 자동차 업체를 중심으로」, 『국제경영연구』, 제22권 제1호, 2011, pp. 22-50.

______, 서완석, 「주한 외국인의 한국 기업에 대한 이미지 결정 요인에 대한 실증적 연구」, 『국제통상연구』, 제8권, 제1호, 2003, pp. 53-68.

______, 원성빈, 김상묵, 「심리적 거리가 한류 선호도와 한국 국가이미지에 미치는 영향」, 『국제통상연구』, 제19권 제1호, 2014, pp. 121-143.

______, 진희, 이상엽, 「한류가 한국 화장품 브랜드의 이미지에 미치는 영향: 한류 광고 vs. 국가이미지 효과」,『경영학연구』, 제40권, 제4호, 2011, pp. 1055-1074.

한홍석, 「한류 현상으로 본 중국에서의 한국 대중문화 수용」, 『국제지역연구』, 제9권 제1호, 2005, pp. 1-21.; 이운영, 「중국에서의 한류가 한국의 국가이미지와 제품구매의사에 미친 영향」, 『국제경영리뷰』, 제10권, 제2호, 2006, pp. 107-136.

Aaker, D. A. Brand Relevanc; Making Competitors Irrek-evcunt, Jossey-Bass, 2011.

Anholt, S., Places: Identity, Image, and Reputation, Pal-grave Macmillan, 2010.

Ashworth, G. "The Instruments of Place Branding: How is it done?," European Spatial Research and Policy, 16, 1, 2009, pp. 9-22.

Auger, P., Devinney, T. M., and Louviere, J. J., "Consum-er Social Beliefs: An International Investigation Us-ing Best-Worst Scaling Methodology," Working paper, University of Melbourne, Melbourne Business School, Melbourne, 2004.

Baker, B., Destination Branding for Small Cities, Creative Leaps Books, Portland, Oregon, 2007.

Balabanis, G., and Diamantopoulos A., "Gains and Losses from the Misperception of Brand Origin: the Role of Brand Strength and Country-of-Origin Image," Journal of International Marketing, 19, 2, 2011, pp. 95-116.

Bamgboṣe, A., Language and Exclusion: The Consequences of Language Policies in Africa, 12, LIT Verlag Münster, 2000.

Berger, J. and Heath, C., "Where Consumers Diverge from Others: Identity Signaling and Product Domains," Journal of Consumer Research, 34, 2, 2007, pp. 121-134.

Brown, T. J. and Dacin, P. A., "The Company and the Product: Corporate Associations and Consumer Product Responses," Journal of Marketing, 61, 1, 1997, pp. 68-84.

Bulmer, S. and Buchanan-Oliver, M., "Experiences of Brands and National Identity," Australasian Marketing Journal, 18, 4, 2010, pp. 199-205.

Chaffee, S. H., Nass, C. I. and Yang, S. M., "The Bridging Role of Television in Immigrant Political Socialization," Human Communication Research, 17, 2, 1990, 266-288.

Chambers, E., Chapple, W., Moon, J., and Sullivan, M., "CSR in Asia: A Seven Country Study of CSR Website

Reporting," ICCSR Research Paper Series, No. 09–2003, 2003, pp. 1–40.

Clark, T., "International Marketing and National Character: A Review and Proposal for an Integrative Theory," Journal of Marketing, October, 54, 4, 1990, pp. 66–79.

Cleveland, M., Laroche, M., and Papadopoulos N., "Cosmopolitanism, Consumer Ethnocentrism, and Materialism; An Eight–Country Study of Antecedents and Outcomes," Journal of International Marketing, 17, 1, 2009, pp. 116–146.

______, Papadopoulos, N. and Laroche, M., "Identity, Demographics, and Consumer Behaviors: International Market Segmentation Across Product Categories," International Marketing Review, 28, 3, 2011, pp. 244–266.

Cohen, E., "Authenticity and Commoditization in Tourism," Annals of Tourism Research, 15, 3, 1988, pp. 371–386.

Craig, C. S. and Douglas, S. P., International Marketing Research, 3rd ed., John Wiley & Sons, 2005.

Cui, C. C. and Adams, E. I., "National Identity and NATID: An Assessment in Yemen," International Marketing Review, 19, 6, 2002, pp. 637–662.

Crystal, D., The Cambridge Encyclopedia of Language. Cambridge and New York, Cambridge University Press, 2010.

Dawkins, J., and Lewis S., "CSR in Stakeholder Expectation: And Their Implication for Company Strategy," Journal of Business Ethics, 44, 4, 2003, pp. 497– 505.

Dinnie, K., ed. City Branding: Theory and Cases, UK, Palgrave Macmillan, 2011.

Evans, M. D. R., and Kelley, J., "National Pride in the Developed World: Survey Data from 24 Nations," International Journal of Public Opinion Research, 14, 3, 2002, pp. 303–338.

Florida, R., The Rise of The Creative Class, New York, Basis Books, 2002.

______ and Mellander C., "There Goes the Metro: How and Why Bohemians, Artists and Gays Affect Regional Housing Values", Journal of Economic Geography, 10, 2, 2009, pp. 167–188.

Fry, L. W., Keim, G. D., and Meiners, R. E., "Corporate Contributions: Altruistic or for–profit?" Academy of Management Journal, 25, 1, 1982, pp. 94–106.

Glaeser, E. L., Kolko J. and Saiz A., "Consumer City", Journal of Economic Geography, 1, 1, 2001, pp. 27–50.

______ and Gottlieb, J. D., "Urban Resurgence and the Consumer City", Urban Studies, 43, 8, 2006, pp. 1275–1299.

Golob, U., Lah, M., and Jancic, Z., "Value Orientations and Consumer Expectations of Corporate Social Responsibility," Journal of Marketing Communications, 14, 2, 2008, pp. 83–96.

Grovers, R., Go F. M., and Kumar K., "Promoting Tourism Destination Image," Journal of Travel Research, August 2007, 46, 1, pp. 15–23.

Gudykunst, W. B., Ting–Toomey, S. and Chua, E., Culture and Interpersonal Communication, Sage Publications, Inc. 1988.

Hakinson, G., "Relational Network Brands: Towards a Conceptual Model of Place Brands," Journal of Vacation Marketing, 10, 2, 2004, pp. 109–121.

Han, C. Min, "The Role of Consumer Patriotism in the Choice of Domestic versus Foreign Products," Journal of Advertising Research, 28, 3, 1988, pp. 25–32.

______, "Country Image: Halo or Summary Construct," Journal of Marketing Research, 26, 2, 1989, pp. 222-229.

______, "Testing the Role of Country Image in Consumer Choice Behavior," European Journal of Marketing, 24, 6, 1991, pp. 24-40.

______, Lee, B. W. and Noh, K. K., "The Choice of a Survey Mode in Country Image Studies", Journal of Business Research, 29, 2, 1994, pp. 151-162.

______, "Brand Korea: Its Economic Implications and Branding Challenges," paper presented at Jeju Peace Forum, August 2009.

Heider, F, The Psychology of Interpersonal Relations, John Wiley & Sons, 1958.

Heywood, A., Political Ideologies, 4th edition, Palgrave Macmillan, 2007.

Holt, D. B., Quelch, J. A., Taylor, E. L.(2004), "Managing the Global Brand: A Typology of Consumer Perceptions," in The Global Market, ed. Quelch and Deshpande, 180-201. San Francisco, CA: John Wiley & Sons, Inc.

Huntington, S. P., "The Clash of Civilizations?," Foreign Affairs, 72, 3, 1993, pp. 22–49.

Jaffe, Eugene D. and Nebenzahl, I. D., National Image & Competitive Advantage, Copenhagen Business School Press, 2nd edition, 2006.

Jeffres, L., "The Impact of Ethnicity and Ethnic Media on Presidential Voting Patterns," Journalism and Communication Monographs, 1, 3, 1999, pp. 197–262.

Jeong, S. and Santos, C. A., "Cultural Politics and Contested Place Identity," Annals of Tourism Research, 31, 3, 2004, pp. 640–56.

Jimenez, N. H and Martin S. S., "The Role of Country-of-origin, Ethnocentrism and Animosity in Promoting Consumer Trust. The Moderating Role of Familiarity," International Business Review, 19, 1, 2010, pp. 34–45.

Johanson, J. and Wiedersheim-Paul, F. "The Internationalization of the Firm: Four Swedish Cases", Journal of Management Studies, 12, 3, 1975, pp. 305–322.

Johnson, M., "Latins and Television in The United States: Relationships among Genre Identification, Acculturation and Acculturation Stress," The Howard Journal of Communication, 7, 4, 1996, pp. 289–313.

Keillor, B. D., Hult, G. T. M., Erffmeyer, R. C. and Babakus, E., "NATID: The Development and Application of a National Identity Measure for Use in International Marketing," Journal of International Marketing, 4, 2, 1996, pp. 57–73.

Kharas, H. and Gertz, G., ""The New Global Middle Class: A Cross-Over from West to East,"" Wolfensohn Center for Development at the Brookings Institute, 2010. 3.

Kirloskar-Steinbach, M., "National Identity: Belonging to a Cultural Group? Belonging to a Polity," Journal for the Study of Religions and Ideologies, 3, 8, 2010, pp. 31–42.

Kim, H. and Richardson, S., "Motion Picture Impacts on Destination Images," Annals of Tourism Research. 30, 1, 2003, pp. 216–237.

Kolk, A. and Hong, and van Dolen W. "Corporate Social Responsibility in China: An Analysis of Domestic and Foreign Retailers' Sustainability Dimensions," Business Strategy and the Environment 19, 5, 2008, pp. 289–303.

Lee, W. N. and Tse, D. K., "Changing Media Consumption in a New Home: Acculturation Patterns among Hong Kong Immigrants to Canada," Journal of Advertising, 23, 1, 1994, pp. 57–70.

Lynch, K., The Image of the City, The MIT Press, Cambridge, 1960.

MacCannell, D., The Tourist: A New Theory of the Leisure Class, University of California Press, Berkeley, 1999.

Magnusson, P., Westjohn, S. A., and Zdravkovic, S., "What? I Thought Samsung was Japanese": Accurate or Not, Perceived Country of Origin Matters," International Marketing Review, 28, 5, 2011, pp. 454–472.

Marin I. M. and Eroglu S., "Measuring a Multi-dimensional Construct: Country Image," Journal of Business Research, 6, 1, 1993, pp. 191–210.

May, S., Language and Minority Rights: Ethnicity. Nationalism and the Politics of Language, London, 4. 2001.

McKinnon, J., Brand America, San Francisco Chronicle, 2003.

Merton, R. K., "The Matthew Effect in Science," Science, 159, 3810, 1968, pp. 56–63.

Oberecker, E. M., Riefler, P., and Diamantopoulos, A., "The Consumer Affinity Construct: Conceptualization, Qualitative Investigation, and Research Agenda," Journal of International Marketing, 16, 3, 2008, pp. 23–56.

OECD, Culture and Local Development, Paris, 2005

Orman, J., Language Policy and Nation-building in Post-apartheid South Africa, Vol. 10, New York & Heidelberg: Springer. 2008.

Papadopoulous, N. and Louise A. Heslop, "Travel as a Correlate of Product and Country Image," in Marketing, vol. 7. edited by T. E. Muller. Administrative Sciences Association of Canada, 1986, pp. 191-200.

Polunin, I., "Book Review: Destination Branding: Creating the Unique Destination Proposition'." Eclipse 7 Moonshine Travel Marketing, 2002, pp. 1-5. www.moonshine.es/ECLIPSE/E7.pdf.

Porter, M. E., and Kramer, M. R., "The Competitive Advantage of Corporate Philanthropy," Harvard Business Review, 80, 12, 2002, pp. 56-68.

Rappaport, J., "The Increasing Importance of Quality of Life-super-ideas", Journal of Economic Geography, 9, 6, 2009, pp. 779-804.

Ritson, M., "Liechtenstein's Five Steps to Superficial Change", Marketing, 8, September, 2004, pp. 23

Samiee, S., Shimp, T. A., and Sharma, S., "Brand Origin

Recognition Accuracy: its Antecedents and Consumers' Cognitive Limitations," Journal of International Business Studies, 36, 4, 2005, pp. 379–397.

Sands, G. and Reese, L. A., "Cultivating the Creative Class: And What About Nanaimo?", Economic Development Quarterly, 22, 1, 2008, pp. 8–23.

Shimp, T. A. and Sharma, S., "Consumer Ethnocentrism: Construction and Validation of the CETSCALE," Journal of Marketing Research, August 1987, 24, 3, pp. 280–289.

Silver, S. and Hill, S., "Selling Brand America", Journal of Business Strategy, 23, 4, 2002, pp. 10–15.

Smith, A D., National Identity. University of Nevada Press, Reno, Las Vegas, 1993.

Steenkamp, J–B EM. and de Jong, M. G., "A Global Investigation into the Constellation of Consumer Attitudes Toward Global and Local Products," Journal of Marketing, 74, 6, 2010, pp. 18–40.

Storper, M. and Manville, M., "Behaviour, Preferences and Cities: Urban Theory and Urban Resurgence", Urban Studies, 43, 8, 2006, pp. 1247 – 1274.

Strang, V., "Knowing Me, Knowing You: Aboriginal

and European Concepts of Nature as Self and Other," Worldviews: Global Religions, Culture, and Ecology, 9, 1, 2005, pp. 25–56.

Tajfel, H. and Turner, J. C. "An Integrative Theory of Intergroup Conflict." in The Social Psychology of Intergroup Relations, W. G. Austin & S. Worchel eds., Monterey, CA: Wadsworth, 1979, pp. 33–48.

Taylor, J., Shadows of the Rising Sun: A Critical View of the 'Japanese Miracle', Charles E. Tuttle Press, Tokyo. 1983.

Thelen, S. T. and Honeycutt Jr, E. D., "Assessing National Identity in Russia between Generations Using the National Identity Scale," Journal of International Marketing, 12, 2, 2004, pp. 58–81.

Urry, J., The Tourist Gaze: Leisure and Travel in Contemporary Societies, Sage, London, 1990; 2nd Edition, 2002.

Usunier, J. C., and Cestre, G., "Comment: Further Considerations on the Relevance of Country-of-Origin Research," European Management Review, 5, 4, 2008, pp. 271–274.

Wang, C. K. and Lamb C. W., "The Impact of Selected Environmental Forces Upon Consumers' Willingness to

Buy Foreign Products," Journal of the Academy of Marketing Science, 11, 2, 1983, pp. 71–84.

Zajonc, Robert B., "Attitudinal Effects of Mere Exposure," Journal of Personality and Social Psychology Monograph, 9(Supp. 2, Pt. 2), 1968, pp. 1–21.

Zhuang, G., Wang, X., Zhou, L., and Zhou, N., "Asymmetric effects of brand origin confusion: evidence from the emerging market of China," International Marketing Review, 25, 4, 2008, pp. 441–457.

한충민 한양대학교 경영대학 교수
서울대학교 경영학 학사 / New York University 경영학 석사 / The University of Michigan 경영학 박사

—

행정안전부 지방브랜드세계화추진단 단장
대통령 직속 국가브랜드위원회 위원
기획재정부 국제행사심의위원회 위원
중소기업진흥공단 글로벌브랜드운영위원회 위원장
하와이대학·독일 만하임대학·일본 나고야상과대학·리쯔메이칸 APU·홍콩시립대학에서 강의
한국국제경영학회 제18대 회장
KOTRA 비상임이사, 한국인삼공사·대우증권 사외이사
삼성전자·현대자동차 자문교수
유엔공업개발기구(UNIDO) 및 국제협력단(KOICA) 수출진흥 자문관(나이지리아, 코스타리카, 몰디브, 파라과이 파견 근무)
산업연구원 부연구위원
미국 웨인주립대학 교수

—

국가 이미지/브랜드, 글로벌마케팅, 기업의 글로벌화 관련 서적 및 논문 다수 발표
『브랜드 세계화의 성공 조건』(2010 대한민국 한술원 우수도서) 외 다수
Journal of Marketing Research, Journal of International Business Studies, Journal of Advertising Research, Journal of Business Research, European Journal of Marketing, Journal of International Marketing 등의 SSCI 국제학술지에 논문 게재

HANYANG UNIVERSITY PRESS

국가 브랜드 세계화 — 이론과 실제

펴낸날 2016년 8월 30일 초판 1쇄
지은이 한충민 ● **펴낸이** 이영무
펴낸곳 한양대학교출판부 ● **출판등록** 제4-7호(1972.2.29) ● **인쇄** 네오프린텍
주소 서울 성동구 왕십리로 222 ● **전화** 02.2220.1432-4 ● **팩스** 02.2220.1435
홈페이지 press.hanyang.ac.kr ● **이메일** presshy@hanyang.ac.kr

© 2016 한충민
이 책은 저작권법에 따라 한국 내에서 보호를 받는 저작물이므로
무단전재와 무단복제를 금합니다.
잘못된 책은 구입하신 곳에서 교환해드립니다.

ISBN 978.89.7218.495.9 (93320)